문화재 복원제작기술

문화재 복원제작기술

정광용 · 윤용현 · 이현상 共著

전통문화유산이란, 우리 생활을 나타낸 하나의 지표로서 생활 전반에 깊숙이 자리매김하여 오늘날까지 이어져 오고 있습니다.

그러나 21세기 정보화시대로 가고 있는 우리는 많은 생활양식이 변화 하였습니다. 따라서 전통과학기술, 공예기술 등은 후손들에게 잊혀져 가고 있고, 그 원형이 단절될 위기에 직면해 있습니다. 특히 전통기술의 기능적 역할은 다른 첨단 기술에 밀려 있고 그 아름다움도 이제는 박물관에서나 볼 수 있는 '옛 것의 미'에 지나지 않습니다. 이러한 '옛 것'을 어떻게 '현대'와 접목시킬 것인가? 즉, 전통과학기술과 공예기술도 시대의 필요성과 흐름에 따라 계승 발전되어야 할 것입니다.

과거와 현재를 이어주는 물질적 매개체인 유형문화재는 시간의 경과에 따라 파손되고 약화되어 과거의 전통기술을 후손에게 그대로 전할 수 없게 되었습니다. 이에 대중을 대상으로 하는 박물관과 전시관 등에서는 복제품 문화재를 전시하고 있으며, 이 복제품은 과학적인 분석과 연구를 바탕으로 해야 하지만 그 형태에만 초점이 맞추어 지고 있습니다. 이는 문화재의 형태적 측면만을 우선시 하는데 비해 과학적이며 체계적인 분석 연구가 부족한 우리나라의 문화재 복원제작기술의 한 단면을 보여주는 일이라 하겠습니다. 그리고 전통과학기술의 측면에서 전통적 소재와 전통기술이 전무한 상태이기 때문에 매우 취약 할 수밖에 없습니다. 특히 우리의 전통 속에 내재된 다양한 전통과학기술의 발굴 및 기능 규명에 소홀히 하여 우리의 전통기술에 대한 우수성을 입증하지 못하였기 때문입니다. 그러므로 전통과학기술에 내재된 과학적 원리, 소재, 제작방법 및 응용기술에 대한 뿌리와 메커니즘의 규명을 통한 전반적인 문화재 복원제작기술의 체계적인 청사진을 구축 할 계획입니다. 위와 같이 문화재 복원제작기술의 체계적인 청사진을 구축하기 위해서는 기본적으로 문화재를 과학적으로 분석하여야 할 것입니다. 그리고 문화재를 복원하는 작업은 문화재의 재질, 제작기법, 기술적인 측면 등 충분한 고증을 토대로 이루어져야 할 것입니다. 또한 이런 문화재 복원제작기술의 전반적인 자료를 집약해 앞으로 문화재 복원제작기술의 연구발전에 기여할 수 있도록 노력해야 할 것입니다.

이에 부합하기 위해서 구석기시대에서부터 삼국시대에 이르는 대표되는 문화재를 복원대상으로 선정하였으며, 고고미술사적 검토, 과학적 분석, 전통소재의 개발 및 전통기술체계 등을 규명하고, 이를 복원하는 일련의 작업공정 등을 종합한『문화재 복원제작기술』을 발간하게 되었습니다.

이 책은 한국문화예술교육진흥원 지원사업으로 학제 간 연구진이 서로 협력하여 이루어 낸 노력의 결실입니다. 향후 문화재 관련 전문가 및 대학교재 등으로 활용되어 전통문화유산의 계승과 발전에 초석이 되었으면 하는 바람입니다.

끝으로 연구진에 참여하여 고락을 함께한 한국전통문화학교 보존과학연구소 이수희, 임세진 및 여러 제자들과 선사시대 토기 복원에 열정을 다한 '강태춘도예스튜디오' 대표에게도 감사드립니다. 그리고 출판을 맡아준 서경문화사 김선경 사장에게 심심한 감사를 표합니다.

鄭 光 龍

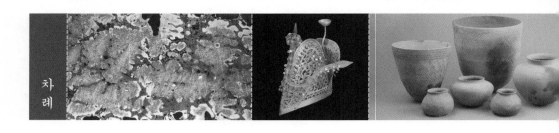

1
문화재 복원제작의 필요성

　문화재보호법 제2조에 「문화재라 함은 인위적·자연적으로 형성된 국가적·민족적·세계적 유산으로서 역사적·예술적·학술적·경관적 가치가 큰 다음의 것을 말한다」고 규정함과 동시에 문화재의 성격에 따른 분류(유형문화재·무형문화재·기념물·민속자료)와 각 유형별 정의를 부여하고 있다.[1] 이 중 무형문화재를 제외한 대부분이 보존처리·복원·복제 등을 필요로 하기 때문에 복원기술 재현 및 활용의 연구 영역이 강조되고 있다[2].

　문화재 복원이란 변형되거나 파손된 것을 현 상태에서 더 이상 변화되지 않게 하기 위해 수리하는 것과 시간의 흐름에 따라 물리적·화학적으로 변형되는 유물을 조사 연구하여 그 원래의 모습을 찾아 복구하는 것을 말한다. 이런 문화재 복원의 활용은 크게 세 가지로 나눌 수 있다. 첫째, 역사적으로 가치가 큰 유물이 시간의 흐름과 환경의 변화에 따라 그 재질이 약화되어 형태가 파손되거나 훼손될 우려가 있는 경우. 둘째, 유물을 안전하게 보존하면서 여러 곳에서 동시에 전시를 할 수 없거나 관람객이 직접 유물을

---

1) 김창규, 2005 『문화재보호법개론』 동방문화사
2) 송의정, 2006 「문화재 복원기술 연구의 필요성」 『文化財 復元製作技術 研究』 한국전통문화학교

접할 수 있는 기회를 제공하기 위한 경우. 셋째, 연구 및 교육기능을 효과적으로 수행할 수 있도록 하기 위한 경우에 실시된다.

문화재 복원기술은 유물이 제작된 그 당시의 전통 소재와 기술을 재현하여 원래의 모습으로 복원하는 것이 원칙이다. 그러나 현재는 문화재의 전통과학기술·공예기술을 보유한 장인의 수가 점점 줄어들고 있고, 일부의 종목은 그 명맥이 단절되었다. 당시의 전통기술과 맥이 단절되어 복원이 어려울 경우에는 관계 전문가의 고증과 발굴 출토유물을 대상으로 고고학, 과학기술사, 보존과학, 전통공예기술 보유자의 학제간 공동연구를 통하여 제작방법, 사용재료, 사용용도, 기술체계 등을 종합적으로 분석한 복원기술 개발 연구가 필요하다. 현실적으로 실제 문화재를 대상으로 복원하기 때문에 문화재 접근의 한계성으로 체계적인 복원 연구가 미흡한 실정이다. 또한 전통 소재와 기술을 보유하고 있는 기능보유자의 수가 적을 뿐만 아니라 현재까지는 대부분 박물관 전시용으로 그 외형에만 치중하여 원래의 유물 재질 및 제작기법과는 전혀 다른 재료들을 사용하는 복제방법이 발달되었다.

최근에는 문화재 자료의 수요가 증가하면서 문화재의 복원기술 개발이 요구되고 있으며, 복원대상 유물의 재질에 따라 사용 재료와 제작기술 연구가 이루어지고 있다.[3] 고고미술사적 연구, 고증, 과학적 분석 및 전통방법에 의한 제작공정을 바탕으로 복원된 문화재는 2006년 수촌리유적 출토 금동관모 및 환두대도를 들 수 있다.[4] 또한 2005년도 국립중앙과학관에서 청동 밀랍주조기술과 합금의 비율, 부수적 첨가물, 맥놀이와 그 여운 등을 종합적으로 조사 연구하여 복원한 성림원종을 들 수 있다.[5]

문화재 복원제작기술 연구는 과거의 단순 복제기능 단계에서 벗어나 우리 고유의 전통과학기술을 분석하여 체계적으로 복원하고, 모든 기술체계

3) 노정용, 2003 『유물복제실습』 소해조형연구소
4) 정광용, 2006 『전통과학유물 복원기술 개발』 과학기술부
5) 정동찬·윤용현, 2005 「청동종 주조기술」『겨레과학기술연구』 국립중앙과학관

를 데이터베이스화하여 우리민족의 우수성을 재조명하는 밑거름이 될 것
이다.

2
복원대상 문화재의 선정기준

우리나라는 구석기, 신석기, 청동기시대를 거쳐 삼국시대, 고려, 조선, 현대에 이르게 된다. 석기·청동기·철기로 이어지는 문화재의 기술 발달사에 따라 선사시대부터 삼국시대까지로 한정하여 호서지역의 대표 문화재를 대상으로 복원하였다.

문화재의 복원은 전통문화에 담긴 선조들의 지혜와 슬기를 후손들에게 전달하는 매개체로서 전통문화의 우수성을 재조명하고 원형 복원된 문화재를 전시 자료로 활용할 수 있으며, 더 나아가 왜곡된 우리의 역사를 바로 잡을 수 있는 과학적 근거를 제공할 수 있다.

복원대상 문화재의 각각 내재된 전통과학기술과 기술체계 등을 종합적으로 분석하고 그 결과에 따라 가능한 전통 소재와 기술을 적용하였다. 특히 복원대상 문화재의 시대별, 재질별 전통과학기술을 규명하여 분석 자료를 구축함으로써 문화재의 원형을 복원 할 수 있는 계기를 마련하였으며 이를 도식화하여 체계적으로 정리하였다. 또한 부가적으로 개발된 원천기술은 향후 문화재 복원을 위한 대체 재료의 개발과 전통제작기술 및 방법 등이 사장되지 않고 실용화 될 수 있도록 하는 데 큰 의의가 있다.

3
고대 금속공예기술의 복원

3.1 복원의 목적

1) 복원행위의 의미

일반적으로 문화재 복원의 의미로 레플리카(replica), 모조품, 복원품, 복제품 등을 사용하고 있다. 경우에 따라서 어떤 의미의 단어를 어떻게 쓰면 좋을지 생각해 볼 필요가 있다. 대부분 복제품이라는 용어가 일반적으로 사용되고 있지만, 공통된 인식이 없는 상태로 자연스럽게 사용되고 있다.

본 연구진은 대상유물에 대한 당시의 제작기술을 조사·분석하고, 그 원리를 규명하여 가능한 원형에 가까운 시제품을 제작하였으므로 복원품이라는 용어의 사용이 가장 적합하다고 본다.

일본의 코시마(鈴木勉)는 레플리카의 단어를 복제품의 총칭으로 사용하였고, 문화재자료의 제작의미로써 다음의 3가지 단계로 분류하여 정의하고 있다. 첫째, 연구용 자료. 둘째, 전시용 자료. 셋째, 자료연구의 행위로서의 복제이다.[6]

---

6) 鈴木勉, 2004 「古代金工·木工技術の復元研究で何を復元するのか」『文化財と技術』第1号 工藝文化研究所

문화재 자료 연구 행위로서의 복제는 문화재를 제작하는 것을 말하고 있으며 즉, 문화재를 제작하는 입장에 서서 자료를 보는 것은 자료의 이해에 새로운 발견을 가져오는 방법이라고 설명하고 있다.

레플리카(replica)의 의미는 그림·조각 등에서 원작자가 손수 만든 1점 또는 여러 점의 정확한 사본을 말한다. 즉, 사본은 원작자가 자신의 작품과 동일한 재료·방법·기술 등을 이용하여 똑같은 모양과 크기로 원작을 재현하는 것이며, 미술·공예 등의 많은 분야에서 행해진다. 또한 원작자가 직접 만들지 않고 엄격한 감독하에 제작되는 경우도 있다. 이 때는 귀중한 작품의 복제를 위해 또는 작가의 내면적인 기술을 습득하기 위한 경우이다. 또한 문화재의 형상과 색채를 복원하려는 목적으로 시도되기도 한다. 광범위하게는 2개의 똑같은 작품 중 원작이 알려져 있지 않을 때 그 중 한 작품을 일컫기도 하는데, 이때 기준이 되는 하나에 대하여 다른 것을 나타낼 때 지칭하기도 한다. 원작을 다른 사람이 똑같이 모방하여 만든 미술품의 경우는 리프러덕션(reproduction)이라 하며, 이것은 단순한 모사(模寫)나 인쇄기술에 의한 복제와는 구별된다.

다다이즘을 대표하는 M.뒤샹의 기존 오리지널에 대한 고정관념을 깨는 작업으로 1917년 자신의 작품 '샘 Fountain'을 제작한 후 여러 번 재현하였다. 그 중 1964년 레플리카로 재현된 슈바르츠판이 가장 원작에 가까웠으나 원작은 분실되고 현재는 A.스티글리츠가 찍은 사진만 남아 있다. 스포츠에서도 우승컵은 대체로 우승팀이나 우승자가 보관했다가 다음 대회 때 반환하고 그 대신 본래의 것과 똑같이 만들어진 복제품을 받아 영구히 자신이나 팀이 보관하게 되는데, 이것도 레플리카에 해당한다. 요즘은 스포츠 팬들이 응원팀에 대한 유니폼 등의 복제품을 가지는 것을 영광으로 생각하여 직접 구매하는 사람들이 많이 늘고 있는 것도 그 일환으로 생각한다.

2) 기술의 복원에서 유물이 제작된 시대상의 복원으로

문화재의 복원은 고대 유물의 형태연구가 아니라 전통유물에 내재된 과학적 원리와 소재, 제작방법, 응용기술 등에 대한 뿌리와 메커니즘을 규명하는 일이다. 즉, 기술이라는 것은 보여지지 않는 것이므로, 지금까지의 유물복원은 형태적인 부분에서만 접근하였기 때문에 무형인 기술을 추측할 수밖에 없었다. 또한 무형의 기술을 추정하여 유물로써 복원하려고 하는 것은 유물을 만든 작가의 의도와 그 시대의 생활상을 복원할 수 없을 것이다. 즉, 기술도 당시의 사회 제도나 가치관의 영향을 받았기 때문에 기술의 형태도 그것에 의해 크게 변화하는 것을 보면 고대의 기술이나 기술자의 살아가는 모습에서 그 사회의 형태를 복원하는 것이 가능한 것이다.

문화재 복원제작기술은 형태를 추측하는 직접적인 목적이 아니라, 무형의 기술을 복원하는 것이 중요한 목적이라 할 것이다. 고대의 기술에 대하여 생각해 보면 대부분 유물의 형태를 떠올리고, 그 다음으로 무형의 기술을 떠올리게 되며, 유물의 형태는 기술의 필연성으로 연계된다. 기술이 어느 정도 복원 가능하다면 그 형태도 닮게 될 것이다.

3) 복원연구의 과정을 박물관 전시

유물의 원형을 해체해서 전시하는 것이 불가능 하다면, 복원품과 동시에 복원 제작과정에서 얻어진 여러 가지 시행착오나 전반적인 작업 공정 등을 전시하는 것도 그당시 기술을 복원하는데 있어서 매우 중요한 자료가 된다. 여기에서 '복원연구' 의 의미는, 전시 유물의 해설을 위한 전시품이 아니라 연구 성과 전반을 공개하기 위한 전시자료라고 생각하면 된다.

3.2 복원제작 공정

고고학 연구의 일차적 대상이 되는 유물들을 복원할 때 고고미술사 및 자연과학적 방법을 이용한다. 이는 유물의 해석시 외형적인 요소에 의존한 기존의 형식 분류나 편년연구에서 벗어나 유물이 내포하고 있는 보다 많은 정보를 정확하게 파악하기 위해서다[7].

복원제작 공정은 과거의 문화사와 생활사를 복원하고 문화의 변천과정을 연구하는데 있다[8]. 즉, 단순히 유물을 관찰하는 것으로 해결할 수 없으며 체계적이고 다각적인 분석이 요구된다. 첫째, 예비조사 단계에서는 고고미술사적, 기술사적 문헌조사와 고증을 필요로 하고, 특히 사진촬영, 3D스캔, 실측 등의 외형적 기록과 과학적분석(X-선, CT, XRF, XRD, SEM-EDX, ICP, FT-IR 등) 기법을 적용함으로써 구성재질 및 기술체계 등을 규명하게 된다. 둘째, 각 공정 및 기술의 복원을 위해서는 모의제작 및 실험을 통하여 제작기법을 검증한다. 셋째, 위의 두 과정을 기반으로 시행착오를 거쳐 복원품을 완성하게 된다. 표 1.1에 복원제작 공정을 나타내었다.

표 1.1 복원제작 공정

구분	세부내용
예비조사	고고미술사, 기술사, 문헌 및 고증조사
	구성 재질 및 제작기법 조사
	제작공정(연계과정) 유추
모의 제작	사용된 기술의 모의제작
	모의 조립
	적용기술 및 작업공정의 재 검토
복원 제작	조립
	마무리
	검사
	수정
	복원품 제작

---

7) 최몽룡 · 신숙정 · 이동영, 1996 『고고학과 자연과학』 서울대학교출판부
8) 崔夢龍 · 崔盛洛 · 申叔靜 編著, 2002 『考古學研究方法論』 서울대학교출판부

이와 같이 문화재 복원제작은 단순히 '복제' 로서의 의미가 아니라, 과거의 문화사와 생활사를 복원하고, 그리고 문화의 변천과정[9] 및 전통적 소재와 기술(원천기술)을 확보하는데 큰 의의가 있다[10].

3.3 제작기술의 관찰

하나의 복원품을 만드는 것에도 수많은 종류의 기술과 기능이 필요하다. 어느 한 공정이라도 빠지게 된다면 복원품을 완성할 수 없다. 금동관모의 경우 금속공예기술 적인 측면에서 ① 선조 기술, ② 투공 기술, 병유기술, ③ 투조 기술, ④ 도금기술, ⑤ 단금기술(복륜) 등의 제작기술이 있고, 디자인적인 측면에서도 ⑥ 문양의 배치기술 ⑦ 문양의 전사기술 ⑧ 문양의 조각기술 등이 있다.

과학기술의 복원이 아니고 형태의 복원이라면 그 형태를 만들기 위해서 가장 눈에 띄는 기술을 사용하면 된다. 하지만 복원품을 만들기 위한 일반적인 제작기술은 전승되나 장인의 진정한 노하우는 숨겨 버리는 것이 매우 많다.

결과적으로 문화재의 복원제작기술은 각각 유물의 모든 제작공정을 재현하는 것이 가능하고, 다음 연구를 위한 원천기술을 확보할 수 있다.

1) 금동관모의 제작기술

• 도안(Drawing)기술

• 동판제작(제련/단조)기술

• 문양표현(판금-투조, 蹴彫, 毛彫)기술

---

9) Binford, L.r., 1994「An Arcbaeological Perspective」Seminal Press
10) Binford, L.r., 1994「An Arcbaeological Perspective」Seminal Press

그림 1.1 금동관모 복원품

- 형태표현(단금-타출, 각도올리기/내리기, 파이프성형, 선/봉 제작)기술
- 도금(아말감-사금/금부)기술
- 조립 및 마무리(리벳, 갈귀질, 광쇠질)기술

2) 은제관식의 제작기술

- 도안(Drawing)기술
- 은판제작(제련/단조)기술
- 문양표현(판금-투조)기술

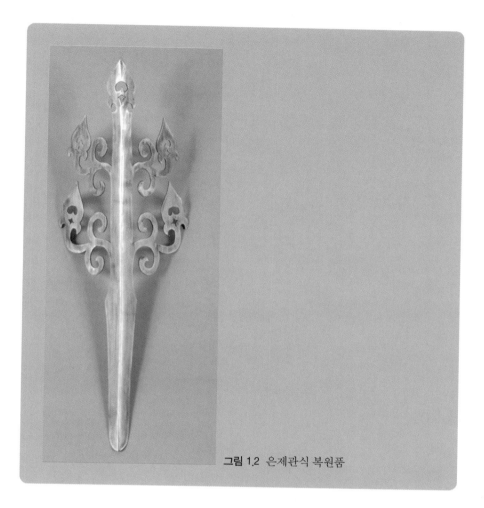

그림 1.2 은제관식 복원품

- 형태표현(단금−각접기)
- 마무리(표면처리)기술

3) 환두대도의 제작기술

- 고대 제철/제강기술
- 도신부 제작(단조, 연삭, 열처리, 침탄, 탈탄)기술
- 환두부 제작(주조, 합금, 탈탄)기술

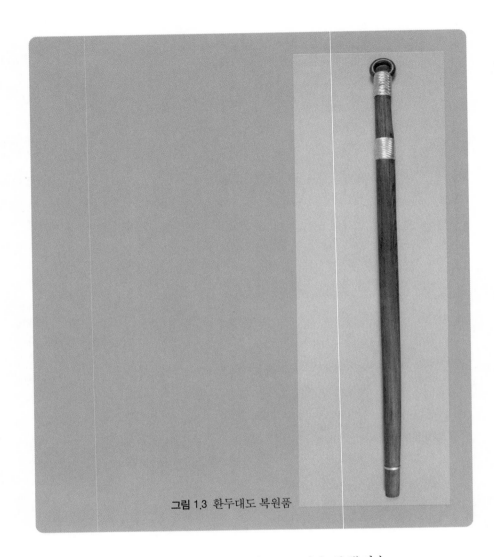

그림 1.3 환두대도 복원품

- 금구제작(판금_돋을새김, 투각, 땜질, 누금, 입사, 착색)기술
- 칼집제작(목공)기술
- 옻칠기술
- 조립 및 마무리 기술

3.4 복원연구의 한계

　문화재 복원연구는 모든 작업과정을 당시의 조건과 같은 전통적 소재와 전통기술을 사용하는 것이 가장 이상적이다. 그러나 작업의 순서, 기술, 도구 등의 작업형태 뿐만 아니라 사회, 경제, 문화의 제반 여건이 당대와는 크게 다르므로 모든 조건을 일치시킨다는 것은 거의 불가능하다. 또한 무리해서 작업조건을 맞추려고 한다면 오히려 연구의 주 목적에서 멀어져 버릴 위험이 있다. 따라서 이러한 한계를 명확히 인식하고 어느 정도의 범위까지 당시의 조건과 일치시켜 복원할 것인가를 명확하에 해야 한다.

고고학자료의 과학적 분석

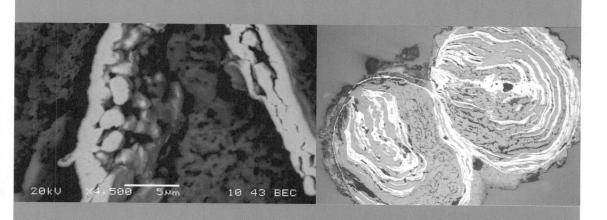

1
청동 · 금동유물

1.1 머리말

    고대 한국의 청동기시대는 기원전 10세기경 중국에서 생산된 청동기를 이용한 것이 시초라고 볼 수 있다[1]. 본격적인 청동기 시대를 나타내는 정련은 B.C 4세기말~B.C 2세기 중엽에 시작되었고, 주조는 현재까지 확인된 바에 의해 석제주형의 경우 B.C 5세기로 보고 있다[2].

    금강 유역은 한국 청동기가 집중적으로 분포하는 지역이다. 대전 괴정동을 비롯하여 아산 남성리, 예산 동서리 등은 가장 이른 국산 청동기를 제작한 지역으로, 한반도에서는 경주지방 · 평양지방 · 전남(영암)지방과 더불어 금강유역에서 청동기가 집중적으로 나와 한반도 청동기 연구에 중요한 자료를 제공하고 있다.

    국내에서 현재까지 전국의 유적에서 출토된 청동기에 대한 고고학적, 미술사적, 문화사적인 검토에는 많은 업적이 있었지만 과학적으로 성분을 분석한 예는 그리 많지 않아 청동기 문화의 흐름이나 기원에 대한 논의를 시도하기에는 자료가 부족한 실정이다. 따라서 이들 청동기의 과학적 조사 결과를 정리하여 종합하면 청동기 제작과 관련된 여러 정보를 얻을 수 있

---

1) 金元龍, 1992 『韓國考古學槪說』 一志社
2) 岡內三眞, 1989 「朝鮮と靑銅器文化」 『季刊考古學』 雄山閣

다. 출토 유물의 과학적 조사는 재질에 따라 여러 방법이 적용될 수 있으나, 청동기를 대상으로 할 경우에는 주원료로써 구리, 주석 및 납을 사용한 합금의 배합비, 미세구조 및 원료의 산지추정 연구에 집중 된다[3][4][5]. 따라서 금강유역을 중심으로 하는 청동기시대 유적에서 발굴된 세형동검, 비파형동검, 동모 등은 어떠한 배합비로 주조하였으며, 또 어느 지역의 원료를 가져다 사용하였는지를 밝혀내면 고고학 뿐 아니라 기술사적인 측면에서도 연구에 많은 진전이 있을 것으로 판단된다. 청동기는 대부분 구리와 주석을 기본으로 하고 필요에 따라 납을 첨가하여 주조된 것이다. 청동에 납을 첨가하는 목적은 주조시 유동성을 좋게하고 용융온도를 낮추어 준다. 또 값비싼 주석을 얻기 어려워서 대신 납을 첨가하기도 한다. 이렇듯 청동기를 제조하기 위해서 납은 당시의 기술적, 경제적인 측면을 고려하면서 용도에 따라 그 양을 조절하여 첨가하지만 동시에 납을 언제, 어디서 입수하였는지를 밝혀내는 것이 중요하다[6][7][8]. 그래서 청동 원료의 산지를 추정하기 위한 자연과학적인 방법으로써 납동위원소비를 이용한 산지추정법이 응용되고 있다.

본 고는 금강유역을 중심으로 한 유적지에서 발굴출토된 청동기를 분석한 결과이다. 출토지와 시대가 분명한 자료를 대상으로 하였기 때문에 그 가치가 크다. 이러한 자료가 축적되면 한반도 청동기 재료의 구성과 산지추정이 가능하게 되어 그 시대의 문화의 흐름을 해석하는데 도움이 된다. 특히 전통과학유물의 복원기술 개발에도 영향을 미칠 것이다.

---

3) 崔炷 · 李康承 · 成正鏞 · 鄭光龍 · 金秀哲, 1998 「大田廣域市 比來洞 出土 琵琶形銅劍의 組成 및 납同位元素比」『전통과학기술학회지』제 4 · 5권 합본 제1호
4) 馬淵久夫 · 平尾良光, 1987 「東アジア鉛鑛石の鉛同位體比」『考古學雜誌』 73卷 2號
5) 馬淵久夫 · 平尾良光, 1983 「鉛同位體比法による漢式鏡の硏究(二)」MUSEUM
6) 崔炷 · 李康承 · 成正鏞 · 鄭光龍 · 金秀哲, 1998, 주3) 앞의 글
7) 馬淵久夫 · 平尾良光, 1987, 주4) 앞의 글
8) 馬淵久夫 · 平尾良光, 1983, 주5) 앞의 글

1.2 분석대상 유적의 고고학적 배경

1) 논산 원북리유적

　논산시에서는 관내 지방산업단지 건설계획의 일환으로 2001년 4월부터 9월까지 중앙문화재연구원에 의뢰하여 성동면 원북리 일대의 문화유적에 대한 발굴조사를 실시하였다[9]. 유적이 위치한 성동면 원북리는 논산시의 서단부에 위치하고 서쪽으로는 송국리유적이 자리한 부여군 초촌면과 경계를 이루고 있으며 성동면의 서쪽에서 남쪽으로는 금강이 흐르고 있다.

　발굴조사는 크게 4개 지구로 나누어 조사되었는데, 각 지구별 유구 성격을 살펴보면 다음과 같다. '가' 지구는 청동기시대 석관묘와 백제 및 고려시대 이후의 석곽묘와 토광묘가 분포하고 있으며, '나' 지구는 초기철기시대 분묘와 백제시대 생활유적 그리고 고려시대 이후에 조성된 토광묘들이 분포하고 있다. '다' 지구는 청동기시대 생활유적과 초기철기시대 분묘, 백제시대 생활유적, 고려시대 이후의 토광묘들이 조사되었다. 또한 '라' 지구에서는 백제시대의 생활유적이 조사되었다. 이번 발굴조사를 통해 청동기시대에서 초기 철기시대를 거쳐 백제, 근대에 이르기까지 394기의 다양한 유구가 조사되었으며, 1,024점의 유물이 출토되었다[10]. 출토유물 가운데 '나' 및 '다' 지구 초기철기시대 토광묘에서 출토된 청동기 4점을 선정하여 과학 분석을 수행하였다. 원북리유적에서 출토된 청동기의 대략적인 편년은 B.C 3~2세기로 초기 철기시대의 대표적인 유물이다. 따라서 이러한 과학 분석은 비록 지역적인 한계를 초월할 수 없지만 당시 이 지역의 청동문화를 검토할 수 있는 좋은 자료이다.

---

9) 中央文化財研究院, 2001. 10 「論山 院北里遺蹟 發掘調査 略報告書」
10) 中央文化財研究院 ,2001. 10, 주9) 앞의 글

2) 대전 문화동 · 탄방동 · 비래동유적

금강 유역은 한국 청동기가 집중적으로 분포하는 지역이다. 대전 괴정동을 비롯하여 아산 남성리, 예산 동서리 등은 가장 이른 국산 청동기를 제작한 지역으로, 한반도에서는 경주지방 · 평양지방 · 전남(영암)지방과 더불어 청동기가 집중적으로 나와 한반도 청동기 연구에 중요한 자료를 제공하고 있다. 그 중에서도 대전광역시에 속하는 유적을 살펴보면 1972년 10월 대전 탄방동에서 정사(精舍) 신축을 위해 정지작업을 하던 중 청동기 3점(세형동검, 동모, 동착)을 발견하였는데 연대는 B.C 3~2세기로 추정하고 있다[11]. 이 지역은 1967년 청동기유물이 다량 출토된 괴정동 유적과 불과 1km 떨어진 곳이어서 상호 문화적인 연계성을 예상할 수 있다. 또한 1970년 대전 문화동 까치고개에서 토지를 개간하던 중 세형동검 1점이 발견되었고 유적의 연대는 B.C 4~3세기로 추정하고 있다[12]. 1997년에는 충남대학교박물관 발굴단이 대전시 비래동 419번지 지석묘유적을 발굴하는 과정에서 비파형동검이 출토되었는데 슴베에 홈이 파인 특징을 가지고 있는 이 동검은 남한에서 집중적으로 출토되고 있다고 하며 연대는 B.C 8세기 초로 보고있다[13].

이렇듯 대전 탄방동, 문화동 및 비래동 유적에서 출토된 청동기에 대한 문화적인 검토에는 많은 업적이 있었지만 과학적으로 성분을 분석한 예는 그리 많지 않아 청동기문화의 흐름이나 기원에 대한 논의를 하기에는 자료가 부족한 실정이다. 따라서 이들 청동기의 과학적 조사 결과를 정리하여 종합하면 청동기 제작과 관련된 여러 정보를 얻을 수 있다.

출토 유물의 과학적 조사는 재질에 따라 여러 방법이 적용될 수 있으나, 청동기를 대상으로 할 경우에는 주원료로써 구리, 주석 및 납을 사용한 합금의 배합비, 미세구조 및 원료의 산지추정 연구에 집중된다[14]. 따라서 대

---

11) 成周鐸, 1974「大田地方 出土 靑銅製遺物」『百濟硏究』제5집, 忠南大學校百濟硏究所
12) 成周鐸, 1974, 주11) 앞의 글
13) 崔炷 · 李康承 · 成正鏞 · 鄭光龍 · 金秀哲, 1998, 주3) 앞의 글
14) 崔炷 · 李康承 · 成正鏞 · 鄭光龍 · 金秀哲, 1998, 주3) 앞의 글

전 지역을 중심으로 하는 청동기시대 유적에서 발굴된 세형동검, 비파형동 검, 동모 등은 어떠한 배합비로 주조하였으며, 또 어느 지역의 원료를 가져 다 사용하였는지를 밝혀내면 고고학 뿐 아니라 기술사적인 측면에서도 연 구에 많은 진전이 있을 것으로 판단된다.

3) 청원 문의면 금강유역

지금까지 충북지역에서 확인된 세형동검은 청주시 흥덕구 비하동[15], 보 은군 보은읍 신함리[16], 충주시 이류면 본리[17]에서 나온 3점 뿐이며, 모두 수 습된 것이기 때문에 유구성격 · 출토상태 등은 알 수 없다. 이 가운데 충주 본리에서 나온 것은 남한강 유역에서는 유일하게 보고된 자료로 주목되며, 나머지는 금강의 지류를 끼고 있는 산기슭과 낮은 구릉에서 발견되었다. 여 기에서 분석대상으로 한 세형동검은 대청댐 수몰지역 내의 충북 청원군 문 의면 지역에서 대청댐 수위가 낮아졌을 때 드러나 수습되어 충북대학교 박 물관에 기증된 것이다. 이것의 유구성격 · 공반유물 관계 등은 정확히 파악 할 수 없으며, 동검은 부식으로 많이 훼손된 상태이다. 이 세형동검은 청동 기유물이 매우 빈약한 충북지역에서 새로운 자료가 확보되었다는 점에서 의미를 찾을 수 있다.

4) 공주 수촌리유적[18]

충남발전연구원은 2003년도 공주시 의당농공단지 조성부지내 문화유적 발굴조사 과정에서 무녕왕릉보다 100여년 앞서는 백제 4세기대 수촌리유

---

15) 한국고고학회, 1974 「淸源 飛下里出土 一括遺物」 『考古學』 3
16) 우종윤 1993 「금강유역의 선사 유적 · 유물(I)」 『年報』 충북대학교 박물관 2
17) 유택곤, 2002 「韓國式銅劍」 박물관신문, 제367호 3면
18) 이훈, 2006 「공주 수촌리 백제금동관의 고고학적 성격」 『한성에서 웅진으로』 충청남도역사 문화원

그림 2.1 공주 수촌리유적 전경

적을 발견하였다. 수촌리유적에서는 청동기시대 생활유적과 백제시대 분묘
군, 고려·조선시대 분묘군 등 다양한 유적을 확인할 수 있었다. 특히 초기
철기시대 토광묘에서 세형동검을 비롯한 6점의 청동기와 석곽묘에서 3점의
청동기 등 총 9점이 출토되었다. 또한 백제시대(4~5세기)의 금동관, 금동신
발, 금동이식, 금동과대, 환두대도, 철모, 등자(호등), 관정, 꺽쇠와 농기구의
일종인 살포 등의 유물이 발견되었다. 이 밖에 초기철기시대 토광묘에서 출
토된 세형동검 등 일괄 청동제품과 원형 점토대 토기, 흑도 장경호 토기 등
도 출토되었다.

무녕왕릉 발굴 이후 백제사의 최대 고고학적 성과로 평가되는 공주 의당
면 수촌리유적은 한성 백제시대의 중앙과 지방의 관계, 백제의 영역 등을

추측할 수 있는 유물이 다량 출토됨으로써 백제사회 성격을 새롭게 규정할 수 있는 전기를 마련하였다.

수촌리 유적은 백제가 웅진으로 천도하기 전에 이 지역에 자리하였던 지방세력의 것들이다. 그럼에도 불구하고 여기에 최고, 최대의 유물이 매장된 것은 이를 매개로 백제의 중앙정부가 지방세력을 흡수, 통제하는 통치술을 알 수 있게 한다. 흑유계수호나 청자사이호는 백제가 대중국, 특히 동진과의 교섭과정에서 유입된 것이며 당대로서는 최고급품이다. 때문에 물건을 소유한다는 자체만으로 존경과 부러움을 사기에 충분하다. 특히 금동관, 금동제 신발, 환두대도는 지배자를 상징할 수 있는 상당한 군력자로 치부될 수 있다.

그동안 백제지역에서 수촌리유적과 같은 위세품이 포함된 유적은 다수가 조사되었다. 천안의 용원리유적, 익산의 입점리유적, 그리고 나주 복암리 3호분, 신촌리 9호분 등이 그것이다. 지역과 시기는 다르지만 대체로 위세품이 포함되었기에 그 성격에서 마한의 독자세력, 혹은 해외에서 유입된 문화 등을 파악할 수 있다.[19]

수촌리 유적에서 발굴된 위세품 중의 하나인 금동관모와 기타 다른 청동 유물들을 대상 시료로 하여 과학적인 분석을 시도하였다.

5) 서산 부장리유적[20]

역사적으로 삼국시대의 서산지역은 마한의 치리국국(致利鞠國)에 해당하며, 백제시대에는 지육현(之六縣)이었다가 신라시대에 지육현(地育縣)으로 되었다. 이후 신라의 삼국통일로 중국 교통의 요충지가 되었다. 이러한 역사를 지닌 서산 유적의 동부지역은 넓은 농경지가 펼쳐져 있는 반면에 예산군과 경계를 이루는 가야산이 뻗어 있어 높고 낮은 구릉지대가 형성되어 있다. 서산지역은 선사시대의 유적과 유물을 비롯하여 역사시대에 중국과의

19) 이남석(대전일보 특별기고) 2003.12.8
20) 충청남도역사문화원, 2005「瑞山 富長里遺蹟 略報告書」

교통로적 관문으로서의 입지적 특성으로 다양한 문화유적을 보유하고 있는 곳이다.

　서산 부장리유적은 서산시 음암면 부장리 산 46-1번지 일대에 위치하며, 조사된 유구는 총 260기이며, 이 가운데 청동기시대 유구는 주거지와 수혈 유구로 총 37기이다. 백제시대 유구는 주거지와 분구묘, 수혈유구, 석곽묘 등으로 총 74기가 확인되었다. 조선시대의 유구로는 주거지와 토광묘 및 수혈유구가 확인되었으며 모두 104기가 조사되었다. 마지막으로 유물이 출토되지 않거나 그 성격을 정확히 알 수 없는 시대미상의 수혈유구가 45기 조사되었다. 그 중 서산지역의 문화적 특징을 밝힐 수 있는 중요한 유적으로 백제시대 분구묘를 손꼽을 수 있는데 유적의 서쪽 능선부와 경사면을 이용하고 있다. 생활유적에 해당되는 주거군은 주능선의 중앙 남사면을 이용하고 있는 점을 확인할 수 있었으며 총 13기의 분구묘가 확인되었다. 이는 모두 한변이 20-40m정도의 주구가 돌려져 있고 대부분 방형의 형태를 갖추고 있다.

　각 매장주체부마다 유물들이 부장되었는데 토기류와 철기류, 장신구류가 출토되었다. 토기류는 직구단경원저호, 광구단경원저호를 비롯하여 다양한 형태의 토기가 출토되었으며 철제유물로는 환두대도와 철부, 철겸, 철모 등이 확인되었다. 그 중 특히 장신구류로는 8호분구묘에서 이엽(二葉)의 환두대도와 철모, 철도자 등과 함께 동제의 식리(飾履)의 흔적이 확인되었다.[21]

　다시 말해 서산 부장리 유적에서는 청동기 시대 전기부터 중기에 이르는 취락이 조사되었으며, 일명 흔암리 유형의 전기취락과 송국리 유형의 중기 주거지가 있다. 이는 인근에서 최근에 조사된 서산 기지리 유적을 비롯하여 기존의 흔암리 유적 등과 비교연구 함으로써 서산지역 청동기시대 전기 및 중기의 문화를 파악할 수 있는 중요한 자료가 될 것으로 판단된다. 그리고 백제시대의 유구로 분구묘와 주거지가 조사되었는데 분구묘는 기존에 충청지역에서 확인된 바 없는 것으로, 이전에 제시하지 못했던 분구묘의 축조과

21) 충청남도역사문화원, 2005, 주20) 앞의 글

정과 확장과정 그리고 분묘군의 형성과정에 대한 실마리를 제공해 줄 수 있는 것으로 생각된다. 또한 8호 분구묘에서 출토된 식리를 비롯한 5호 분구묘의 금동관모와 철제초두 등의 위세품은 부장리 유적이 당시 서산지방 최상층의 무덤임을 보여주고 있다. 이렇듯 서산 부장리 유적은 서산지역의 위상과 문화적 성격을 밝힐 수 있는 귀중한 자료가 될 것이다. 본 연구에서는 서산 부장리유물의 위세품 중에 5호 분구묘에서 출토된 금동관모를 대상으로 하여 과학적인 분석방법을 적용하였다.

6) 부여 부소산성

부소산성은 표고 106m의 부소산에 위치하며 총 둘레는 약 2.5km이다. 산의 북쪽은 백마강이 흐르고 있는 천연의 요새로 백제시대 수도 사비성을 지키는 중심거점의 산성이다. 또한, 백제 성왕 16년(538) 공주에서 이곳으로 옮겨 123년간 사용한 사비도성의 중심산성으로 이중의 성벽을 두른 백제식 산성이다. 지세는 남쪽이 높고 북쪽이 낮으며 금강이 북·서·남 3면을 돌아 흐르고 있고 남·서쪽으로는 넓은 들판이 있다.[22]

부소산성은 이미 일제강점기 때부터 대표적인 백제 유적으로 알려져 있었으나 그 당시에는 매우 단편적인 사실을 확인하는데 그쳤다. 그 후 1970년대 후반에 백제 문화권 개발 사업이 추진되면서 비로소 부소산성에 대한 새로운 관심을 갖게 되었고, 1980년대에 들어와서 매년 연차적인 조사가 이루어졌다.

부소산성은 군창지 소재의 산정식산성(山頂式山城)과 사비루(泗泚樓) 소재의 테뫼식산성, 그것을 둘러싼 포곡식산성(包谷式山城)으로 이루어졌다고 알려져 왔다. 이른바 테뫼식산성과 포곡식산성이 결합된 복합식산성(複合式山城)의 형태라고 보았다. 그러나 1993년~1994년에 걸쳐 실시된 군창지 소재 테뫼식산성의 조사결과, 이 테뫼식산성의 성벽이 종래의 인식과 달리 통

22) 成周鐸, 2004 『百濟城址研究』 서경문화사

일신라시대에 축성된 것으로 밝혀졌다. 또한 1996년에 사비루 소재 테뫼식 산성의 조사에서도 인화문토기 편과 '회창(會昌) 7년'이라고 새겨진 명문와가 출토되어 847년을 전후한 통일신라시대 성벽임이 확인되었다. 따라서 부소산성의 성벽 중 백제 시대에 축조된 것은 포곡식산성 하나뿐인 셈이다.

지금까지 이루어진 부소산성 성벽조사에서는 세 가지 축성법이 확인되었는데 첫째는 석축시설 없이 순수한 판축에 의한 토루(土壘)로서 포곡식산성에서 확인되는 축성법, 둘째는 토루의 하단부에 기초시설로서 석축이 마련되고 그 위로 판축에 의한 토루가 축조되는 방법, 세 번째는 판축기법이 약화되어 다짐 층처럼 성벽을 축조한 방법이다. 확인된 각각 다른 세 가지 축조법은 축조시기의 차이를 의미하며 이것으로 백제가 사비로 천도하기 이전에 포곡식산성이 축조되었을 가능성, 테뫼식산성이 통일신라시대에 축조된 사실, 테뫼식 산성의 중앙에 있는 토벽이 조선시대에 축조되었다는 사실을 알 수 있다.

성의 기능면에서 볼 때에는 현재까지 군사시설만 발견되고 있어 군사적 목적의 비중이 컸을 것이라고 추측된다. 특히 사비루가 있는 지역이 전망이 아주 좋아 이를 뒷받침 하고 있다.[23]

1.3 연구방법[24]

표 2.1 분석대상 유물

구분	유물명	유구/소장자	사진	설명
1	비파형동검 (BC 8)	대전비례동 419번지		날 부분이 파손되고 등대에 약한 마연흔적이 남아 있으며, 꼬다리에는 두 개의 홈이 있었는데 아래의 홈이 부러지고 현재와 같이 하나의 홈만 남아 있다. 길이 16.9㎝

---

23) 徐程錫, 2002 『百濟의 城郭』學研文化社
24) 정광용, 2004 『금속유물의 정량분석 및 산지추정연구』 과학기술부

구분	유물명	유구/소장자	사진	설명
2	세형동검 (BC 4~3세기)	충북 청원군 문의면		옅은 초록색의 녹이 두텁게 덮혀 있고, 등대부분과 검 끝 부분 일부를 제외한 나머지 부분들은 부식으로 훼손된 상태로 전체적인 모습을 파 악하기 어렵다. 길이 29.3㎝
3	세형동검 (BC 4~3세기)	대전 문화동 까치고개		봉부가 길고 등대의 마연부 가 첫째 마디 이하로 발달하 지 않았으며 하반부의 날 부 분이 둥글게 꼬다리쪽으로 발달한 형태이다. 봉부가 긴 것을 제외하면 요녕식 동검 의 형태에 가깝다. 길이 24.2㎝
4	세형동검 (BC 3~2세기)	대전 탄방 동 191번지		봉부가 짧으나 비교적 세장 한 형태이고, 등대의 마연부 분은 첫째 마디까지만 발달 하였다. 세형동검으로서는 길이가 긴 편이다. 길이 32.5㎝
5	동모 (BC 3~2세기)	대전 탄방 동 191번지		동모는 봉부가 부러지고 공 구 주변이 약간 파손되었으 나 완형을 이루고 있다. 공구 주연에 못을 박기 위한 구멍 이 하나 있고, 등대의 마연부 분이 선명하지 못하다. 길이 10.9㎝
6	세형동검 (BC 3~2세기)	논산 원북리 (나-토1)		세형동검은 남동모서리 바닥 면에서 출토된 검신편으로 색조는 담록색이다. 검신 중 앙에는 등대과 능각이 잘 남 아있다. 잔존길이 5.7㎝, 최대너비 3.5㎝
7	동부 (BC 3~2세기)	논산 원북리 (나-토1)		유견동부로 공부 일부가 결 실되었다. 공부는 소켓 형태 로 4조의 돌대가 돌려져 있으 며, 주변으로는 주조 흔이 엿 보인다. 길이 9.8㎝, 공구경 2.3㎝, 견부 너비 4.7㎝, 인부 너비 4.4㎝

구분	유물명	유구/소장자	사진	설명
8	세형동검 (BC 3~2세기)	논산 원북리 (나-토6)		절반 가량이 결실되었고, 경배에는 너비 1.0cm의 반원상의 주연이 돌려져 있다. 경배 내부는 3조의 원을 침선으로 돌려 구획을 나누었다. 잔존하는 경배 상부 중앙에는 반원상의 뉴가 부착되어 있다. 추정지름 8.5cm, 테두리 두께 0.5cm, 두께 0.2cm
9	동경 (BC 3~2세기)	논산 원북리 (나-토6)		동경은 북동모서리 바닥면에서 출토된 동경편으로 모두 4개체가 출토되었다. 색조는 담록색으로 1.5cm 내외의 주연은 반원상이며, 잔존하는 경배에는 삼각형의 세선문이 교차로 배치되었다.
10	동사 (BC 3~2세기)	공주 수촌리 1-1호 토광묘		중앙에 돌기선이 있고, 횡단면은 납작한 삼각형이다. 앞쪽만 날을 세웠으며, 반파되어 되었다. 전체 길이 17.5cm
11	동모 (BC 3~2세기)	공주 수촌리 1-1호 토광묘		세형동모로 자루 끝에 고리가 달려있다. 내부는 모를 죽인 방형의 형태이고 고리는 한쪽에만 부착되어 있다. 전체 길이 23.8cm
12	동착 (BC 3~2세기)	공주 수촌리 1-1호 토광묘		날부분이 결손되었고, 공부쪽은 1cm 가량 턱이 있으며, 측면에는 거푸집에 의해 생긴 주합선이 있다. 전체 길이 11cm
13	검파두식 (BC 3~2세기)	공주 수촌리 1-1호 토광묘		세로방향으로 방형이고, 가로방향은 타원형의 대칭이며 내부는 비어 있다. 길이 4.3cm, 너비 5.6cm

구분	유물명	유구/소장자	사진	설명
14	동검 (BC 3~2세기)	공주 수촌리 1-1호 토광묘		날끝으로 갈수록 원추형으로 생긴 세형동검으로 중앙에 돌기선이 있으며, 봉부가 짧은 형태이다. 전체길이 21.1㎝
15	동착 (BC 3~2세기)	공주 수촌리 1-1호 토광묘		전체의 형태는 직사각형이다. 한쪽 끝은 날이 세워져 있으며 다른 한쪽 끝은 자루를 끼울 수 있는 공부로 되어있다. 전체길이 9.4㎝ 최대폭 1.5㎝, 두께 1.5㎝
16	검파두식 (BC 3~2세기)	공주 수촌리 1-1호 토광묘		십자모양의 돌기가 나와 있는 형태로 십자중앙은 수직의 기둥모양으로 세웠고, 안쪽은 비어있다. 전체길이 6.2㎝
17	동검 (BC 3~2세기)	공주 수촌리 1-1호 토광묘		공부는 둥근 타원형의 단면 형태이고 양끝에 주조선이 길게 남아있다. 검신의 피홈이 남아 있다. 전체길이 28㎝, 폭 3.2㎝, 두께 1.25㎝

2) 분석방법

(1) 유도결합플라즈마분광분석법(ICP)

청동기시대 세형동검 등 17점의 청동기로부터 각각 시료 50mg 정도를 정확히 취하여 Teflon Digestion vessel(가압용기)에 넣고 왕수(염산 : 질산 = 3:1) 3ml와 HF(불산) 1ml를 넣어 뚜껑을 닫고 밤새 가열하였다. 상온에서 서서히 식힌 후 뚜껑을 열고 시료가 완전히 용해되었는지를 확인하였다. 다시 가열하여 건고 상태로 만든 다음 1% 질산용액을 넣어 20g을 만들었다. 표준용액은 원자흡광용 표준원액(1000 ppm, BDH spectrosol)을 사용하여 묽혔는데 분석시료의 매트릭스를 맞추기 위하여 왕수를 1ml 씩 첨가하였다. 시료분석은 유도결합플라즈마발광분석기(ICPS-1000III, Shimadzu, Japan)를 사용하여 9종의 성분원소(Cu, Sn, Pb, Zn, Ag, Ni, Sb, Fe, As)를 분석하였다. 각 시료에 대하여 3회 분석하여 나타난 값을 평균하여 정량하였다.

(2) 열이온화질량분석법(TIMS)

청동기시대 동착 등 17점을 입수하여 오염된 표면의 흙과 녹을 제거하고 그 밑층에 있는 녹의 일부를 긁어내어 납동위원소비 측정 시료로 선정하였다.

약 3 mg 정도 시료를 채취하여 테프론 바이알에 넣었다. 정제된 왕수(염산:질산 = 3:1)를 2~3 ml 첨가하고 150 ℃의 가열판에서 밤새도록 가열하였다. 다음 바이알 뚜껑을 열고 가열하여 건조시켰고 6N 염산 2 ml 정도를 사용하여 다시 건조시킨 후 1N HBr 1ml 정도에 녹였다. 원심분리 시켜 녹인 시료를 음이온교환수지(AG1-X8, chloride form, 100-200#)와 1N HBr을 사용하여 납을 분리하였다.

분리한 납은 Re single filament에 얹어 기초과학지원연구소의 열이온화질량분석기(Thermal ionization mass spectrometer:TIMS, Model : VG Sector 54-30)를 사용하여 동위원소비를 측정하였다. 분석결과는 표준물질(NBS SRM 981)의 측정치를 사용하여 보정한 것이다. 분석과정의 총 바닥값(total blank)은 1mg 내외이었다.

① 납동위원소비

납은 원자번호가 82이며 질량수가 204, 206, 207, 208인 4가지의 동위원소를 가지고 있다. 질량수가 204인 ^{204}Pb는 가장 안정한 납동위원소로서 지구 생성시 존재하였던 것이며, ^{206}Pb은 ^{238}U으로 부터, ^{207}Pb는 ^{235}U으로 부터, ^{208}Pb는 ^{232}Th의 방사성붕괴에 의해 생성된 것이다. 방사성붕괴에 의해 생성된 납(^{206}Pb, ^{207}Pb, ^{208}Pb)은 처음부터 존재하던 납(^{204}Pb)과 혼합하여 어느 시기에 방연광을 형성하는데 이때 방연광은 일정한 납동위원소비($^{206}Pb/^{204}Pb$,

^{207}Pb/^{204}Pb, ^{208}Pb/^{204}Pb, ^{207}Pb/^{206}Pb, ^{208}Pb/^{206}Pb) 값을 나타내게 된다.[25] 즉, 각 지역의 방연광은 생성과정을 반영하는 고유한 납동위원소비 값을 나타낸다. 따라서 고대에 청동기 제조를 위해 어느 지역의 방연광을 사용하였다면 방연광의 납동위원소비는 청동기에 그대로 유지되므로 납동위원소비를 분석하면 그 산지를 추정할 수 있게 된다[26].

② 다변수 분석법

청동기에서 얻은 납동위원소비 데이터를 사용하여 시료의 분포 형태를 한 번에 볼 수 있도록 2차원 공간에 나타내는 통계적인 방법을 다변수분석법(Multivariate analysis)이라 한다. 다변수분석법을 사용하면 시료간의 유사성 및 상호관계로부터 시료가 몇 개의 군(group)으로 분류되는지를 알아낼 수 있으며, 또 시료의 근원(source)이 동일한지 여부를 판단할 수 있다. 또 미지의 시료가 어느 군에 소속되는지를 판별할 수 있다.

다변수분석법중 선형판별식분석법(statistical linear discriminant analysis; SLDA)은 기확보된 군들에 대한 한 세트규칙, 즉 판별함수를 구하는 것이다[27]. 이를 위해 군 내부 분산(dispersion of within group)에 대한 군간 분산(dispersion of between group)의 비가 최대일 때 최적 계수 백터를 계산하는 것이 중요하다. 최적 계수 백터와 데이터를 선형결합하는 판별함수를 구할 수 있으며, 이로부터 각 군에 포함된 시료의 분포도를 평면상에 나타낼 수 있다. 다음에 미지시료에서 분석된 데이터를 판별함수에 대입하여 얻은 판별점수를 분포도상에 나타내면 미지시료가 어느 군에 속하게 되는지를 알 수 있다.[28]

최근까지 납동위원소비 데이터는 주로 ^{207}Pb/^{206}Pb, ^{208}Pb/^{206}Pb을 두 축으

---

25) 馬淵久夫, 平尾良光, 1987: 馬淵久夫, 平尾良光, 1983: Brill and Wampler 1967: Brill et al., 1974

26) 馬淵久夫, 平尾良光, 1987, 주25) 앞의 글

27) Coomans and Massart, 1979

28) 馬淵久夫, 平尾良光, 1987, 주25) 앞의 글

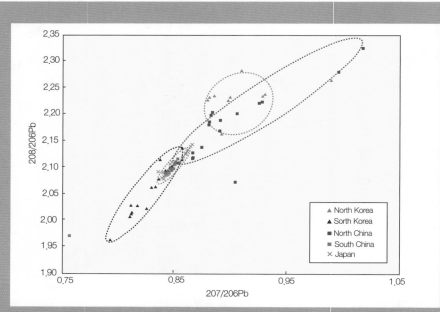

그림 2.2 한국 · 중국 · 일본 청동기의 납동위원소비 분포도(A-type)

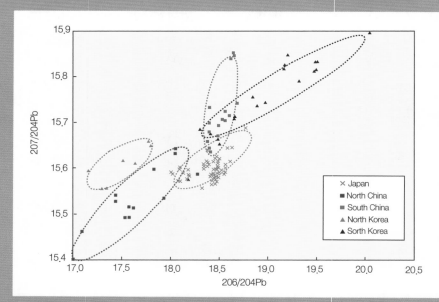

그림 2.3 한국 · 중국 · 일본 청동기의 납동위원소비 분포도(B-type)

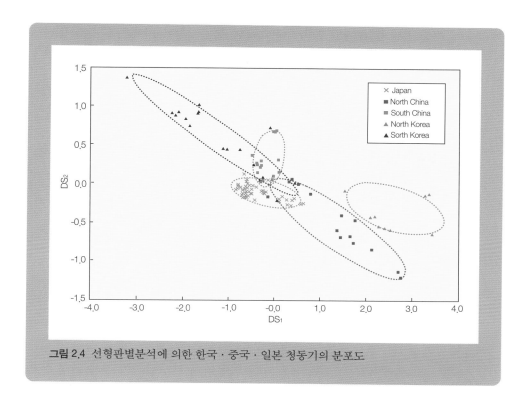

그림 2.4 선형판별분석에 의한 한국·중국·일본 청동기의 분포도

로 한 방연광 분포도를 [그림 2.2], [그림 2.3]에 대상 시료를 표시하여 그 산지를 추정하고 있었다.[29] 이 경우 $^{206}Pb/^{204}Pb$, $^{207}Pb/^{204}Pb$, $^{208}Pb/^{204}Pb$의 데이터는 무시되고 있다는 점과 시료의 분포가 직선상에 나타나면 동일지역의 시료로 간주한다는 점 또 산지별, 시대별로 시료를 판별할 수 없는 단점이 있다. 이러한 단점을 보완하는 방법으로써 모든 데이터를 동시에 사용하여 선형판별식분석(SLDA)으로 방연광의 분포도를 나타낸 것이 [그림 2.4]인데 이 그림은 마부찌(馬淵久夫) 등이 발표한 한국, 중국, 일본의 방연광의 납동위원소비 데이터[30] 를 사용하여 도시한 것이다. 선형판별식분석으로 구한 판별함수는 아래와 같으며, 여기에 미지시료의 납동위원소비 데이터를 넣

29) 馬淵久夫, 平尾良光, 1987, 주25) 앞의 글
30) 馬淵久夫, 平尾良光, 1987, 주25) 앞의 글

어 계산된 판별점수를 [그림 2.4]에 표시 할 수 있다. 이때의 위치가 미지시료의 납의 산지인데 이 위치는 판별함수에서 얻은 X축의 판별점수(DS_1)와 Y축의 판별점수(DS_2)로 정해진다.

$$DS_{1,j} = -0.571X_{A,j} + 1.916X_{B,j} - 0.091X_{C,j} + 8.292X_{D,j} + 14.24X_{E,j} - 53.13$$

$$DS_{2,j} = 1.025X_{A,j} + 3.231X_{B,j} - 0.487X_{C,j} + 7.280X_{D,j} + 3.140X_{E,j} - 63.33$$

여기에서, $X_{A,j}$, $X_{B,j}$, $X_{C,j}$, $X_{D,j}$, $X_{E,j}$ 는 시료의 각 동위원소비 206Pb/204Pb, 207Pb/204Pb, 208Pb/204Pb, 207Pb/206Pb, 208Pb/206Pb의 값이다.

③ 미세조직관찰

청동·금동유물의 미세조직 분석은 광학현미경 및 주사전자현미경(SEM)을 이용한 형태학적 조직검사로 내부에 존재하는 금속 상(相)의 종류를 확인하고, 이들 상이 취하는 결정립(結晶粒)의 크기·모양·배열 등을 분석하였다. 또한 에너지분산분광계(EDS)를 이용하여 결정립내의 미세 조성 분포 등을 개별적으로 분석하였다.

미세조직 분석을 위한 시료 채취는 금속유물의 손상을 최소화시키기 위하여 보존처리 후 완형으로 복원되지 않는 편(片)을 대상으로 유물의 사용 용도 및 각각의 기능성에 따라 선택된 부위에서 채취하였으며, 마이크로 핸드 카터(micro-hand cutter)를 이용하였다. 채취된 시료는 극미량이어서 미세조직 관찰을 위한 폴리싱(polishing)에 어려움이 있으므로 마운팅(mounting)을 실시하였다. 마운팅된 시료는 샌드퍼이퍼(sand paper) 200mesh에서부터 2,000mesh까지 연마하였으며, 그 이후 $0.3\mu m$와 $0.05\mu m$의 Al_2O_3분말을 사용하여 미세 연마하였다. 미세 연마된 철제품시료의 부식(etching)은 나이탈을 이용하여 약 3초간 실시하였고[31], 청동 시료는 질산(HNO_3) 50%, 염화제일구리($CuCl_2$) 5g을 이용하여 약 3초간 실시하였다[32].

1.4 결과 및 고찰[33)]

1) 청동 · 금동유물의 성분분석(ICP 분석)

고대의 청동기 17점에 대한 ICP 정량분석을 실시하였다. 청동기 15점의 정량분석결과로 부터 얻은 성분조성의 비교 및 검토를 거쳐 청동기 시대의 기술체계 및 특성을 파악할 수 있을 것으로 판단된다.

(1) 성분조성에 의한 청동기 분류

고대의 청동유물 15점을 대상으로 ICP을 이용 정량분석한 성분함량을 [표 2.2]에 나타내었다. 3종의 주요성분(Cu, Pb, Sn)원소와 7종의 미량성분(Ag, Ni, Sb, Co, Fe, Zn, Mn)원소를 포함하여 각각 10종의 원소 분석하였다.

청동기의 성분은 크게 3개 군으로 분류가 된다. 즉, Ⅰ군은 Cu-Sn 계통의 청동기로서 1점, 그리고 Ⅱ, Ⅲ군은 Pb이 포함된 Cu-Sn-Pb 계통의 청동기 12점이 포함되어 있다. 이들 3군에 대한 성분의 함량조성을 대략적으로 살펴보면, Ⅰ군에서는 Cu:Sn = 70~75:20이며, Ⅱ군에서 Cu:Sn:Pb = 70:10:10이고, Ⅲ군에서는 Cu-Sn-Pb = 70:20:5 및 60:25:5의 비율을 갖는 청동기가 포함되어 있다. 주요성분인 Sn, Pb의 첨가에 따라 Cu 함량이 변화되는 것을 알수 있다. 미량성분으로서는 Ni, Fe, Co 같은 원소가 기여한다는 것을 알 수 있다. 즉, [표 2.2]의 데이터와 비교해 보면 보다 명확히 구분되는 것을 알 수 있다.

---

31) 김정근 · 김기영 · 박해웅 공저, 1999 『금속현미경조직학』 도서출판골드
32) Gunter Petzow, 1978 『Metallographic Etching』 American Society for Metals
33) 정광용, 2004, 주 24) 앞의 글
강형태 · 정광용 · 조상기 · 이문형, 2003 「논산시 원북리 토광묘유적 출토 청동기의 과학분석」『한국상고사학보』 第37號, 한국상고사학회
이강승 · 강형태 · 정광용, 2001, 「대전 문화동 · 탄방동 · 비례동유적 출토 청동기의 성분조성과 납동의 원소비」『고고학지』 제12집, 한국고고미술연구소

표 2.2 고대 청동유물의 성분분석 결과

No	유물명	CU%	Pb%	Sn%	Ag%	Ni%	Sb%	Co%	Fe%	Zn%	Mn%	Total
1	비파형동검	75.9	0.48	19.5	0.09	-	-	-	-	-	-	96.1
2	세형동검	71.4	18.5	4.71	0.06	0.10	0.04	-	0.05	<0.02	-	94.9
3	세형동검	73.9	9.60	12.0	0.14	0.06	0.06	-	0.003	0.028	-	95.8
4	세형동검	71±4	10.7±0.5	18±1	-	-	-	-	-	-	-	99.7
5	동모	69±4	10.2±0.5	20±1	-	-	-	-	-	-	-	99.2
6	세형동검	66.9	8.98	21.9	0.02	0.06	0.67	-	0.04	≤0.02	-	98.6
7	동부	73.5	5.64	20.5	0.03	0.09	0.72	-	0.05	≤0.02	-	100.7
8	세형동검	69.6	9.36	18.6	0.07	0.01	0.48	-	0.03	≤0.02	-	98.5
9	동경	71.4	5.90	22.6	0.05	0.02	0.86	-	0.41	≤0.02	-	101.5
10	동사	61	6.13	22.8	0.1	0.14	0.43	0.03	0.01	—	0.0005	—
11	동모	—	—	—	—	—	—	—	—	—	—	—
12	동착	—	—	—	—	—	—	—	—	—	—	—
13	검파두식	56.1	12.3	16.5	0.08	0.19	0.09	0.35	0.14	0.001	0.0007	—
14	동검	53.2	12.7	20.3	0.14	0.15	0.17	0.08	0.08	0.001.	0.0006	—
15	동착	62	6.9	21.8	18	0.08	-	0.02	0.15	0.001	0.0002	—
16	검파두식	58.6	8.66	15.1	0.15	0.07	0.17	0.01	0.38	0.001	0.003	—
17	동검	70.7	5.1	20	0.16	0.05	0.2	0.001	0.12	—	0.003	—

(2) 고대 청동기의 특징

고대 청동기의 주요 성분은 Cu · Sn · Pb이다. 이밖에 미량 원소인 As · Sb · Bi · Zn 등은 의도적으로 첨가한 것이 아니고, 주성분의 광석 제련시 광석에 공존되어 있던 원소가 불순물로 섞여 들어간 것이다. 대체로 원소의 함량이 1% 미만이면 불순물로 별다른 뜻이 없다. 특히 Cu 제련에서 동광석에 따라 As는 4%, Sn은 3%까지 혼입될 수 있으며, 그밖에 Pb · Sb · Bi도 섞여 들어간다. 한편 Pb 제련시에는 아연을 비롯하여 Ag · As · Fe 등이 혼입되고, Sn 제련시는 Al · 실리콘 등이 섞여 들어간다.

As나 그의 산화물은 쇳물이 응고할 때 쉽게 휘발되어 수축공을 형성하므로 주물에 해로우며, Sb은 As와는 달리 잘 휘발되지 않아 주조품에 결함을 남기지 않는다. Fe과 Ni은 청동 조성의 편석을 가져오며 Bi는 청동에 취성(脆性)을 생기게 하여 좋지 못하다. Co나 Ag과 같은 미량 원소는 청동에 아

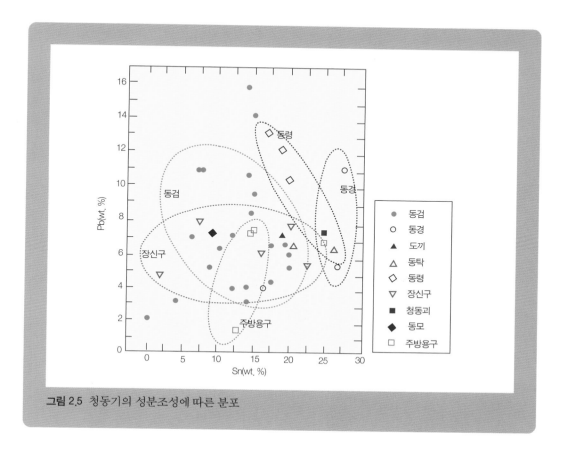

그림 2.5 청동기의 성분조성에 따른 분포

무런 영향을 끼치지 못한다.

　현재까지 국내에서 조사된 고대 한국의 청동기 분석결과[표 2.3]과 본 연구에서 확인된 분석결과[표 2.2]에 대한 조성의 분포는 [그림 2.5]와 같다.

　[그림 2.5]를 보면 청동기의 종류와 사용 용도에 따라 의도적으로 원소를 조정한 것을 알 수 있다.

　중국에서는 춘추시대말(B.C 770~475) 수공업기술에 대한 기록으로 『주례(周禮)』고공기(考工記)라는 유명한 고문헌에 소개되어 있다. 여기에는 청동의 용도에 따른 주석의 함량을 규정한 유명한 '금유육제(金有六齊)'로 즉, 여섯 가지 청동기의 합금성분비를 나타내고 있으며 이렇게 청동기에 따른 성분의 비율을 규정한 것이 중국문헌에 잘 나타나고 있다.

주례 고공기에 적힌 청동의 조성은 청동기의 용도별 제품에 다른 합금조성비를 기술한 내용이다. 일본의 청동기 분석사례도 우리와 마찬가지로 주례고공기의 합금조성비와 일치 하지 않다.[34] 주례 고공기에서는 동6에 주석 1이면 종과 솥(鼎)의 합금이라 일컫는다. 동 5에 주석 1이면 도끼나 자구의 합금이고, 동 4에 주석 1이면 창(戈)과 갈라진창(戟)의 합금이라 일컫는다. 또한 동 3에 주석 1이면 큰칼의 합금이고 동 5에 주석 2이면 화살촉의 합금, 주석이 동의 반이면 평면거울과 오목거울의 합금 조성이라 부른다고 적혀 있다. 이 글귀에서 원문의 금(金)을 동으로 풀이하였으나 동과 청동으로 함께 볼 수 있어[35] [표 2.4]와 같이 그 범위를 나타낸다. 예를 들어 거울의 경우 금을 청동으로 보면 주석이 50%이며, 동으로 풀이하면 주석이 33%이어서 유물의 분석결과를 보면 금을 동으로 풀이하는 것이 그나마 가까워진다.

고대 청동기의 정량 분석된 결과는 B.C 4~3세기의 비파형동경으로부터 백제시대 동경, 통일신라시대 대접, 고려시대 10세기경의 불상과 그리고 조선시대 청동기 등이다. B.C 1세기의 마형대구는 납이 주석보다 3배나 많이 포함되어 있다. [그림 2.5]에서 보면 통일신라시대 접시와 실상사 범종을 제외하고는 납의 함유량이 1% 이상이다. 따라서 이들 외에는 의도적으로 납을 첨가시킨 것이 확실하다. 특히 연대가 내려오는 합에서는 납의 함유량이 크게 증가되어 있으며 또한 고려시대 불상에서는 납이 주석보다 많이 함유되어 있다. 이것으로 보아 청동기의 사용 용도에 따라 시대가 내려올수록 납이 주석보다 많이 함유되어 있다는 것을 알 수 있다. 특히 통일신라시대 미륵사지의 용기류는 Cu : 74.8~79.4, Sn : 18.6 ~ 21.1, Pb : 0.060~0.045 범위이고, 출토지 미상의 접시는 Cu : 76.4~76.8, Sn : 22.5 ~ 23.2, Pb : 0.06~0.07 범위이다. 따라서 여기에서 중요한 기술사적인 의의를 찾는 다면 그 당시에 벌써 청동기의 사용 용도와 주조기술에 따라 납의 함유량을 조절하였다는 것을 알 수 있다. 즉, 용기류에 해당되는 청동기

---

34) 小林行雄, 1963 『古代技術』 塙書房
35) 北京鋼鐵學院, 1978 『中國古代冶金』 文物出版社

표 2.3 선행 연구된 청동기의 성분조성

No.	명칭	출토지	Cu(%)	Sn(%)	Pb(%)	Zn(%)	Ni(%)	Sb(%)	Fe(%)	As(%)	Ag(%)
1	불상(고려)	미륵사지	81.7	7.03	10.25	0.016	0.19	0.23	0.27	0.17	-
2	동경(백제말)	미륵사지	67.4	25.8	4.88	0.0039	0.047	0.14	0.25	0.018	-
3	숟가락(통일)	미륵사지	74.5	20.3	3.67	0.0028	0.23	0.21	0.27	0.020	-
4	젓가락(고려)	미륵사지	78.7	17.1	3.13	0.0026	0.17	0.18	0.23	0.017	-
5	대접(통일)	미륵사지	74.8	18.6	0.38	0.0014	0.27	0.28	0.28	0.021	-
6	주발(통일)	미륵사지	77.3	21.1	0.060	0.0015	0.065	0.042	0.049	0.021	-
7	주발(통일)	미륵사지	79.4	19.80	0.12	0.0023	0.058	0.26	0.34	0.015	-
8	접시(통일)	미륵사지	77.7	20.34	0.45	0.015	0.063	0.19	0.15	0.16	-
9	장식품(고려)	미륵사지	82.1	13.0	3.76	0.0026	0.059	0.16	0.31	0.012	-
10	장식품(고려)	미륵사지	80.0	14.7	3.39	0.0019	0.024	0.089	0.38	0.010	-
11	마형대구(BC 1C)	전 조치원	86.19	1.68	4.83	0.28	0.20	0.30	0.54	0.18	0.16
12	이형용기(5C)	호우총	77.32	12.49	3.60	0.24	0.12	0.28	0.018	0.18	0.16
13	합(5C)	호우총	77.16	4.47	1.10	0.32	-	0.67	0.21	-	0.085
14	접시(통일)	미 상	76.4	23.2	0.07	<0.10	-	<0.01	0.12	<0.001	<0.1
15	접시(통일)	미 상	76.8	22.5	0.06	-	-	-	0.02	<0.001	0.09
16	범종(8C)	원 주	71.02	14.08	2.12	0.01	0.22	0.21	0.28	0.26	0.59
17	동종(8C0)	양 양	87.7	8.76	1.64	0.01	0.066	0.21	0.16	0.009	0.39
18	범종(9C)	남 원	76.07	17.76	0.34	0.21	0.01	0.09	0.17	0.15	0.04
19	합(9C)	미 상	77.0	17.1	5.53	0.09	0.09	0.17	0.04	0.01	0.19
20	불상(고려)	미 상	69.03	11.70	14.30	0.11	0.18	0.20	0.34	0.16	0.43
21	동제금강령	사뇌사지	75.8	17.8	4.35	-	0.033	0.019	0.053	0.076	0.20
22	동제향완	사뇌사지	72.0	6.38	21.2	-	0.035	0.050	0.061	0.20	0.22
23	동제금고	사뇌사지	83.2	11.0	3.24	-	0.054	0.068	0.12	1.20	0.31
24	동제주자	사뇌사지	71.2	8.14	18.5	0.010	0.044	0.049	0.027	0.35	0.18
25	동제대접	사뇌사지	77.5	22.1	0.054	0.005	0.047	0.019	0.042	0.024	0.17
26	동제대접	사뇌사지	73.9	22.5	0.032	0.004	0.047	0.008	0.049	0.034	0.15
27	동제대접	사뇌사지	77.4	23.5	0.17	0.037	0.059	-	0.15	0.063	0.15
28	동제호	사뇌사지	77.6	5.93	13.5	0.005	0.076	0.081	0.015	0.31	0.24
29	동제령	사뇌사지	90.0	8.67	0.33	0.010	0.082	-	0.25	0.72	0.17
30	동제수저	사뇌사지	77.6	20.6	0.15	-	0.066	0.13	0.10	0.047	0.094
31	동제소형접시	사뇌사지	72.6	8.97	17.0	0.036	0.088	0.072	0.038	0.40	0.21
32	동제소형접시	사뇌사지	71.5	8.82	18.5	0.027	0.070	0.032	0.13	0.25	0.12

표 2.4 고대 청동기의 종류별 성분조성

No.	성분(wt %)	품종별 구분							
		Cu	Sn	Pb	Zn	Ni	Sb	Fe	As
1	기원전 청동기	86.19	1.68	4.83	0.28	0.30	0.30	0.54	0.18
2	불상	81.7	7.03	10.25	0.016	0.19	0.23	0.27	0.17
3	동경	67.4	25.8	4.88	0.0039	0.047	0.14	0.25	0.018
4	수저류	74.5 ~78.7	17.1 ~20.3	3.13 ~3.67	0.0026 ~0.0028	0.17 ~0.23	0.18 ~0.21	0.23 ~0.27	0.017 ~0.020
5	주방용기	74.8 ~79.4	18.6 ~21.1	0.06 ~0.45	0.015 ~0.0015	0.27 ~0.065	0.28 ~0.042	0.28 ~0.049	0.021 ~0.021
6	장식품	80.8 ~82.1	13.0 ~14.7	3.39 ~3.76	0.0019 ~0.0019	0.024 ~0.059	0.089 ~0.16	0.31 ~0.38	0.010 ~0.012

는 성분 조성상의 비율이 일정하다는 것을 알 수 있고, 장식품에 해당되는 불상, 동경 및 장식품 등은 합금 비율을 달리하고 있다는 것을 알 수 있다. 즉 고대 중국에서도 시대별 청동기의 종류와 사용 용도에 따라 납의 함유량 이 많아지고 있다.[36]

　　본 연구의 분석결과와 고대의 청동기 분석결과에서도 이와 같은 유사한 점을 발견할 수 있다. 고대 한국의 청동기 분석례에서도 시대가 내려갈수록 귀하고 값이 비싼 주석 대신 납을 많이 첨가한 것으로 보인다. 여기에서 흥 미 있는 사실은 청동유물의 품종별로 화학성분 함량의 변화폭이 매우 적다 는 것이다. [그림 2.5]의 각각 유물별 화학성분 분석결과를 유물의 품종별로 다시 종합정리한 것이 [표 2.4]이다. 이 표에 보는 바와 같이 청동기는 품종 별로 화학조성이 상당히 정확한 범위로 조정되고 있는데, 이와 같은 사실은 청동기를 제조할 당시 청동주물 제조 기술이 상당한 수준에 도달해 있었고, 청동기 품종별로 합금조성이 정립되어 있다는 증거라고 볼 수 있다.

　　그림을 보면 청동기의 종류, 사용 용도, 주조방법에 따라 의도적으로 납 의 성분 함량을 조절한 것임을 알 수 있다.

---

36) E. R. Caley, 1964 『Analysis of Ancient Metals』 Peragamon
　　R. J. Gettens 1969 『 The Freer Chinese bronzes, Technical Studies 2』 Meriden Gravure Company

2) 청동기의 산지추정(TIMS 분석)

(1) 납동위원소비법

납은 원자번호가 82이며 질량수가 204, 206, 207, 208인 4가지의 동위원소를 가지고 있다. 질량수가 204인 ^{204}Pb는 가장 안정한 납동위원소로서 지구 생성시 존재하였던 것이며, ^{206}Pb은 ^{238}U로 부터, ^{207}Pb는 ^{235}U로 부터, ^{208}Pb는 ^{232}Th의 방사성붕괴에 의해 생성된 것이다. 방사성붕괴에 의해 생성된 납(^{206}Pb, ^{207}Pb, ^{208}Pb)은 처음부터 존재하던 납(204Pb)과 혼합하여 어느 시기에 방연광을 형성하는데 이때 방연광은 일정한 납동위원소비(^{206}Pb/^{204}Pb, ^{207}Pb/^{204}Pb, ^{208}Pb/^{204}Pb, ^{207}Pb/^{206}Pb, ^{208}Pb/^{206}Pb) 값을 나타내게 된다.[37] 즉, 각 지역의 방연광은 생성과정을 반영하는 고유한 납동위원소비 값을 나타낸다. 따라서 고대에 청동기 제조를 위해 어느 지역의 방연광을 사용하였다면 방연광의 납동위원소비는 청동기에 그대로 유지되므로 납동위원소비를 분석하면 그 산지를 추정할 수 있게 된다.[39] 본 연구에서는 한국, 중국, 일본 등의 여러지역에서 134종의 방연광 시료를 입수하여 각각 분석한 납동위원소비 데이터는 이미 발표된 논문[39]에 수록되어 있는데 방연광의 입수지역을 부호와 함께 [표 2.5]에 나타내었다.

(2) 납동위원소비 분포도

청동기의 성분 중에 납의 함량이 2% 이상이 되면 의도적으로 납을 첨가한 것으로 보고 있다. 이 경우 청동기의 납동위원소비는 청동기 제작을 위해 사용한 방연광의 산지를 의미하는 것이다. 그러나 만일 납이 1% 이하의 미량인 경우 그 납은 광석(구리 또는 주석)에서 불순물로 함유된 것이므로 이때의 납동위원소비는 광석의 산지와 관련있다는 것을 의미한다. 지구과학적으로 구리, 주석, 납은 닮은 성질이 있어 비슷한 장소에서 산출되며 동

---

37) 馬淵久夫, 平尾良光, 1987, 주25) 앞의 글
38) 馬淵久夫, 平尾良光, 1987, 주25) 앞의 글
39) 馬淵久夫, 平尾良光, 1987, 주25) 앞의 글

표 2.5 한국, 중국 및 일본의 방연광(광산명)

부호	번호	지역별	방연광(광산명)
▲	1~10	한국북부	咸北(檢德), 平南(大倉, 三德), 黃道海(瓮津, 海州), 京畿道(富平, 三寶)
△	11~30	한국남부	江原道(新札美), 慶北(第一 및 第二 蓮花, 蔚珍, 漆谷, 將軍), 忠北(豊産, 金山)
×	31~102	일본	北海道縣, 清林縣, 秋田縣, 山形縣, 宮城縣, 新潟縣, 福島縣, 石川縣, 愛知縣, 兵庫縣, 島根縣, 火口縣 등
■	103~115	중국북부	遼寧省, 山西省, 陝西省, 甘肅省, 山東省, 江蘇省
□	116~134	중국남부	浙江省, 江西省, 湖南省, 貴州省, 廣東省, 廣西省, 雲南省

표 2.6 청동기 납동위원소비 및 판별함수

No	유물명	납동위원비					판별함수		산지추정
		206/204Pb	207/204Pb	208/204Pb	207/206Pb	208/206Pb	DS1	DS2	
1	비파형동검	17.697	15.544	38.036	0.8785	2.1493	0.977	-0.347	중국북부
2	세형동검	16.846	15.353	37.123	0.9114	2.2035	2.224	-0.982	중국북부
3	세형동검	17.748	15.544	38.033	0.8758	2.1430	0.836	-0.333	중국북부
4	세형동검	18.910	15.735	39.728	0.8321	2.1009	-0.578	0.200	한국남부
5	동모	24.259	16.540	44.350	0.6818	1.8282	-7.640	4.082	?
6	세형동검	18.024	15.582	38.327	0.8645	2.1264	0.394	-0.205	일본
7	동부	18.535	15.664	39.028	0.8451	2.1056	-0.261	0.036	한국남부
8	세형동검	19.178	15.781	39.926	0.8229	2.0819	-1.008	0.400	한국남부
9	동경	17.959	15.635	38.710	0.8706	2.1555	0.963	-0.151	중국북부
10	동사	20.0568	15.979	40.7216	0.7967	2.0304	-2.153	1.2004	한국남부
11	동모	20.4958	15.9801	40.983	0.7797	1.965	-3.498	1.1975	한국남부
12	동착	21.3591	16.1053	42.3846	0.754	1.9844	-3.815	1.6781	한국남부
13	검파두식	20.4961	15.9631	40.9998	0.7789	2.0003	-3.036	1.2397	한국남부
14	동검	20.1581	15.9275	40.6747	0.7901	2.0178	-2.540	1.0730	한국남부
15	동착	18.4739	15.6412	38.9541	0.8467	2.1086	-0.208	-0.0432	?
16	검파두식	17.6814	15.5905	38.4632	0.8818	2.1754	1.435	-0.3150	중국북부
17	동검	18.8085	15.7227	39.2512	0.8359	2.0869	-0.668	0.2716	한국남부

광석을 산출하는 장소가 있으면 당연히 가까운 곳에 납광산이 존재할 가능성이 큰 것으로 보고되어 있다[40].

청동기 17점에 대한 각각 납동위원소비 분석결과를 [표 2.6]에 나타내었다. 비례동 출토 비파형동검을 제외한 16종의 청동기는 납의 함량이 5% 이상이므로 청동기 제작을 위해 의도적으로 납을 첨가한 것으로 볼 수 있다.

① 도식 A와 B

청동기의 산지추정을 위해 $^{207}Pb/^{206}Pb$와 $^{208}Pb/^{206}Pb$을 축으로 한 [그림 2.6](도식 A) 및 $^{206}Pb/^{204}Pb$과 $^{207}Pb/^{204}Pb$를 축으로 한 [그림 2.7](도식 B)를 사용하였다. 여기에서 보는 바와 같이 한국, 중국, 일본 등의 여러 지역에서 방연광을 입수하여 납동위원소비를 분석한 다음 그 분포도[41]를 나타낸 것이다. 이 그림에서 보면 방연광의 영역이 잘 나타나 있어 청동기의 산지 분

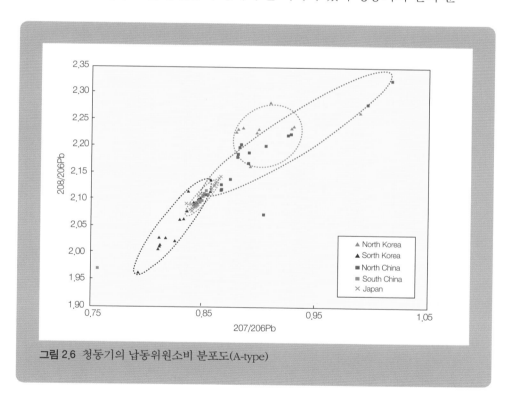

그림 2.6 청동기의 납동위원소비 분포도(A-type)

---

40) 馬淵久夫, 平尾良光, 1987, 주25)의 앞의 글
41) 馬淵久夫, 平尾良光, 1987, 주25)의 앞의 글

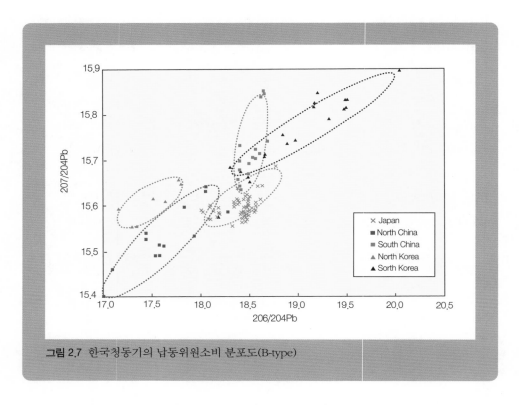

그림 2.7 한국청동기의 납동위원소비 분포도(B-type)

류에 유용하게 사용되고 있다. [표 2.6]의 납동위원소비 데이터를 [그림
2.6], [그림 2.7]에 각각 나타내었다.

　[그림 2.6]와 [그림 2.7]에서 N0.1~ No. 4, No. 9, No.16 시료의 산지는
중국 북부이고, No. 4, 7, 8, 10~15, 17은 한국남부이다. 또한 유일하게
No. 6 시료는 일본으로 나타난다. 그리고 No. 5, 15시료는 방연광 분포도
의 영역에서 벗어나 있어 현재로서는 산지를 추정할 수 없다.

② 선형판별식분석

　최근 데이터의 해석방법으로써 다변수분석법(Multivariate analysis)을 많
이 채용하고 있다. 다변수분석법중 선형판별식분석법(SLDA)으로 방연광의
분류를 위한 판별함수를 구하였다. 한국, 일본, 중국 방연광 시료 134종의
전체 납동위원소비 데이터를 사용하여 선형판별분석을 수행한 결과이다.

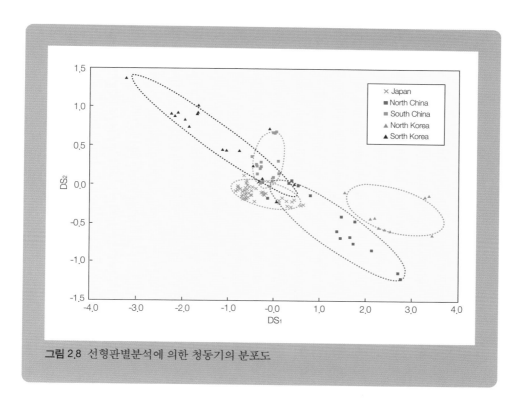

그림 2.8 선형판별분석에 의한 청동기의 분포도

3) 기술체계(광학현미경, SEM-EDX 미세조직 분석)

부소산성 출토유물의 미세조직 분석은 광학현미경 및 주사전자현미경 (SEM)을 이용한 형태학적 조직검사로 내부에 존재하는 금속 상(相)의 종류를 확인하고, 이들 상이 취하는 결정립(結晶粒)의 크기·모양·배열 등을 분석하였다. 또한 에너지분산분광계(EDS)를 이용하여 결정립내의 미세 조성 분포 등을 개별적으로 분석하였다.

미세조직 분석을 위한 시료 채취는 금속유물의 손상을 최소화시키기 위하여 보존처리 후 완형으로 복원되지 않는 편(片)을 대상으로 유물의 사용 용도 및 각각의 기능성에 따라 선택된 부위에서 채취하였으며, 마이크로 핸드 카터(micro-hand cutter)를 이용하였다. 채취된 시료는 극미량이어서 미세조직 관찰을 위한 폴리싱(polishing)에 어려움이 있으므로 마운팅

(mounting)을 실시하였다. 마운팅된 시료는 샌드페이퍼(sand paper) 200mesh에서부터 2,000mesh까지 연마하였으며, 그 이후 0.3μm와 0.05μm 의 Al₂O₃분말을 사용하여 미세 연마하였다. 미세 연마된 철제품시료의 부식 (etching)은 나이탈을 이용하여 약 3초간 실시하였고[42], 청동 시료는 질산 (HNO₃) 50%, 염화제일구리(CuCl₂) 5g을 이용하여 약 3초간 실시하였다[43].

시편의 미세조직 관찰은 광학현미경과 주사전자현미경(SEM, JEOL 5510) 을 사용하였고, 비금속개재물 분석은 에너지분산형X선분석기(EDS)를 이용 하였다. 주사전자현미경의 가속 전압은 20kV를 사용하였다.

(1) 금동유물의 미세조직

① 서산 부장리유적 금동관모

충남 서산 부장리유적에서 출토된 금동관모의 과학적 분석을 위해서 영 락고리와 투조장식 편(片)을 시료로 선정하고 공예기술을 종합적으로 분석 하였다. 그림에서 영락고리는 두 개의 가느다란 금도금된 동선을 만든 후 이를 비틀어 고리의 형태로 만들었다. 즉 [그림 2.9]과 같이 원형에 가까운 형태를 띠고 있으며, 그 표면에는 전체적으로 도금층이 존재함을 볼 수 있 다. 따라서 이 시료는 구리를 도선의 형태로 먼저 만든 다음 도금하였음을 알 수 있다.

무녕왕릉 출토 왕비 신발의 제작기법에서도 신발의 각 형태를 조각한 다 음 도금하여 조립하였다. 그러나 신발의 외측판은 바깥쪽만이 도금되었으며 안쪽 부분은 도금되지 않았다.

[그림 2.10]은 영락고리 일부분의 SEM 확대 사진으로 도금층의 두께가 매우 불균일하다. 도금 층은 2.73~8.67μm 두께이며 이것은 봉의 형태이기 때문에 반고체 상태의 아말감을 전체적으로 균일하게 도포하기가 어려웠을 것이라 생각된다. 또한 SEM 확대 사진에서 흰 알갱이가 일부 확인 되는데

---

42) 김정근 · 김기영 · 박해웅 공저, 1999 『금속현미경조직학』 도서출판골드
43) Gunter Petzow, 1978 『Metallographic Etching』 American Society for Metals

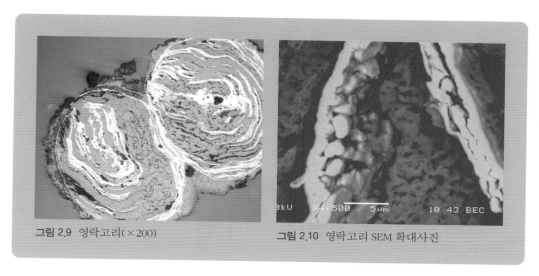

그림 2.9 영락고리(×200)

그림 2.10 영락고리 SEM 확대사진

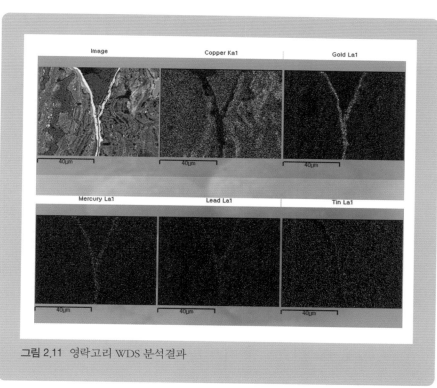

그림 2.11 영락고리 WDS 분석결과

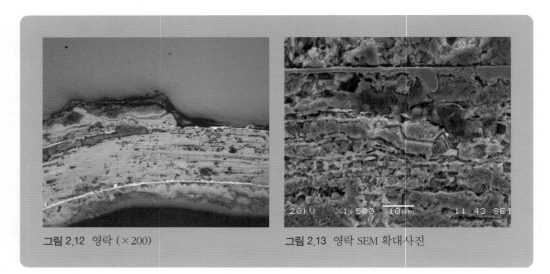

그림 2.12 영락 (×200)　　　　　　　그림 2.13 영락 SEM 확대사진

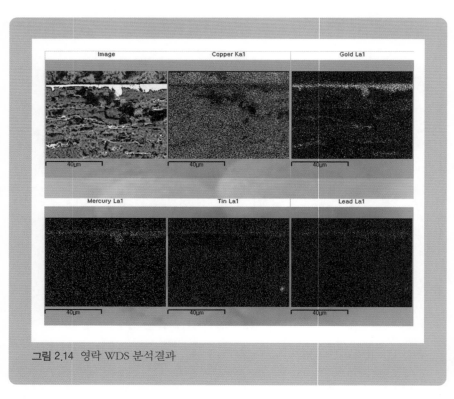

그림 2.14 영락 WDS 분석결과

이는 당시의 제작기술로서 금알갱이가 고르게 펴지지 않고 잔존하고 있는 것으로 보아 아말감 도금방법으로 제작되었다는 것을 확인 할 수 있다.

[그림 2.11]은 영락 고리의 꼬아지는 부분을 확대하여 WDS 분석결과를 mapping한 것으로서 금 도금층의 중간에 섬모양의 구리 산화층이 분포하고 있음을 볼 수 있다. 이 구리 산화층은 도금층이 횡방향 뿐만 아니라 종방향 으로도 불균일하다는 것을 의미한다. 또한 금과 수은을 mapping결과를 비교해 보면 다른 시편에서와 마찬가지로 도금층에 수은이 분포되어 있다는 것을 알 수 있다.

[그림 2.12]의 영락은 영락편의 금속현미경 단면 사진으로 아래 부분에 매우 균일하게 도금되어 있고, 위쪽 부분은 일부 도금층이 박리되어 있다.

[그림 2.13]은 영락편 도금층의 SEM 확대사진으로 도금층이 균일하지 않은 것을 볼 수 있다. 도금층의 두께는 최소 $2.73\mu m$부터 최대 $6.10\mu m$이다. [그림 2.14]는 [그림 2.13]의 WDS 분석결과를 mapping한 것이다.

[그림 2.15]는 투조장식(2)의 금속현미경 단면 사진이고, [그림 2.16]은 도금층 일부분의 SEM 확대사진이다. 이 사진에서는 도금층이 끝나는 부분을 보여주고 있으며, 마무리 끝 부분에서 아말감이 뭉쳐 있는 것을 볼 수 있다. 그리고 아랫부분의 일부에서는 도금층이 떨어져 나간 상태이다. 도금층의 두께는 $1.72\sim4.64\mu m$임을 알 수 있다. [그림 2.17]은 WDS 분석결과를 mapping한 것으로 금과 수은을 비교해 보면, 앞서의 다른 시편에서와 마찬가지로 도금층에 수은이 존재함을 알 수 있다.

결론적으로 부장리유적 금동관모는 동판에 문양을 투조(透彫)나 새김방법으로 조각하여 성형가공하고 아말감도금한 후 최종적으로 각각의 동판을 조립한 것으로 판단된다. 또한 도금 시 손이 미치지 못하는 부분에 아말감(금알갱이)이 뭉쳐 있으며, 집중적으로 그 부분에서 수은이 잔류하고 있는 것을 볼 때 이는 아말감도금이 행해 졌다는 것을 의미한다. 또한 도금기술의 척도를 알아볼 수 있는 금도금층의 두께는 최소 $1.72\mu m$ 에서부터 최대 $8.67\mu m$로 나타났다. 그리고 도금에 사용된 금의 순도는 금(Au)이 평균 98% 이내이고, 1% 이내의 은(Ag)이 함유되어 있다.

그림 2.15 투조장식(2) (×200)

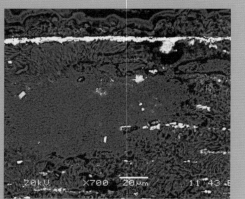

그림 2.16 투조장식(2) SEM 확대사진

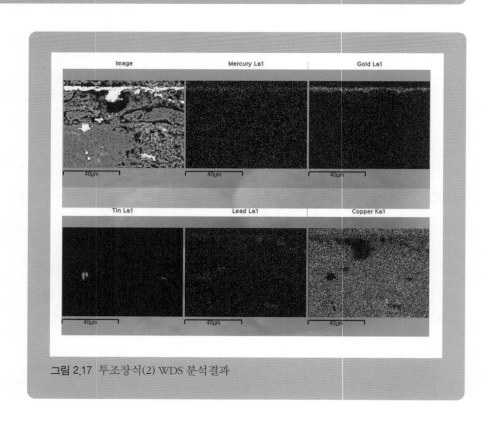

그림 2.17 투조장식(2) WDS 분석결과

② 공주 수촌리유적 금동관모

[그림 2.18]은 수촌리 유적 4호 석실분에서 출토된 금동관모에서 채취한 관모편(片) 시료의 금속현미경 단면사진으로 금도금층이 확인되었고 금 도금층의 두께는 최소 1.93㎛ 최대 4.40㎛로 평균 3~5㎛ 임을 확인 할 수 있었다. 그리고 수촌리 금동관모에서 수습한 시편 7개 모두 평균값에 일치하였다. 하지만 시편의 곡선부분에서는 금도금의 두께가 일정치 않으며 곡선의 정 가운데는 금도금이 되지 않음을 볼 수 있는데 이는 꺾이는 부분이라 금도금의 어려움이 있어 나타나는 결과라고 할 수 있다. 대부분 평평한 부분에는 평균적으로 금도금이 일정한 두께로 균일하게 도금되었음을 볼 수 있다. 이는 금도금 부분의 확대사진으로 SEM을 이용하여 촬영한 [그림 2.19]의 그림에서 더 자세히 확인할 수 있다.

[그림 2.20]은 WDS로 금도금층 일부를 성분 분석한 결과를 mapping 것이다. 여기에서 금, 수은, 구리, 납, 주석의 mapping 결과에 나타난 바와 같이 도금층 상단에는 구리 산화물이 덩어리로 존재하는 것을 볼 수 있다. 또한 금과 수은의 mapping 결과를 비교해 보면, 수은이 금 도금층과 같은 위치에서 검출되고 있음을 알 수 있다. 그리고 도금층의 위쪽 부분에 산화

그림 2.18 금동관모 (×200)

그림 2.19 금동관모 SEM 확대사진

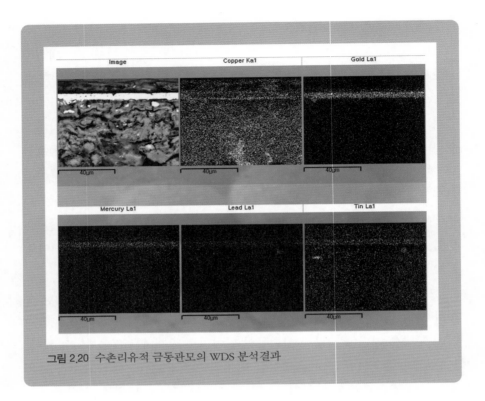

그림 2.20 수촌리유적 금동관모의 WDS 분석결과

가 심하게 일어난 것을 볼 수 있다. 결국 도금층 위쪽의 어두운 부분이 아래쪽에 비해 더 많이 산화된 것이다.

③ 부여 부소산성[44]

금동투조장식 편(片) [그림 2.21]은 금동투조장식편(片)의 외형사진이고, [그림 2.22]는 [그림 2.21]의 1부위 단면의 금속현미경 확대사진이고, [그림 2.23]은 [그림 2.21]의 1부위 전체의 금속현미경 단면사진이다. 그리고 [그림 2.24, 그림 2.25]에서는 꺾이는 부분과 모서리 부분에 남아 있는 아말감 (금알갱이) 잔류흔적을 볼 수 있다. [그림 2.23]의 투조장식 양쪽에 전체적으

44) 정광용, 2006 「부소산성 금속유물의 자연과학적 분석」 『扶蘇山城을 다시 본다』 01 부여군 백제신서, 주류성출판사

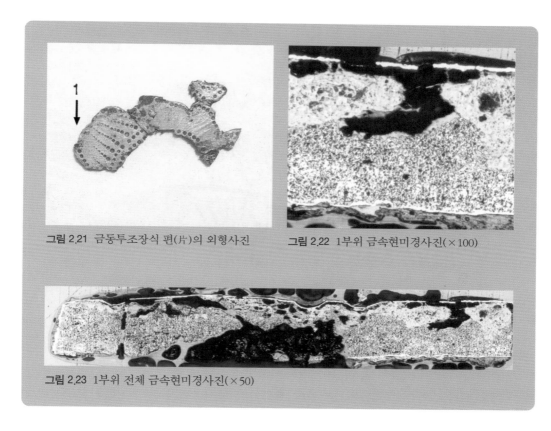

그림 2.21 금동투조장식 편(片)의 외형사진

그림 2.22 1부위 금속현미경사진(×100)

그림 2.23 1부위 전체 금속현미경사진(×50)

로 도금되어 있는 것을 볼 수 있으며, 우측 아래 부분은 도금층이 떨어져 나
간 상태이다. [그림 2.22]에서 도금층 아래 검은색 기공은 동판이 부식된 산
화물 덩어리 들이다. [그림 2.23]에서 보는 바와 같이 도금층은 그 두께가
매우 균일하며, 두께는 4~6㎛ 정도인 것으로 나타났다. [그림 2.24]은 [그림
2.23]의 좌측 부분을 확대한 사진으로 [그림 2.24, 그림 2.25]에 a로 표시한
부분에 도금층이 두껍게 뭉쳐진 상태로 잔류 아말감이 남아 있는 것을 보아
아말감도금 방법이 사용된 것을 알 수 있다[45]. 이는 박도금에서는 형성되기
어려운 도금층으로 아말감 도금시 손이 미치지 못하는 곳에 다수의 금알갱
이(아말감)가 덩어리 상태의 모양으로 남아 있다[46].

45) 鄭光龍, 2001 「三國時代의 鐵器製作技術 研究」 弘益大學校 大學院 博士學位論文

제2장 고고학자료의 과학적 분석

그림 2.24 a부분의 아말감 잔류 흔적   그림 2.25 a부분의 아말감 잔류 흔적

금동투조장식의 X선형광원소분석 결과 동판을 단조로 제작한 다음, 그 위에 원료광석인 금을 제련(製鍊)하여 금 90%, 은 10%를 함유한 금을 사용한 것으로 판단된다. 우리나라와 달리 고대 일본의 경우에는 20%이내의 은이 포함되어 있어서, 사금(砂金)을 사용하여 금도금 한 것으로 보고[47]되고 있다.

부소산성 금동투조장식의 제작기법 역시 5세기대 무령왕릉 금동신발과 황남대총 금동제품과 유사한 방법으로 제작되었음을 알 수 있다.

(2) 청동유물의 미세조직

① 청동수저

[그림 2.26]는 청동수저의 외형사진이고, [그림 2.27]은 자루목(1) 단면의 미세조직 사진이다. [그림 2.27]에서 α상이 모두 부식됨으로써 어둡게 나타난 것을 볼 수 있다. 청동에서 부식은 환경과 조건에 따라 기지조직만이 부식되거나 α상이 부식되는 경우가 종종 발견되고 있으나 이에 대한 정확한 원인은 아직 밝혀지지 않고 있다. 기지조직은 고온의 β상으로부터 변태된

---

46) 鄭光龍, 2001, 주45) 앞의 글
47) 정광용 · 정영동, 2001, 「황남대총 금동제품의 도금기법 연구」『科技考古硏究』第7號, 아주대학교박물관

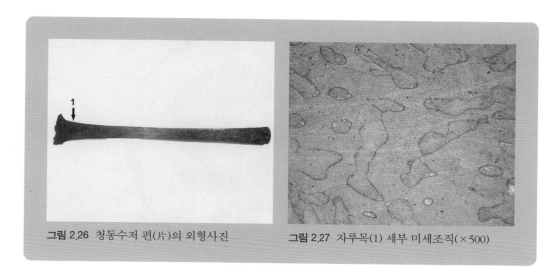

그림 2.26 청동수저 편(片)의 외형사진   그림 2.27 자루목(1) 세부 미세조직(×500)

마르텐사이트(martensite)조직임을 볼 수 있다. 이러한 마르텐사이트 조직은 대략 600~700℃ 부근의 고온에서 급랭할 때 형성된다. 또한 α상내의 결정 립계(grain boundary) 및 쌍정(twin)이 존재하는 것으로 미루어 단조와 열처리가 반복되었음을 알 수 있다. 그러나 청동은 앞서 설명한 바와 같이 δ상으로 인하여 상온에서 가공되지 않는다. 따라서 고온가공을 반복하였음을 알 수 있다. 미세조직으로 본 청동수저의 성분함량은 구리 75% 이내 주석 20% 이내이고, 납은 1%가 포함되어 있다.

② 청동그릇

[그림 2.28]은 청동그릇 편(片)의 외형사진이고, [그림 2.29]는 아가리(1) 단면의 미세조직 확대사진이다. [그림 2.29]에서 밝은 곳에는 수지상의 α상이 발달해 있으며 바탕의 어두운 부위에는 담금질조직인 γ상이 자리하고 있다. [그림 2.30]을 보면 섬모양의 α상이 늘임 방향으로 늘어져 있고, 겉면과 결정립계에 따라 부식이 진행 중이다. 부식은 주로 α입자의 계면을 따라 γ 바탕이 선택적으로 침식당하는 것을 볼 수 있다. 겉면의 검고 둥근 것은 건전한 α입자가 계면의 부식으로 빠져 나간 상태이기 때문이다. 여기에서 습립선이 보이지 않고 침상의 마르텐사이트적인 β를 많이 볼 수 있다. 청동그

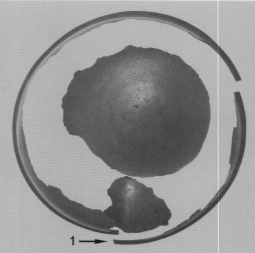

그림 2.28 청동그릇의 외형사진

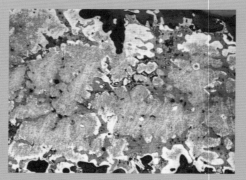

그림 2.29 아가리(1) 세부 미세조직(×100)

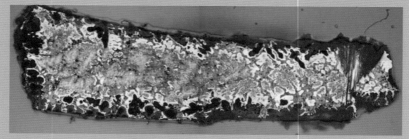

그림 2.30 아가리(1) 전체 미세조직(×50)

릇은 석출상으로 보아 β영역인 575℃보다 높은 온도에서 우김질이나 벼름질 한 것을 알 수 있다. 미세조직으로 본 청동그릇의 성분함량은 구리 73% 이내 주석 23% 이내이고, 납은 극미량이 포함되어 있다.

2
고대의 제철 · 제강기술

인류가 최초로 사용한 제철법은 저온환원법(低溫還元法)에 의한 괴련철(해면철)의 생산이었다. 괴련철은 비금속개재물(非金屬介在物)을 상당량 포함하고 있으므로 2차 제작과정을 거쳐야 한다. 즉, 다시 화덕에서 열을 가한 후 정련단야(精鍊鍛冶) 또는 단련단야(鍛鍊鍛冶)의 2차 제작과정이 필요하고, 특히 탄소함량이 적으므로 고체침탄법(固體浸炭法)에 의한 별도의 제강공정(製鋼過程)을 거쳐야만 도구로서의 기능을 발휘할 수 있었다. 이는 순철의 용융온도(1539℃)에 기인하는 것으로써 당시에는 순철을 녹일 수 있는 열원이 부족하였기 때문에 비교적 낮은 온도인 1,000℃이내에서 제철작업이 이루어졌다고 생각된다.

중국은 괴련철의 생산과 더불어 세계 최초로 기원전 5세기경부터 주철(鑄鐵, 銑鐵)을 생산하게 됨으로써 이후 유럽과는 비교할 수 없을 정도로 다양한 철기 문화를 발전시킬 수 있었다. 철광은 쉽게 숙철로 환원되지만 그것이 녹는 온도는 1,539℃로 이것을 녹일 수 있는 방법이 없었다. 그러나 적당한 고로(高爐), 충분한 연료, 강력한 고풍에 적절한 기술적 통제만 가할 수 있으면 탄소 4.3%를 포함하는 주철은 비교적 낮은 온도인 1,150℃ 부근에서 녹게 된다. 따라서 중국에서는 일찍부터 고로에서 청동을 제련하던 기술의 직접적인 영향을 받아 액체 상태의 백주철(白鑄鐵)과 회주철(灰鑄鐵)을 생산할 수 있었다[48]. 용해된 주철은 미리 준비된 주형(鑄型)에 부어 복잡한 형상의 주물제품 제작에 이용할 수 있었음은 물론 저탄소강과 강 소재를 생산하기 위한 재료로도 사용되었다. 이 방법은 탄소 함량이 높은 주철에서 탄소를 제거하게 되면 그 정도에 따라 강 또는 순철 소재를 생산할 수 있기 때문이다.

철과 강은 탄소함유량 및 성형가공 방법이나 열처리 조건 등에 따라 기계적 성질이 크게 변화된다. 탄소함유량이 낮은 순철은 연성은 높으나 강도 및 경도가 낮은 단점이 있으며, 탄소함량이 높은 주철은 취성이 심해 충격에 의해 파손될 수 있는 단점이 있다. 따라서 순철을 침탄 시킴으로서 탄소함량을 높이거나, 주철의 탄소함량을 낮추는 방법으로 강을 생산할 수 있다. 강은 가공이나 열처리 조건에 의해 그 기계적 성질의 조절이 가능한 매우 유용한 소재로서 고대에도 이를 보다 효율적으로 생산하기 위한 수많은 노력이 있었다.

고대에 鋼의 제작기법은 주철 용탕을 이용한 주철유화처리기술(鑄鐵柔化處理技術)[49], 가단주철(可鍛鑄鐵)[50], 주철탈탄강(鑄鐵脫炭鋼)[51], 초강법(炒鋼法)[52][53][54], 백련강기술(百鍊鋼技術)[55][56]과 관강야련법(灌鋼冶煉法)[57][58], 그리고

---

48) 華覺明, 1960 「戰國兩漢鐵器金相學調査初報報告」『考古學報』 제1기

49) 중국 古代의 鑄鐵 柔化處理 기술은 크게 두가지로 구분한다. 첫째, 酸化 분위기에서 鑄鐵을 퇴화 脫炭處理를 하는 것이다. 이는 熱處理 온도가 비교적 짧을 때에는 脫炭이 되어 불완전한 白心可鍛鑄鐵이 되어, 바깥층은 熟鐵과 鋼의 조직이 없어지고 질량이 비교적 좋은 白心可鍛鑄鐵이 된다. 이러한 鑄造物은 戰國時代에 이미 출현하여 西漢 中期 以後가 되면 성숙한 단계에 이른다. 둘째, 중성 또는 약산화 분위기에서 鑄造物에 대해 장기간 고온으로 퇴화처리를 진행함으로써 黑心可鍛鑄鐵이 된다. 백심가단주철과 흑심가단주철을 비교하면 성능면에서 黑心이 白心에 비하여 다소 강하고, 제작기술면에있어서는 白心보다 더 어려운 기술이다.

50) 可鍛鑄鐵(Malleable Cast Iron)이란 탄소함유량이 많은 鑄鐵을 가공과 鍛造 할 수 있도록 熱處理를 통하여 靭性을 부여하여 만든 것을 可鍛鑄鐵이라 한다. 楊寬과 韓汝玢은 中國에서 春秋 전국초기에 可鍛鑄鐵을 발명하여 農具를 만들어 사용하였다고 한다. 이러한 처리 방법은 鑄鐵을 1주일 정도 고온으로 유지시켜서 주철속에 시멘타이트를 黑鉛化시킨다.

51) 주철탈탄강은 용해된 주철을 막대 모양의 거푸집이나 판재 거푸집에 부어 형태를 만든 후 이를 높은 온도에서 오랫동안 열처리하면서 표면으로부터 탈탄작용을 유도해 백주철이 강으로 변화된 것이다. 즉, 주철을 900~950℃ 온도에서 밀폐 가열하여 3~5일간 유지 시킨 후 천천히 냉각시키면 주철 내부에서 시멘타이트와 분리된 탄소가 발생하여 흑연으로 변하고 탄소가 산소와 반응하여 일산화탄소 가스가 되어 밖으로 빠져 나가게 된다.

고체상태의 순철(純鐵) 및 주철(鑄鐵)을 열처리하여 탄소를 가감하는 침탄법 (浸炭法)[59][60][61]과 탈탄법(脫炭法)[62][63][64], 단접법(鍛接法)[65] 등으로 나눌 수 있

52) 중국에서 기원전 1세기의 서한 후기에 이르면 生鐵을 초련하여 강 또는 熟鐵을 만드는 새로운 기술을 개발하였다. 이것은 생철을 융화 혹은 기본적으로 융화된 상태에 이르게 가열하고 초련하여 탈탄시키고, 강 혹은 숙철을 얻는 방법이었다. 이러한 강재를 炒鋼이라 부른다. 초강법은 근대 제철법에서 말하는 퍼들법(hand pudding process)에 가까운 것인데?? 融融 生鐵(銑鐵)을 철광석이나 공기를 이용하여 鎔銑중에 있는 탄소성분을 제거하여 탄소함량이 낮은 熟鐵 또는 초강을 만드는 공법을 말한다. 중국에서는 戰國時代 또는 西漢때 비롯되었고, 유럽에서는 이에 해당하는 攪拌法(Puddler)이 1784년에 나타난다. 炒鋼技術은 최초로 개발된 塊鍊鐵로부터 浸炭시켜서 제조하는 浸炭鋼이나 銑鐵을 鑄造한 후에 이를 脫炭시켜서 제조하는 鑄鐵脫炭鋼은 생산능률이 낮고 품질이 균일하지 못한 점을 보완한 것으로서 당시로는 혁신적인 공법이었다.

53) 宋應星 著, 崔炷 주역 1997 『天工開物』 전통문화사

54) 大澤正己, 1999 「東北亞細亞における古代炒鋼技術の起源と展開」 전통야금사강좌 백제연구소·忠南大學校急速凝固新素材研究所

55) 韓汝玢, 1993 「中國における初期鐵器の冶金學的特徵」 『東アジアの古代鐵文化-起源と傳播-』 たたら研究會

56) 百煉鋼을 직역하면 백번 두드린 鋼鐵이란 뜻이다. 백련강은 중국에서 塊鍊 浸炭鋼의 기초에서 수많은 반복단련을 통하여 강의 내부조직을 미세화 시키고, 더 나아가서 介在物을 미세분산시키거나 축출해 내는 물리적인 정련 방법의 하나로 출발하여 西漢 中期以後에 炒鋼 방법으로 얻은 탄소함량이 비교적 높은 鋼을 원료로 하여 반복해서 접고 두들겨 만든 것이다.

57) 古代 中國에서 鋼을 製鋼하는 초기의 기술에서 가장 발전된 기술의 성과가 灌鋼法의 발명이었다. 고대 중국의 西漢後期에는 生鐵을 이용한 炒鋼法을 개발하였고, 東漢時代에는 그보다 발전된 百煉鋼을 개발하게 된다. 백련강은 百鍊을 거쳐야만 鋼을 생산할 수 있었고, 百煉鋼인력과 시간이 너무나 많이 소요됨으로써 鋼鐵을 大量生産 할 수가 없었다. 따라서 중국의 장인들은 끊임없는 기술개발로 단가도 싸고 공정도 간편한 灌鋼 製鋼法을 개발하게 되었다.

58) 鄭光龍, 2001, 주45) 앞의 글

59) 古體 浸炭法은 純鐵에 가까운 塊鍊鐵을 숯 속에 묻어 1,000℃ 근방의 온도로 가열하면 탄소 원자가 표면에서부터 침투(浸炭)하기 시작하여 시간이 경과함에 따라 내부로 강소재가 형성되어 간다.

60) 尹東錫, 1984 『韓國初期 鐵器遺物의 金屬學的硏究』 高麗大學校 出版部

61) R. Maddin 1996 「The history of the evolution and development of Metal」 『Proceedings The forum for the fourth international conference on the beginning of the use of metals and alloys(BUMA-Ⅳ)』

62) 탈탄은 침탄과 반대로 탄소의 산화작용으로 발생한다. 탈탄은 보통 철의 산화작용과 함께 일어나는데 산화의 진행속도가 탈탄 속도보다 빠르면 강의 표면에는 스케일이 생기고 그 아래에는 탈탄하지 않은 정규 화학조성이 된다. 그러나 보통 탈탄이 산화보다 빠르게 진행되므로 강의 표면층은 탄소량이 적어져 페라이트 입자만으로 남게 된다. 주8) 앞의 글에서

다[66]. 반면에 침탄법과 탈탄법이 탄소함유량을 가감하는 방법이라면 단접은 탄소의 함량이 서로 다른 두개의 시료를 서로 접합하여 도구의 각 부위의 기능에 따라 강도를 조절하는 방법이다[67].

철기 제작 과정에서 특별한 가공방법이나 열처리 방법을 적용하게 되는 것은 이러한 처리를 통하여 철소재의 미세조직을 조절할 수 있기 때문이다. 따라서 제작기법과 미세조직 사이에는 불가분의 관계가 있게 마련이며, 정도의 차이는 있겠으나 철기유물의 미세조직을 관찰하게 되면 이에 남겨진 흔적을 통하여 제련과정에서부터 완제품 제작에 이르기까지 소재에 가해진 각종 처리의 특성을 어느 정도 추정할 수 있다.

본 연구자의 선행연구결과를 토대로 하면, 고대의 대도는 원래 철 소재의 탄소함량이 낮았으나 이를 두드려 형태를 가공하는 작업이 완료된 후 침탄처리를 수행함으로써 필요한 부위에 한하여 이를 보강하였음을 알 수 있었다. 침탄 과정에서는 등에 비하여 날 부위가 특히 강조된 것으로 판단된다. 이후 제작도중 마지막으로 실시된 열처리에서도 등은 서서히 냉각된 반면 날은 급랭되었으며 이 과정에서 담금질 효과를 날 선단부위에 국한시키는 고도의 기술이 적용되었음을 볼 수 있었다.

고대의 제련공정에는 저온환원법이 적용되었을 가능성이 크며, 이로부터 탄소함량이 낮은 괴련철(해면철)이 생산되어 기본소재로 공급되었던 것으로 추정된다. 그리고 기본소재의 탄소함량을 높이기 위한 제강법으로는 고체

와 같이 탈탄의 원리를 이용하여 주철로부터 강을 생산하는 기술이 중국에서 사용되었으며, 고대 우리나라에서는 5세기 백제시대 월평산성유적에서 출토된 주조철부에서 최초로 확인된바 있다.

63) 鄭光龍, 2002 「三國時代 鐵器遺物의 製作技術 硏究」『文化財』第 三十五號 國立文化財硏究所
64) 大澤正己, 1999, 주54) 앞의 글
65) 宋應星 著, 崔炷 주역 53) 앞의 글
66) 鄭光龍, 2001, 주45) 앞의 글
67) 전북 전주시에서 한일민속대장간을 43年 동안 운영하고 있는 김한일씨는 傳統的인 加工技術과 熱處理 方法으로 工具·農器具 등을 제작하고 있었는데, 특이하게도 宋應星『天工開物』에 전해지고 있는 古代의 鍛接方法을 사용하고 있었다. 김한일은 鍛接技術이 20여년전에 사용되었고, 현재 대부분의 대장간에서 古代의 鍛接方法을 사용하지 않는다고 한다.

침탄법이 실행되었다. 철기제작에는 기본소재를 두드려 형태를 가공하는 성형공정과 침탄법을 적용하여 필요한 부위에 탄소함량을 증가시키는 제강 공정 그리고 최종적으로 실시되는 열처리의 순서로 진행되는 작업방식이 성행하고 있었다. 철기제작 마지막 단계에서는 담금질에 의한 열처리를 수행하되 기능상 담금질 처리가 필요한 부위와 그렇지 않은 부위를 엄격하게 구별하여 기능상 필요한 부위에 그 효과를 국한시킴으로써 강도(強度)와 인성(靭性)을 동시에 높이는 특수한 처리기법이 개발되었다.

2.1 저온환원법(괴련철, 해면철)

인류가 최초로 사용한 철 소재(鐵 素材)는 목탄 등에 포함된 탄소를 이용하여 철의 용융점인 1,539℃보다 훨씬 낮은 1,000℃ 부근의 온도에서 철광석을 환원(還元)시켜 얻었다[68]. 순철(純鐵)은 1,539℃ 이상의 높은 온도에 이르러서야 녹게 되므로 고대에 이를 녹여서 생산할 수 있는 방법은 없었다. 다행히도 온도가 800℃를 넘게 되면 산소는 철보다 탄소와 결합하려는 성질이 더 강하여 탄소와 철광석을 섞은 뒤 비교적 낮은 온도인 1,000℃ 부근으로 가열하면 탄소와 산소는 탄산가스를 형성하여 배출되고 철은 환원되어 그물 형태로 남게 된다. 이때 철과 철 사이의 빈 공간에는 철광석에 포함되어 있던 비금속 불순물들이 반 액체상태로 존재하게 되는데 이를 슬래그(FeO, $2FeO \cdot SiO_2$)라 한다. 철과 슬래그로 구성된 이들 혼합물을 두드리면 반 액체상태의 슬래그는 밖으로 배출되고 고체상태의 철은 압착되어 철 소재가 생산된다. 이렇게 생산되는 철은 일반적으로 탄소 함량이 낮아 순철에 가까우며 이를 괴련철(塊鍊鐵)(혹은 海綿鐵: sponge iron)이라 부른다[69]. 또한

68) R. Maddin 1996, 주61) 앞의 글
69) R. Maddin 1996, 주61) 앞의 글
   崔炷 · 俞明基 · 金賢泰 · 金裕衡 · 都正萬, 1991 「古代 製鐵法의 複元實驗」『大韓金屬學會會報』 Vol.4 No.2, 大韓金屬學會

슬래그는 일종의 불순물로서 철의 품질을 떨어뜨리는 원인이 되지만 그 속에 미량으로 포함된 금속 및 비금속 원소들은 제련온도(製鍊溫度), 철광석(鐵鑛石)과 사철(砂鐵)[70]의 구분 및 철광석(鐵鑛石)의 산지추정(産地推定)을 가능하게 하며[71] 당대의 교역상황에 관한 중요한 정보를 제공하기도 한다.

저온환원법(低溫還元法)으로 생산된 괴련철(塊鍊鐵)은 탄소 함량이 매우 낮아 높은 강도가 요구되는 도구나 무기로 사용할 수 없다. 따라서 강도가 낮은 순철(純鐵)에 가까운 괴련철(塊鍊鐵)을 숯 더미에 묻어 1,000℃ 근방의 온도에서 장시간 가열하게 되면 탄소 원자가 표면에서부터 침투하기 시작하여 시간의 경과에 따라 탄소 함량이 높은 부위, 즉 鋼으로 볼 수 있는 부위가 내부로 형성되어 간다. 저온환원법(低溫還元法)에 의한 괴련철의 생산과 고체(固體) 침탄법(浸炭法)에 의한 제강법(製鋼法)에 기초하는 이러한 기술체계가 유럽을 중심으로 발전한데 비하여, 일찍부터 주철의 중요성을 인식하고, 주철을 생산하기 시작한 고대 중국에서는 유럽과 확연히 구별되는 기술체계를 나타내고 있었다.

부여 능산리사지 9차 발굴조사과정에서 출토된 철정의 미세조직분석을 통하여 백제시대 제철·제강기술과 기술체계 등을 확인하였다.[72]

尹東錫, 1984『韓國初期 鐵器遺物의 金屬學的研究』高麗大學校 出版部

70) 砂鐵(Sand Iron, Magnetite Sand)은 製鐵原料로 사용되는데, 기본적으로 철광석이 많이 사용되고 있다. 사철과 철광석의 구분은 티탄(Ti)·바나듐(V)·지르코늄(Zr) 성분의 포함여부에 따라 분류할 수 있는 단서를 제공한다. 지금까지 조사된 사철성분에서 티탄 성분이 적은 것은 0.33%이고, 춘천시 중도 사철의 경우는 7.77%로 가장 많이 포함되어 있다. 大澤正己는 中國의 砂鐵製鍊은 송나라 시대의 제품에서 확인되었다고 한다. 古代 한국에서는 대부분 철광석을 이용한 것으로 보고되고 있으며, 鎭川 石帳里遺蹟에서는 철광석과 사철이 함께 출토되었는데, 분석결과 鐵鑛石으로 확인되었다.

71) 崔炷·李仁淑·金秀哲·都正萬, 1989「慶北 月城郡 內南面 德泉里 出土의 鐵슬래그에 對한 硏究」『文化財』第二十二號, 文化財管理局
崔炷·鄭光龍·金秀哲, 1998「大邱市 旭水洞 出土 6世紀 쇳덩이 및 쇠똥에 대한 硏究」『韓國傳統科學技術學會志』제4·5권 합본, 韓國傳統科學技術學會
신형기·이대열, 1995「義昌 茶戶里 64號墳 出土 鐵鑛石의 分析」『考古學誌』7, 韓國考古美術史研究所

72) 정광용, 2007「부여 능산리 출토 유물의 제작기술 연구」『백제 사비시대 능원과 고분』04 부여군백제신서, 부여군

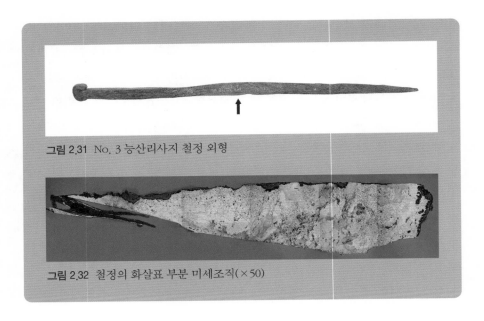

그림 2.31 No. 3 능산리사지 철정 외형

그림 2.32 철정의 화살표 부분 미세조직(×50)

　　[그림 2.31]은 철정의 외형 사진이고, 전체적으로 부식되어 철심이 남아 있는 중간부위 화살표로 표시된 부분에서 시편을 채취하였다. 철정의 미세조직 [그림 2.32]에서 모두 크기가 다른 여러 개의 결정립(結晶粒)을 볼 수 있다. 이들의 크기와 형태 그리고 이들에 포함된 탄소 함량에 따라 철소재의 미세조직이 정의된다. 즉, 결정립들 중 대부분이 밝게 나타나는 것으로 보아 탄소 함량은 아주 낮은 페라이트 조직임을 알 수 있다. [그림 2.32]에서 검은 부위 결정립의 존재가 가끔 확인되나 전체적으로 그 차지하는 비율이 미약하고, 크고 작은 검은 점들은 비금속 불순 개재물로서 제련과정에서 제거되어야 할 슬래그가 일부 잔존하고 있다. 따라서 철정은 탄소를 거의 포함하지 않는 순철 소재를 사용하여 만들어 졌음을 알 수 있다. 특히 탄소 함량 면에서 [그림 2.33] 및 [그림 2.34]에 보인 시편은 동일한 것으로 간주될 수 있음에 반하여 이들을 구성하고 있는 결정립의 크기에는 큰 차이가 나타난다. 즉, 철정은 각각 부위마다 결정립의 크기와 형태가 서로 다르다.
　　철정의 결정립이 부위별로 미세조직 상의 차이는 결국 탄소 함량의 차이에 기인하는 것이 아니라 결정립의 크기 차이에 기인하는 것으로 볼 수 있

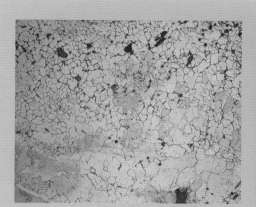
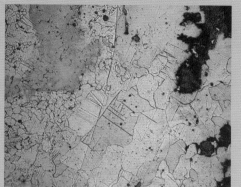

그림 2.33 1부위 세부(×200)   그림 2.34 1부위 세부(200)

다. 철 소재뿐 아니라 대부분의 금속 재료에서 그를 구성하는 결정립의 크기와 형태는 성형 과정에서 가해지는 변형과 열처리의 두 과정을 거쳐 조절됨을 고려할 때 이 철정은 제작도중 부위별로 크게 다른 변형 및 열처리 환경에 노출되어 있었음을 짐작할 수 있다. 이것은 고대의 성형 방법이 주로 단조에 의존하였던 점과 성형에 드는 힘을 줄이기 위하여 고온에서 작업이 수행되었던 점으로 판단된다.

철정의 미세조직은 각각의 부위마다 크기와 형태가 서로 다른 결정립들이 무질서하게 이루어져있다. 여기에서 부위별로 발견되는 미세조직 상의 차이는 결국 탄소 함량의 차이에 기인하는 것이 아니라 결정립의 크기 차이에 기인하는 것으로 볼 수 있다. 그렇다면 이와 같은 결정립의 크기 차이가 의미하는 것이 무엇인가를 살펴볼 필요가 있다. 철 소재뿐 아니라 대부분의 금속 재료에서 그를 구성하는 결정립의 크기와 형태는 성형 과정에서 가해지는 변형과 열처리의 두 과정을 거쳐 조절됨을 고려할 때 이 철정은 제작도중 부위별로 크게 다른 변형 및 열처리 환경에 노출되어 있었음을 짐작할 수 있다. 이것은 고대의 성형 방법이 주로 단조에 의존하였던 점과 성형에 드는 힘을 줄이기 위하여 고온에서 작업이 수행되었던 점으로 보아 철정의 제작과정에서 단조나 열처리 작업이 무분별하게 수행되었던 것으로 추측할 수 있다.

2.2 주철

　주철(鑄鐵)[73]은 그 용해온도가 낮아 철기시대 초기로부터 주조(鑄造)에 의한 제품생산에 주로 응용되었다. 주조란 용해된 철을 주형이라고 하는 미리 만들어진 틀에 부어 그 형태대로 응고시킴으로써 제품을 생산하는 방법을 말한다. 주철은 응고과정에서 발생하는 잠열[74]을 제하여 주는 냉각속도가 비교적 빠를 경우 오스테나이트(austenite)와 시멘타이트(cementite)의 혼합조직인 백주철(白鑄鐵)을 초래하며 냉각속도가 느릴 경우 오스테나이트와 흑연의 혼합조직인 회주철(灰鑄鐵)[75]을 낳게 된다[76]. 응고 당시 특별한 처리를 가해주지 않는 한 주철의 응고과정에서는 백주철(白鑄鐵)이 형성되며[77], 이 조직은 취성(脆性)이 강하여 사용도중 충격이 요구되는 무기 또는 농기구 등에는 사용할 수 없다. 그러나 응고 후 높은 온도에서 장시간 유지하면 시멘타이트상이 흑연으로 분해되면서 가단주철(可鍛鑄鐵)[78]로의 변태가 일어나 기계적인 성질이 개선되며 실생활에서의 응용 가능성이 높아지게 된다[79].

---

73) 姜春植, 1994 『鑄造工學』 開文社
　　鑄鐵(Cast Iron)은 古代에 비교적 낮은 온도인 1,150℃온도에서 생산이 가능하였고, 흔히 銑鐵 또는 무쇠라고도 하나 鑄鐵은 광석을 녹인 爐에서 바로 나온 銑鐵에다 실리콘(0.5% ~3.0%) 등을 첨가하여 鑄造하기 좋도록 성분을 조정한 것이다.

74) 잠열(latent heat)은 물질이 그 상태를 바꿀 때 흡수 또는 방사하는 열에너지를 말한다.

75) 灰鑄鐵(灰銑鐵, Gray Cast Iron)은 銑鐵속에 탄소가 흑연의 형태로 존재하면 단면이 회색인 灰銑鐵이 된다. 白銑鐵은 단단하지만 灰銑鐵은 질김성이 강하여 농기구 등에 적합하다. 선철속에 산화실리콘(SiO2)이 많이 포함되어 있다. 楊寬과 李衆은 西漢 中期에는 灰鑄鐵을 鑄造함과 아울러 鑄鐵脫炭鋼을 제련할수 있게 되었다고 한다.

76) 李衆, 1975 「我國封建社會前期鐵鋼冶煉技術發展的探討」 『考古學報』
　　J. R. Davis, 1996 『Cast Iron』 ASM International

77) J. S. Park, J. D. Vehoeven, 1996 「Directional Solidification of White Cast Iron」 Met. & Mat.

78) 可鍛鑄鐵(Malleable Cast Iron)은 탄소함유량이 많은 鑄鐵을 가공과 鍛造 할 수 있도록 熱處理를 통하여 靭性을 부여하여 만든 것을 可鍛鑄鐵이라 한다. 楊寬과 韓汝?은 中國에서 春秋 전국초기에 可鍛鑄鐵을 발명하여 農具를 만들어 사용하였다고 한다. 이러한 처리 방법은 鑄鐵을 1주일 정도 고온으로 유지시켜서 주철속에 시멘타이트를 黑鉛化시킨다.

79) 韓汝玢 1993 「中國における初期鐵器の冶金學的特徵」 『東アジアの古代鐵文化 - 起源と傳播-』 たたら研究會

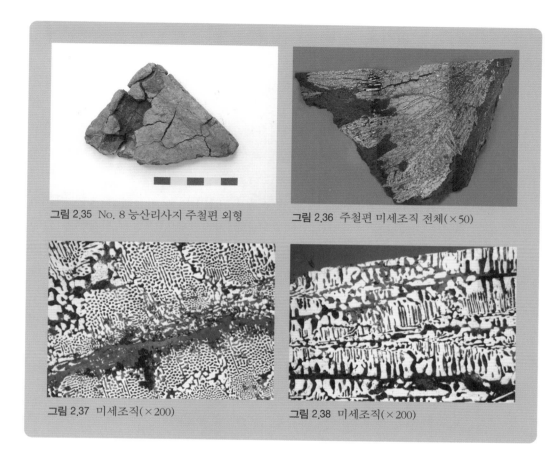

그림 2.35 No. 8 능산리사지 주철편 외형

그림 2.36 주철편 미세조직 전체(×50)

그림 2.37 미세조직(×200)

그림 2.38 미세조직(×200)

[그림 2.35]은 주철 편(片)의 외형 사진이고, [그림 2.36~그림 2.38]은 주철편의 미세조직 사진으로 탄소함량 4.3% 부근의 대표적인 백주철 조직이다. 사진의 밝은 부위는 시멘타이트(cementite) 상을 나타내며 어두운 부위는 응고 당시 오스테나이트 상이던 것이 상온으로 냉각되는 과정에서 펄라이트로 변태된 것이다. 이러한 주철은 취성이 강할지라도 여타의 소재보다는 훨씬 그 성능이 뛰어난 금속재료를 사용하는 것이 당시에 유리하였음을 추측할 수 있다. 취성(脆性)을 감소시키고 연성(延性)을 높이기 위하여 주조 후 추가적인 열처리를 수행한 흔적은 발견되지 않는다.

楊寬 著, 盧泰天・金瑛洙 共譯 1992 『韓國古代 冶金技術史 研究』 學研文化社

2.3 단접기술

『天工開物』제10권「錘鍛」조항에 의하면, 무거운 닻을 단조하는 방법은 "먼저 4개의 덧가지를 단조하여 만들고, 무거운 닻을 두드려 붙인다."고 하였다. 단접(鍛接)하는 방법에 관해서는 무릇 철은 차례로 접합시킬 수 있는데, 접합하고자 하는 이음매에다 누런 질흙(黃泥)을 바르고 불에 빨갛게 달군 후 망치로 두들겨 접합시킨다고 하였다[80].

고대로부터 전해지고 있는 전통적인 단접방법을 사용하고 있는 전주의 한일민속대장간 김한일씨가 문고리를 예비적으로 단접하는 과정[81]을 [그림 2.39~그림 2.42]에 나타내었다. [그림 2.39]는 고리 형태로 만들어진 접착면에 황토 흙을 바른다음 900℃이내로 가열한 후 모루에서 성형과 반복 단타를 통하여 단접(鍛接)하는 과정이다. [그림 2.40]은 철근이 고리 형태로 단접되어 가는 상태를 보여주고 있다. [그림 2.41]은 고리 형태로 단접이 완료된 상태이다. [그림 2.42]는 고리 형태로 단접된 접합면을 금속광학현미경으로 관찰한 미세조직을 나타내었다. [그림 2.42]에서 본 단접부위는 산화스케일이 심하게 형성되어 있는 것을 볼 수 있다. 이는 대장간에서 고대의 방법을 이용하여 단접(鍛接)되는 과정을 간단하게 증명하기 위한 과정이었으므로 단접면(鍛接面)이 조잡하고 산화(酸化) 스케일이 심하게 형성된 것이다.

중국 동한시대(東漢時代)(1~2세기)의 강제품인 칼의 몸체에는 날 부분과 평행을 이룬 한 줄의 단접(鍛接)흔적이 보고되고 있고[82], 평안남도 남포시

---

80) 宋應星 著, 崔炷 주역, 1997, 주53) 앞의 글
   楊寬 著, 盧泰天 · 金瑛洙 共譯, 1992, 주79) 앞의 글
81) 한국산업인력공단 민족고유기능전승지원사업에 따라 傳統刀製作 기능전승자 지원자의 심사과정중, 전북 전주시에서 한일민속대장간을 43年 동안 운영하고 있는 김한일씨는 傳統的인 加工技術과 熱處理 方法으로 工具 · 農器具 등을 제작하고 있었는데, 특이하게도 宋應星『天工開物』에 전해지고 있는 古代의 鍛接方法을 사용하고 있었다. 김한일은 鍛接技術이 20여년전에 사용되었고, 현재는 대부분의 대장간에서 古代의 鍛接方法을 사용하지 않는다고 한다.
82) 楊寬 著, 盧泰天 · 金瑛洙, 共譯, 1992 주79) 앞의 글

그림 2.39 김한일의 철근 단접 ｜ 그림 2.40 철근으로 문고리 단접과정

그림 2.41 단접된 문고리 ｜ 그림 2.42 문고리 단접면 미세조직(×200)

강서구역 태성리 출토 BC 2세기 도끼의 미세조직에서도 날 부위에는 강을 자루부위에는 순철(純鐵)을 사용하여 단접(鍛接)하였다[83]. 본 연구자는 백제 시대 도끼와 화살촉에서 단접 흔적을 찾을 수 있었으며[84], [그림 2.43]과 같이 고구려 부여성에서 수습한 단조철부에서 단접선이 선명하게 확인되었다[85]. 고대 일본에서 제작된 검, 칼등에서도 단접기술(鍛接技術)이 사용되었

83) 최상준 외 13명, 1996 『조선기술발전사』 1 과학백과사전종합출판사(북한)
84) 정광용·박장식, 2000 「백제 단조철부의 제작기법 연구」『湖西考古學』第3輯, 湖西考古學會.
85) 정광용·최광진·박장식·백종오·김웅신, 2000 「용인 임진산성 출토 철제유물의 금속조직학적 관찰」『龍仁 壬辰山城』京畿道博物館遺蹟調査報告 第4冊, 京畿道博物館

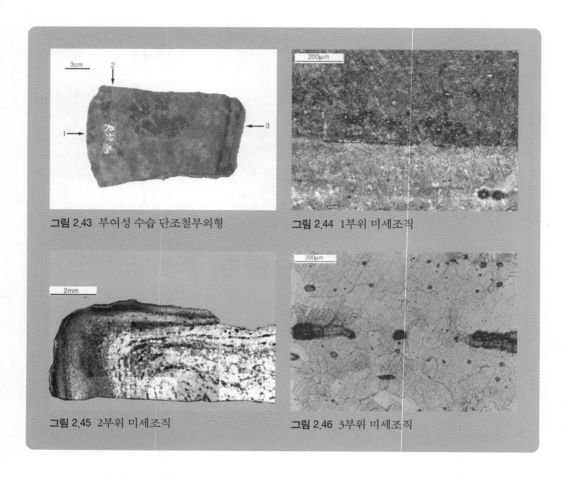

그림 2.43 부여성 수습 단조철부외형

그림 2.44 1부위 미세조직

그림 2.45 2부위 미세조직

그림 2.46 3부위 미세조직

음이 보고[86]되고 있으며, 최근 일본도 제작에 단접기술을 적용하고 있다. 古代에 이러한 단접기술(鍛接技術)의 응용은 근본적으로는 강(鋼)의 생산에 기인하겠지만, 한편으로는 강도(强度)와 인성(靭性)이 요구하는 부분에는 강(鋼)을 사용하였고, 가공(加工)과 소성변형(塑性變形)이 요구되는 부위에는

86) 大澤正己, 1996「宮內第1·第5遺跡出土の鐵劍,鐵刀の金屬學的調査」『鳥取縣敎育文化財團調査報告書』48, 鳥取縣敎育文化財團
大澤正己, 1997「弥生時代の鐵器の動向-金屬學的見地からのアフローチ-」(可鍛鑄鐵·鑄鐵脫炭鋼·炒鋼·塊鍊鐵)『東日本における鐵器文化の受用と展開』發表要旨集 鐵器文化硏究會
大澤正己, 1995「春日市の鐵の歷史」『春日市史』上卷
大澤正己 1997「西新町遺跡8·9次調査出土の鐵滓·鐵製品の金屬學的調査」『西新町遺跡6』

순철(純鐵)을 사용한 것으로 보인다.

　고대에는 이러한 단접기술을 통해서 강도가 낮은 괴련철과 강도가 높은 강을 서로 붙이거나, 괴련철을 접어서 칼이나 도구를 제작하는데 많이 응용되었을 것으로 사료된다[87)88)].

　[그림 2.44~그림 2.46]은 1로 표시된 날부위와 2로 표시된 등부위 그리고 3으로 표시된 자루부위의 미세조직사진이다. [그림 2.44]에서는 중앙을 기점으로 밝은색의 퍼얼라이트 공석조직과 어두운색의 마르텐사이트조직간의 단접경계가 명백하게 나타난다. 자루부위는 탄소함량이 매우 낮은 페라이트 조직의 순철 조직이다. 즉, 탄소함량이 낮은 괴련철에 강도도 요구되는 날선부에 강소재를 단접하여 그 기능을 향상시킨 것으로 사료된다.

2.4 침탄강

　고대의 침탄법은 모두 목탄(木炭)을 이용한 고체침탄법(固體浸炭法)으로, 침탄(浸炭)의 기본적인 메커니즘[89)]은 오스테나이트(austenite) 상태의 강표면에 탄소 원자를 확산 고용시키는 것이다.

　고체침탄법은 목탄을 침탄제로 이용하여 목탄 자체에 흡착되어 있는 산소 또는 목탄과 목탄 사이에 있는 공기중의 산소들이 가열에 의해, 아래 반응식과 같이 CO가스를 생성함으로써 시작된다[90)].

$$2C + O_2 = 2CO \quad - - - - - - - - - - - - (1)$$

　이 반응에 의해 생성된 CO가스가 부근에 있는 철 표면에 접촉함으로써 아래 반응식에 나타난 바와 같은 침탄현상이 나타나게 된다.

$$2CO + Fe = Fe[C] + CO_2 \quad - - - - - - - (2)$$

87) 정광용 · 최광진 · 박장식 · 백종오 · 김웅신, 2000, 주85) 앞의 글
88) 정광용 · 박장식, 2000, 주84) 앞의 글
89) John D. Verhoeaven 1990 『基礎物理冶金學』 半島出版社
90) 金槙圭 · 崔洛三 2001 『機械材料學』 文運堂

여기서 Fe[C]는 C를 고용한 Fe를 의미한다. 또한 반응식 (2)에 의해 생성된 CO_2가스는 침탄제 속의 탄소에 의해 환원되어, 아래의 반응식에 나타낸 바와 같이 다시 CO가스로 변화된다.

$$CO_2 + C = 2CO \ - - - - - - - - - - - - - (3)$$

즉 CO 및 CO_2가스는 순환되어 침탄작용을 반복하고 있음을 알 수 있다. 위의 반응에서와 같은 침탄 공정은 일반적으로 850~1,000℃의 온도 범위에서 행하여지며, 침탄시간은 CO 및 CO_2가스 분위기 및 침탄온도에 따라 변화된다. 일반적으로 같은 가스 분위기에서는 침탄온도가 높을수록, 탄소 원자의 확산 속도가 빨라지게 되므로, 침탄속도도 빨라지게 된다. 또한 침탄되는 탄소의 양은 $Fe-Fe_3C$상태도상의 A_{cm}으로 표시되는 오스테나이트(austenite)의 탄소 고용 한도를 넘지는 못한다[91].

이러한 침탄공정은 경도 및 강도 등의 기계적 성질을 높이기 위한 방법으로서, 순철 및 저탄소강을 대상으로 현대에도 널리 사용되고 있다.

따라서 본 연구에서 수행된 침탄실험은 탄소 함량이 0.1%인 저탄소강을 사용하였고, 이 침탄이전 원소재(元素材)의 미세조직 사진을 [그림 2.47]에 나타냈다. [그림 2.47]에서 볼 수 있는 바와 같이 미세조직의 대부분은 페라이트(ferrite)상으로 이루어져 있으며, 극히 일부만이 퍼얼라이트(pearlite)로 이루어져 있음을 볼 수 있다.

0.1%C의 저탄소강을 이용한 침탄실험은 철시편과 목탄의 외부를 진흙으로 봉합하여 1,000℃의 온도에서 15시간 동안 이루어졌다.

[그림 2.47~그림 2.50]에는 0.1%C 저탄소강을 침탄처리한 이후의 미세조직이 나타나 있으며, 그림 3-1에 나타난 원소재의 미세조직과 비교해 보면 침탄에 의해 미세조직이 크게 변화된 것을 볼 수 있다.

우선 [그림 2.48]에 과공석으로 표시된 부분은 표면 부근으로서 침탄이 가장 많이 일어난 부위이다. 이 부위는 확대된 [그림 2.49]의 왼쪽 부위에 나타난 바와 같이 대부분의 미세조직이 퍼얼라이트로 존재하며, 페라이트

91) J. F. Shackelford. 1988 『Introduction to Matrials Science for Engineers』

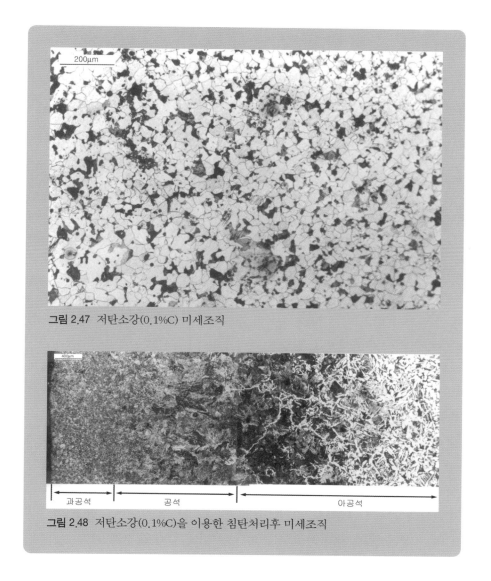

그림 2.47 저탄소강(0.1%C) 미세조직

그림 2.48 저탄소강(0.1%C)을 이용한 침탄처리후 미세조직

와 퍼얼라이트 사이에 결정립계의 형태로 존재하는 시멘타이트(cementite)로 구성되어 있다. 따라서 이 부위는 침탄에 의해 탄소의 함량이 0.8~2.1%의 범위까지 증가된 부위임을 알 수 있다.

또한 [그림 2.48]에 공석으로 표시된 부분은 시료의 표면에서 비교적 가까운 위치에 있으며, 이 부위의 확대된 [그림 2.49] 오른쪽 및 [그림 2.50] 왼

그림 2.49 저탄소강(0.1%C)을 이용한 침탄처리 후 과공석조직

그림 2.50 저탄소강(0.1%C)을 이용한 침탄처리 이후의 공석조직

쪽에 나타난 바와 같이 모든 조직이 퍼얼라이트 상으로 존재함을 볼 수 있다. 따라서 이 부위의 탄소 함량은 대략 0.8%의 공석 부근임을 알 수 있다.

[그림 2.48]의 아공석으로 표시된 부분은 시료의 표면에서 비교적 멀리 떨어진 위치로서, 이 부위의 확대된 미세조직인 [그림 2.50] 오른쪽에 나타난 바와 같이 대부분의 미세조직이 퍼얼라이트 상이며, 퍼얼라이트 사이에 일부 페라이트가 존재함을 볼 수 있다. 그러나 [그림 2.48]의 확대되지 않은 부위를 보면 오른쪽은 대부분 페라이트상과 퍼얼라이트 상이 원소재인 0.1%C 저탄소강과 거의 같은 정도를 나타내고 있다. 따라서 이 부위는 침탄처리에 의한 영향이 그리 크지 않음을 알 수 있으며, 탄소 함량은 0.1% 또는 이보다 약간 높은 정도의 적은 탄소 함량을 갖게 된다. 이 부위에서부터 왼쪽으로 갈수록 점차적으로 페라이트 양이 감소하고 퍼얼라이트 양이 증가하는 것을 볼 수 있다. 따라서 탄소 함량이 증가하게 되는 것을 알 수 있으며, 결국 왼쪽 부위는 공석 조성인 0.8%C 부근의 탄소 함량을 갖게 된다.

경주 황남대총 남분에서 출토된 단조철부 외형사진이 [그림 2.51]이다. 단조철부 날선단 부위에서 채취된 시편의 조직사진이 [그림 52]이고, 신부

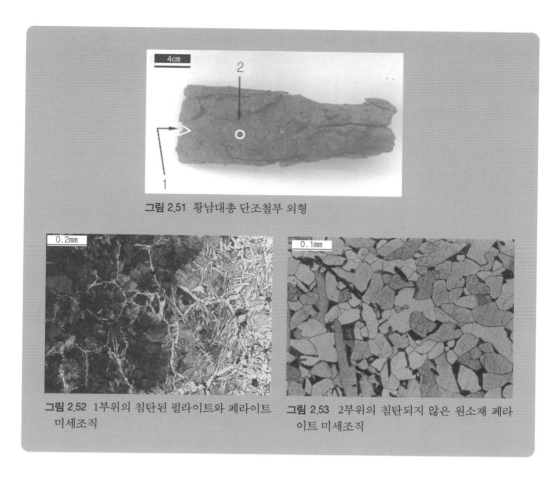

그림 2.51 황남대총 단조철부 외형

그림 2.52 1부위의 침탄된 펄라이트와 페라이트 미세조직

그림 2.53 2부위의 침탄되지 않은 원소재 페라이트 미세조직

에서 채취된 조직사진이 [그림 2.53]이다. [그림 2.52]의 도끼의 날선단부는 좌측에는 탄소 함량이 공석에 가까운 퍼얼라이트 조직이 존재하고, 우측으로 갈수록 페라이트의 상대량이 증가하는 것을 볼 수 있다. 이것은 침탄과정에서 탄소원자의 침투가 도끼 날의 표면에서부터 시작하여 그 안쪽으로 이루어진 것이다. 다만 침탄 부위의 결정립계를 따라 가는 선 모양으로 형성된 페라이트상의 분포로 보아 침탄처리를 수행하는 동안 오스테나이트 결정립이 크게 성장한 것을 알 수 있다. 즉, 고온에서 침탄처리가 끝난 후 로냉(爐冷)이나 공랭(空冷)을 통하여 서서히 상온에 이른 것으로 보인다. 이것은 탄소 함량이 높은 철 소재를 급냉(急冷)시킬 경우 마르텐사이트의 출현

이 그 높은 취성으로 인하여 실생활에 응용하기 어렵다는 사실이 인식되었을 가능성을 높다. [그림 2.53]은 도끼의 중간 부분에서 얻은 미세조직으로 페라이트 결정립이 주를 이루는 가운데 공석조직인 퍼얼라이트가 간간히 존재하며 띠 모양의 슬래그가 존재하는 것을 볼 수 있다. 이 단조철부의 미세조직에서는 당시의 기술체계인 침탄과정의 흔적을 가장 선명하게 볼 수 있다.

2.5 탈탄강

[그림 2.54]는 5세기에 축조된 월평산성 주조철부의 외형사진이고, [그림 2.55]와 [그림 2.56]은 1과 2에서 채취한 시료의 미세조직 사진이다. [그림 2.55]에서 중심부가 백주철인 주조조직인 반면에 표면층은 약 1~2mm정도의 비교적 균일한 100% 펄라이트조직이 존재하는 것으로 나타났다. 이 표면 층의 펄라이트 부위는 탈탄에 의한 것으로서 날부위와 자루부위 모두에서 나타나고 있다. 따라서 이 철부는 주조에 의해 제작된 이후 고온에서 탈탄방법으로 제작된 것이다. 이 탈탄철부의 발견은 당시에 탈탄강이 제작되었을 가능성을 시사하는 매우 중요한 증거다.

2.6 관강기술

[그림 2.57]은 순천 검단산성 저장공에서 출토된 불명철기(不明鐵器)의 외형(外形) 사진이다. [그림 2.58]은 화살표 1부위의 광학현미경 미세조직 사진으로, 당대(當代)의 철기 기술체계를 보여줄 수 있는 아주 다양한 미세구조(微細構造)가 분포되어 있다. 즉, 주철(鑄鐵)에서부터 순철(純鐵)에 이르는 다양한 조직이 탄소 함량이 감소 또는 증가하는 방향으로 층(層)을 이루며 가지런히 배열되어 있다. 이는 중국 고대(古代)의 사서(史書)에 관강법

그림 2.54 탈탄철부(대전 평산성)

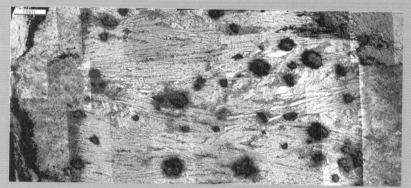

그림 2.55 탈탄철부 날 부위 미세조직

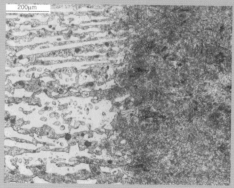

그림 2.56 백주철이 탈탄된 펄라이트 경계

그림 2.57 불명철기(검단산성)

그림 2.58 미세조직(1. 백주철-고탄소강, 2. 시멘타이트-마르텐사이트-페라이트,
3. 페라이트-펄라이트)

(灌鋼法)[92]이라 명명(命名)되어 기록으로 남겨져있는 특수한 제강법(製鋼法)
으로서 탄소 함량이 높은 백주철과 탄소가 없는 순철의 탄소 함량을 조절
하여 강(鋼)을 생산하는 제강법(製鋼法)이다. 이 유물은 고대(古代)의 한국
(韓國)에서 실제로 관강법(灌鋼法)에 의한 제강작업(製鋼作業)이 이루어지고
있었음을 증명하는 세계 최초의 고고금속학적(考古金屬學的) 물증자료(物證

92) 宋應星 著, 崔炷 주역, 1997, 주53) 앞의 글
　　楊寬 著, 盧泰天・金瑛洙 共譯, 1992 『韓國古代 冶金技術史 研究』 學研文化社

資料)이다.

[그림 2.58]의 3부위에 탄소 함량이 낮은 순철(純鐵)에서부터 좌우 대칭적으로 2부위까지 탄소 함량이 증가되는 것을 볼 수 있다. 결국 좌측의 1부위에는 많은 탄소가 들어 있는 백주철(白鑄鐵)(wite cast iron)이 존재하게 된다. 이러한 미세조직은 용액상태의 주철(鑄鐵)이 고체상태의 순철을 감싸고 있는 상황에서 냉각시킬 경우 나타나는 것으로 사료된다.

구석기 복원제작기술

1
구석기시대 생활과 슬기

지구상에 인류가 출현한 것은 5백만년 전으로 거슬러 올라가며, 인류가 연모를 사용하기 시작한 연대는 약 300만 년 전부터 나타난다. 따라서 인류가 살아온 전체 역사의 대부분이 구석기시대에 속한다.

구석기시대는 지질시대로 보면 신생대 제 4기(第四紀, Quaternary ;약 250만년 전~1만 2천년 전)의 홍적세(Pleistocene)에 해당되며, 현재는 마지막 빙기 이후인 충적세(Holocene;약 1만 2천년 전~현재)에 해당된다고 볼 수 있다.

연모를 처음 사용한 것은 남쪽원숭사람(Australopithecus)으로부터 현재까지 많은 시간이 흘렀기 때문에, 구석기시대는 지질학적인 연구와 이 시기에 살았던 동·식물상의 연구를 배경으로, 각 시기마다 사용되어 발전한 석기를 가지고 구분하는 방법이 흔히 쓰이고 있다. 전기 구석기시대는 인류가 처음 연모를 사용한 때부터 약 12만년 전의 마지막 간빙기가 시작되는 시기까지이며, 중기 구석기시대(약 12만년전~3만 5천년전)는 마지막 빙기의 중반기까지, 후기 구석기시대(약 3만 5천년전~1만 2천년 전)는 빙하가 물러가는 때까지로 시기를 구분해볼 수 있다[1].

---

1) 이융조 · 우종윤 · 길경택 · 하문식 · 윤용현, 1994 『우리의 선사문화』 지식산업사

1.1 전기구석기(~12만년 전)

　　우리나라에서 지금까지 발굴 조사된 전기구석기의 유적으로서는 충북 단양읍 금굴유적[2], 평남 상원군 검은모루유적[3]을 들 수 있다. 이 유적에서는 가장 이른 석기 만드는 기술, 동굴에서 살면서 짐승을 잡는 기술, 동굴의 거친 바닥에 둥근 자갈돌을 깔아 잠자리와 쉼터를 가다듬은 기술을 엿볼 수 있다.

　　상원군 검은모루유적은 100만년 전의 유적으로 보고되고 있는데, 이 유적에서는 주먹도끼형 석기와 제형석기, 뾰족끝석기 등이 출토되었다. 이 석기들은 모두 돌망치에 의한 직접떼기수법과 모루부딪쳐떼기수법으로 만든 것이다. 당시 사람들은 오랜 생활과정을 통하여 어떤 물체의 일부를 깨뜨리거나 전체를 깨뜨리자면 다른 굳은 물체로 그것을 때리거나, 깨뜨리려는 물체를 높이 들었다가 굳은 물체에 내리쳐야 한다는 것을 체험하게 되었을 것이다. 이러한 점에서 돌을 깨뜨리거나 일부를 떼어내는데 위와 같은 수법들을 자연스럽게 사용하게 되었다. 돌망치에 의한 직접떼기수법과 모루부딪쳐떼기수법은 석기제작기술의 시원이 되는 동시에 석기시대 전 기간에 보편적으로 사용된 석기제작 방법이다. 즉 이 2가지의 석기제작수법은 보다 발전된 석기제작기술이 알려진 다음에도 제작하려는 석기의 윤곽을 잡기위한 초벌다듬기에 많이 이용되었다.

　　검은모루유적에서 출토된 주먹도끼모양의 석기와 제형석기, 뾰족끝석기는 이러한 직접떼기수법과 모루부딪쳐떼기수법으로 만들었다.

　　단양 금굴유적은 60~70만년 전으로 거슬러 올라가는데, 이 시기에 만든 석기들로는 납작한 자갈돌을 다른 둥근 자갈돌(돌망치)로 타격을 가하여 떼

---

2) 손보기, 1984 「단양 도담리지구 유적발굴조사보고」 『충주댐 수몰지구 문화유적 발굴조사 종합보고서 – 고고·고분분야(Ⅰ)』 충북대학교 박물관

　손보기, 1985 「단양 도담리 금굴 유적발굴조사보고」 『충주댐 수몰지구 문화유적 발굴조사 종합보고서』 충북대학교 박물관

3) 김신규·김교경, 1974 「상원 검은모루 구석기시대 유적발굴보고」 『고고학자료집』 4

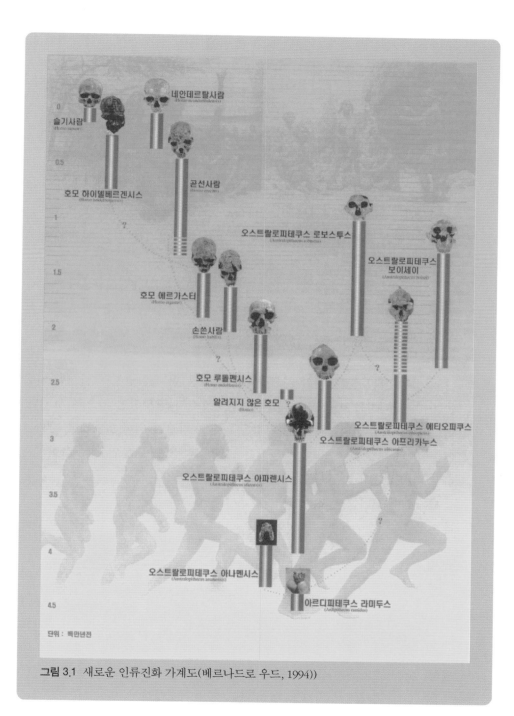

그림 3.1 새로운 인류진화 가계도(베르나드로 우드, 1994))

어 만든 석기와 양 옆으로 날을 세우기 위해 떼어 낸 찍개와 주먹도끼를 들 수 있다.떼기 수법으로 볼 때 이른 아슐리앙 형식과 같은 수법으로 만들어 졌다.

그보다 뒤 시기인 위층의 곁굴에서는 ESR(전자회전공명)분석방법으로 18만년 전으로 밝혀졌는데, 자갈돌을 깔아 방바닥을 고르게 다듬어 놓은 곳에서 팔매돌(Bola stone) 11개가 무더기로 발견되었다. 이는 쉼터를 만들기 위해 굴 밖 강가에서 20cm 정도의 자갈돌을 옮겨 놓은 것으로, 그 자갈돌 중에는 둘레를 떼어내서 사냥돌인 팔매돌로 만들어 놓은 것도 발견되었다. 그 가운데 2점은 주먹대패의 날을 지니고 있어 나뭇가지를 치는 일에 쓰였을 것으로 보인다.

석기를 만드는 가장 오랜 기술을 엿보게 하는 주먹도끼는 그보다 아래층인 본 굴의 가운데 쪽에서 확인되었는데, 날의 끝은 뾰족하고, 양 옆날은 오불꼬불하여 아베빌리앙(Abbevillien)과 이른 아슐레이앙(Acheuleen) 기술을 보여준다.

이 땅의 전기구석기인인 곧선사람들이 가장 먼저 돌망치로 넓적한 자갈돌을 쳐서 떼기를 베풀어 날을 세운 연장으로 사냥하였던 것으로 보인다. 이들이 가장 먼저 발명하게 된 기술은 나무를 자르기 위한 돌연장을 만드는 기술이었을 것으로 보이며, 방바닥을 고르게 한 것도 인류의 진보를 이루게 한 과학사고에서 비롯되었을 것이다. 단양 금굴이나 상원 검은모루의 동굴 유적에서는 석기를 만들어 썼고 사냥한 짐승을 돌연장으로 다루어서 털가죽을 벗기고, 고기를 먹고, 과일이나 씨앗을 따고, 풀과 나뭇잎의 새싹을 먹으며 끼니를 이어갔던 것이 확인된다.

석기는 잡는 짐승의 종류에 따라 크기나 두께, 날의 모습 등이 달라야 하므로, 용도에 알맞는 석기를 만들기 위한 제작기술도 발전하게 되었다. 처음에는 무겁고 큰 돌을 골라서 날을 세우는 일을 하였다. 그러나 아무 자갈돌이나 알맞게 떼어지는 것은 아님을 깨닫고 잘 떼어지는 돌감을 고르게 되었다. 돌감 고르기는 석기를 만들기 위해 여러 번 떼어 보는 과정에서 발달했는데, 그 과정에서 자갈돌 면이 빤질빤질하고 닳아서 윤이 나는 돌감이 좋다는 것을 알게 되었다. 또 성질이 단단한 돌감이 오히려 잘 깨지고 날이 날카롭게 선다는 것을 알게 되었다.

자기들이 자리 잡은 동굴에서 좋은 돌감이 나오면 그를 골라서 썼지만 석회암 동굴에는 마땅한 돌감이 없기에 굴에서 밖으로 나와 돌감을 찾았다. 돌감에 대한 지식이 쌓인 후에는 사냥하기 좋은 곳, 짐승이 많이 찾는 곳에 이르러 돌감도 찾고 석기도 만들었으므로 유적 안에는 떼어 낸 격지가 많이 남아있지 않다. 굴 앞 강가에는 화강편마암, 개차돌 자갈, 반암자갈이 매우 흔하고 켜바위에서 편암으로 변성된 자갈돌도 있고 규화된 켜바위도 있어 석기 만들기에는 좋은 환경을 지니고 있었다.

돌감의 낱알이 잘고 고운 것이 석기를 제작하기에 좋다는 것을 알아내는 것은 주어진 자연 지세에 힘입어야 가능했다. 석기 만들기에 가장 좋은 돌인 흑요석을 찾은 것은 슬기슬기 사람의 몫이 되었다. 부싯돌이 나는 곳에서는 석기도 아름답게 만들어졌으며, 개차돌도 좋은 석기를 만들 수 있어서 곧선사람 때부터 돌감으로 쓰여 졌다. 가장 날카로운 석기를 만들 수 있는 흑요석은 후기 구석기시대에 들어서면서 사용되기 시작하였고, 그 뒤 중석기시대, 신석기시대에 이르기까지 계속하여 쓰였다. 오늘날 돌감의 연구에서 밝혀진 바로는, 화산암으로는 흑요석, 차돌, 반암, 유문암 등이 있고, 퇴적암으로는 부싯돌, 모랫돌(개차돌)이 있으며, 그밖에 옥수, 규화목 등이 있지만, 이들 중에서 규산(SiO_2)이 많이 든 것이 좋은 돌감이 된다.

우리나라에서 흔히 쓰인 석기의 돌감을 시대에 따라 나누어 본다면 다음과 같이 나타난다.

전기구석기시대인 곧선사람 : 차돌, 편마암, 켜바위
중기구석기시대인 이른슬기사람 : 차돌, 반암, 개차돌, 편암
후기구석기시대인 늦은슬기사람 : 차돌, 수정, 반암, 흑요석, 유문암, 셰일
중석기시대인 늦은슬기사람 : 수정, 흑요석

석기는 타격을 가하여 날카로운 날을 만드는 기술과 하나의 돌에서 얼마

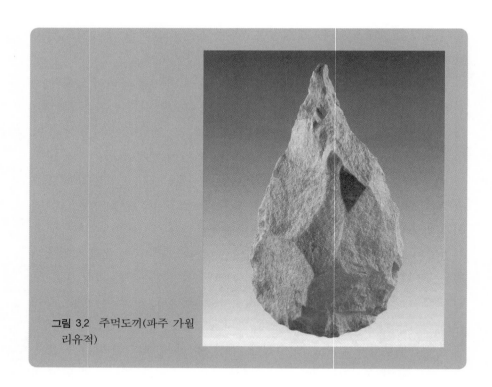

그림 3.2 주먹도끼(파주 가월
리유적)

나 효율적으로 날카롭고 긴 날을 떼어내느냐에 따라 석기 떼는 기술의 발달
정도를 알 수 있다. 한 손에 든 망치돌로 다른 손에 든 돌에 타격을 가하여
떼어내는 직접떼기가 있고, 바닥에 놓는 큰 돌인 모룻돌을 이용하여 그것에
돌을 부딪쳐 떼어내는 모루부딪쳐떼기, 긴 원통형의 막대나 뿔망치로 돌에
타격을 가하여 떼어내는 간접떼기, 뾰족한 막대기나 짐승의 뿔을 돌의 모서
리에 놓고 압력을 가해 눌러 떼어내는 눌러떼기 등이 있다.

　석기 만드는 기술은 시대별로 다음과 같은 변화를 보인다.

　　전기구석기시대 : 망치떼기(＝ 막떼기), 부딪쳐떼기, 던져떼기
　　중기구석기시대 : 대롱망치떼기(돌, 나무, 뿔, 뼈), 모루망치떼기
　　후기구석기시대 : 대고떼기(쐐기떼기)

　석기를 떼는 수법은 모든 곳의 인류가 단계에 따라 비슷한 발전을 보이는

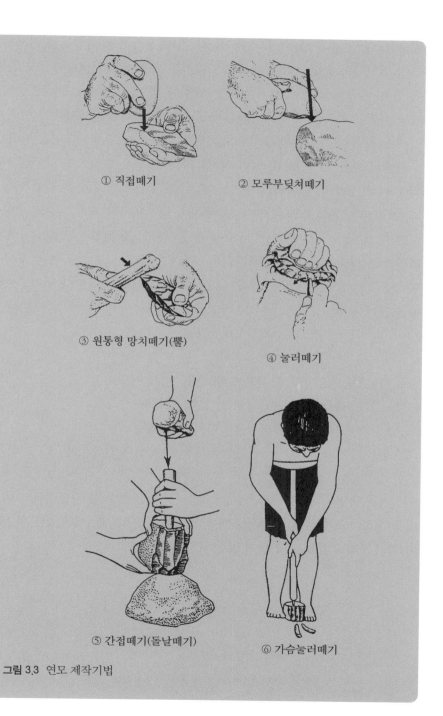

① 직접떼기　　　　② 모루부딪쳐떼기

③ 원통형 망치떼기(뿔)

④ 눌러떼기

⑤ 간접떼기(돌날떼기)　　　⑥ 가슴눌러떼기

그림 3.3 연모 제작기법

데, 단양 금굴유적에는 아직 다른 곳에서 알려지지 않은 독특한 석기제작기법이 있었음이 확인되었다. 모루망치떼기의 일종이지만 색다른 격지를 떼어 내는 기술로 초생달 격지를 떼는 방법이 확인된 것이다. 초생달격지를 만들기 위해 지름이 5~10cm 되는 둥글 납작한 자갈돌을 쳐내려 단번에 떼어 내는 독특한 기술인데 창의력에 의해 이루어진 새로운 기술인 것이다.

사람의 삶을 이어가는데 있어 석기보다 먼저 만든 연장으로 나무를 썼을 것은 미루어 알 수 있지만 남아 있는 것이 드물어서 그 기술을 밝히기 어렵다. 그러나 영국의 크락톤시기의 나무창이 발견되어 중요한 기술의 사용을 알려 주고 있다. 나무를 자르는데 날에 홈잔손질, 톱날잔손질을 더하여 물리원리를 이용하는 기술은 이른슬기사람의 단계에서 이루어 놓은 것이다. 철기시대 이후의 쇠톱이나 근대의 다이아몬드 톱도 결국은 이 원리를 이어 따른 것이다.

이 시기의 석기를 쓰임새에 따라 다음과 같이 나눌 수 있다.

• 사냥용 연장 - 찍개, 찌르개, 팔매돌
• 부엌 또는 조리용 연장 - 긁개, 밀개, 자르개
• 일반 연장 - 홈날, 톱날, 새기개, 뚜르개, 째개
• 석기 만드는 연장 - 망치, 마치, 모루, 다듬개

석기의 발명은 인류의 발달에 있어서 가장 먼저 발명한 기술이었고 이 발명을 시작으로 인류의 진화는 비롯되었으며 이들의 생산에서 인류의 앞날이 열리고 과학기술의 첫 문이 열렸다고 하겠다[4].

4) 손보기 · 정동찬 · 윤용현, 1996 『전통과학기술의 보존 및 육성을 위한 기반 조성 방안 연구』
과학기술정책관리연구소

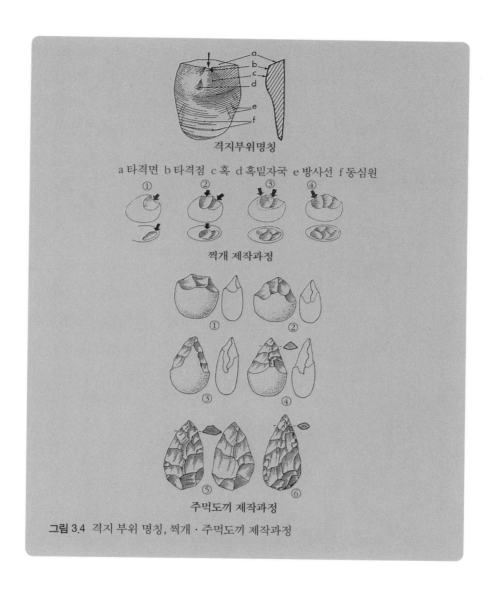

격지부위명칭

a 타격면 b 타격점 c 혹 d 혹밑자국 e 방사선 f 동심원

찍개 제작과정

주먹도끼 제작과정

그림 3.4 격지 부위 명칭, 찍개·주먹도끼 제작과정

1.2 중기구석기(12만년 ~ 3만 5천년 전)

    중기구석기시대에 이르러 석기제작기술은 전기에 비하여 현격하게 발전
하였다. 곧선사람의 단계에서 크고 무거운 석기를 만들어 쓰면서 여러 가지

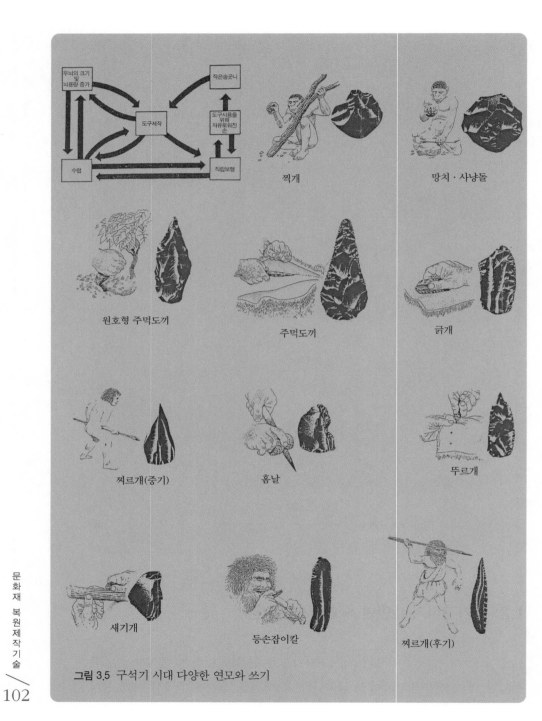

그림 3.5 구석기 시대 다양한 연모와 쓰기

로 불편함을 느끼게 되었다. 그 어려움 속에서 머리를 쓰고 슬기를 키워가면서 머리부피도 늘어나고 슬기사람으로 발전하게 된다.

큰 자갈돌석기를 작게 만들면서 그 대신 날을 날카롭게 만드는 것을 생각하게 되었으며, 큰돌에서 떼어낸 격지의 날을 쓰게 되면 가볍고도 날카로워 능률이 더욱 나고 석기 만드는데도 힘이 덜 든다는 것을 터득하게 된 것이다. 찍개를 만들 때 떼어낸 격지는 이전에는 그냥 버리던 것인데 이것을 쓰게 되면서 격지석기를 낳게 되었고 찌르개와 찍개를 만드는 과정에서 주먹도끼도 작게 만들게 되었다.

주먹도끼는 좋은 돌감으로 만들어야 아름답게 되지만 실은 날이 날카롭게 서는 격지석기를 만들 필요가 있을 때마다 격지를 떼는 몸돌로 지니고 다니는 것이었음을 알 수 있다. 그 자체를 연장으로 쓰기도 하였지만 필요할 때 격지석기를 떼어내기 위한 몸돌의 구실을 한 것이 쓰임새의 조사에서 밝혀졌다. 또 이를 세워서 모셔 놓기도 하였던 것이 알려지기도 하였다.

중기구석기의 이른 슬기사람들은 하나의 몸돌에서 여러 개의 격지를 얻어 내어 예리하고 쓸모 있는 석기를 만들 수 있었으며, 또한 석기의 크기를 상대적으로 작게 하면서도 2차 가공하여 여러가지 용도에 쓰이는 다양한 석기들을 만들 수 있었다. 일정한 크기의 격지를 순차적으로 떼 내어 하나의 재료에서 많은 석기를 얻을 수 있게 한 것은 이 시기의 석기 제작기술에서 찾아보게 되는 특징이다. 이렇듯 중기의 이른 슬기사람들은 곧선사람의 석기보다 작으면서도 얇은 석기를 만들어 더욱 간편하고 효율적인 쓰임새를 갖도록 하였다.

이 시기의 다양한 연모들을 살펴보면 우선 사냥 석기로서 쓸 수 있는 세모꼴 창끝이 고안되었고, 부엌·주방용 석기로서 긁개와 밀개를 들 수 있다. 긁개는 쓰임새에 따라 알맞게 날 모습을 더욱 가공하는 방향으로 다양하게 만들었으며, 밀개도 끝 날의 모습을 달리하여 둥글고 넓은 것, 일직선인 것, 홈 파인 것들로 만들어 여러 가지 쓰임새에 맞도록 하였다. 또 일반 연장으로 뚜르개, 송곳, 새기개, 째개, 홈날, 톱날을 만들어 나무, 뼈, 뿔을 자를 수 있게 되었다. 그리고 잔솔질을 통하여 석기의 날 모습을 쓰임새에 맞추어 정교하게 만드는 기술을 늘려가고 작은 모루, 다듬개 등의 연장을 만들게 되었다. 이러한 개량과 석기를 만드는 기술의 진보는 석기의 가짓수에 반영된다. 곧선사람의 석기종류는 30가지 정도였으나 그 후 50~60가지로 늘어나게 된다.

석기 떼는 기술은 둥근 대롱 같은 통나무나 뿔망치로 돌을 쳐서 떼는 방법으로 발전하였는데, 대롱의 길이가 길 때 크고 얇은 격지를 떼어내기 쉽게 된다. 이 방법은 단단한 돌로 덜 단단한 돌을 떼어낼 수 있다는 생각과 반대되는 원리를 터득한데에 바탕하는 것이다. 석기의 돌감보다 무르고 약한 망치로 더욱 쉽게 단단한 돌감을 떼어낼 수 있는 기술이다. 큰 망치가 무거운 망치보다 더 효과를 낸다는 물리현상을 알아낸 것이 대롱망치의 비밀인 것이다. 이렇게 석기의 날 이용도는 시기에 따라 발전을 거듭하게 되어 처음에는 10~20cm에 불과하던 것이 후기에 오면 6m 이상으로 늘어나게 된다. 만듦새 또한 잡기에 편안함은 물론이고 대칭과 각각의 비례원칙을 가지고 만들게 되었음을 알 수 있다.

1.3 후기구석기(3만 5천년~1만 2천년 전)

후기구석기 사람들은 돌감 가운데 질이 좋은 반암, 흑요석을 골라서 대고 떼기와 눌러떼기 기술을 발명해냈다. 이 기술은 돌날을 떼어 낼 수 있는 고도로 발달한 기술이다. 평평한 떨면을 마련하고 그 떨면에 뿔이나 뼈를 대고 그 뼈나 뿔을 망치로 치면, 돌감을 바로 치는 것보다 맞는 점이 작으면서 돌이 길고 얇게 떼어져서 돌날 격지를 얻어낼 수 있게 된다.

눌러떼기는 몸돌에 쐐기를 대고 그것을 눌러서 좀돌날 또는 좀격지를 떼어내는 수법이다. 슬기슬기사람들은 이러한 새로운 떼기 방법들을 이용함으로써 앞선 시기보다 쉽게 자기가 의도하는 석기를 만들 수 있었다. 특히 다듬은 돌날과 격지의 겉면을 눌러서 비늘 같은 부스러기를 떼어내어 다듬는 눌러떼기수법은 직접떼기와는 비할 수 없는 정밀한 석기 가공방법이었

그림 3.6 석기제작도구-① 모룻돌, ② 망치, ③ 몸돌, ④ 돌날(단양 수양개)

슴베

그림 3.7 슴베찌르개(대전 용호동)

밀개날

밀개날

그림 3.8 밀개(대전 노은동)   그림 3.9 새기개(공주 석장리)

그림 3.10 몸돌과 격지 부합유물 (공주 석장리)

그림 3.11 후기구석기시대 집터(손보기, 1973)

다. 눌러떼기수법은 다른 여러 가지 방법들과 함께 후기구석기시대 이후에
도 흔히 쓰인 대표적인 가공수법이었다.

구석기시대 후기에 새로 고안된 이 수법들은 19세기까지도 일부 대륙의
원주민들에서 계속 이용되었으며, 심지어 일부 종족들은 20세기 초까지도
이 수법들을 그대로 이용하였다고 한다.

이러한 대고떼기와 눌러떼기에 적합한 석기의 감으로는 반암, 규화된 켜
바위, 고운 차돌에서도 얻어질 수 있지만 가장 좋은 것은 흑요석 돌감이다.

돌날 격지는 사람이 날카로운 돌날을 만든 가운데 가장 훌륭한 날을 지니
는 것으로 슬기슬기사람들의 주요 생산품이었다. 이들 돌날 문화는 석장리[5],
금굴[6], 수양개[7], 창내[8], 만달리[9] 등지에서 발굴된 바 있어 돌날문화가 우리

5) 손보기, 1973 「석장리의 후기 구석기시대 집자리」『한국사연구』 9
　 손보기, 1973 「구석기문화」『한국사』 1, 국사편찬위원회
6) 손보기, 1984 1985, 주2) 앞의 글

그림 3.12 후기구석기시대 집터(화순 대전)

나라 여러 곳에서 넓게 퍼져 있었음을 알 수 있게 한다. 돌날은 석기를 떼는 문화에서 가장 발달된 기술 수준에 이른 것으로 그 시기가 2만년전(석장리 집터 유적 방사성 탄소연대 측정 값 2만8백30년전)으로 나타났다.

석장리에서 이 시기의 겨울집터와 여름집터[10], 제원군 창내에서 여름 막집터가 1개[11], 화순군 대전에서 막집터 1개[12], 동해시 노봉 구석기유적에서

---

7) 이융조, 1985 「단양 수양개 구석기유적 발굴조사보고」 『충주댐연장』 충북대학교박물관
   이융조·윤용현, 1992 『Micro-Blade Cores from Suyanggae SiteChronostrati- graphy of Paleolithic of North, Central, East Asia and America』 Novosibirsk(Russia)
8) 박희현, 1989 「제원 창내 후기 구석기문화의 연구」 연세대학교 박사논문
9) 김신규·백기하·장우진·서국태, 1985 「승호구역 만달리 동굴유적 발굴보고」 『평양부근 동굴유적 발굴보고』 유적발굴보고 14, 과학·백과사전출판사
10) 손보기, 1993 『석장리 선사유적』 동아출판사
11) 박희현, 1989 주8) 위의 글
12) 이융조·윤용현, 2003 「화순 대전 후기구석기문화 –좀돌날몸돌과 집터를 중심으로–」 『舊

그림 3.13 동해 노봉 후기구석기시대 집터와 살림살이(최복규 등, 2003)

후기구석기 집자리 3개[13]가 찾아졌다.

석기는 돌날몸돌, 좀돌날들의 후기구석기시기의 대고떼기 수법의 석기가 있으며 잔손질을 베푼 석기들도 나왔다. 물고기잡이와 연관되는 석기들은 가볍고 작은 특징을 지니고 있다. 여름집은 좀더 떨어진 보다 높은 자리에 지었으며 작은 기둥들을 썼고 화덕은 문밖에 만들었다. 석기는 역시 작은 것이 주이지만 중기 구석기수법의 석기도 더러 찾아졌다. 구석기시대 후기에 이르러 대고떼기, 눌러떼기 등 새로운 타제석기제작수법들이 적용되면서 석기들은 이전과 달리 더욱 쓸모 있게 만들어졌으며 형태도 훨씬 다양해졌다. 특히 같은 석기라 해도 이 시기의 석기들은 앞선 시기의 것들보다 훨씬 잘 다듬어졌으며 날카롭게 만들어졌다.

石器人의 生活과 遺蹟』學研文化社
13) 최복규 · 차재동, 2003 『노봉 구석기유적』 강원고고학연구소

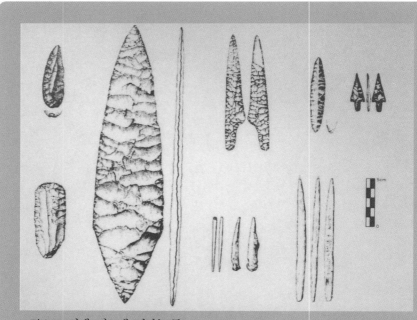

그림 3.14 밀개, 찌르개, 뼈바늘 등

그림 3.15 월계수입모양 찌르개 - 눌러떼기수법

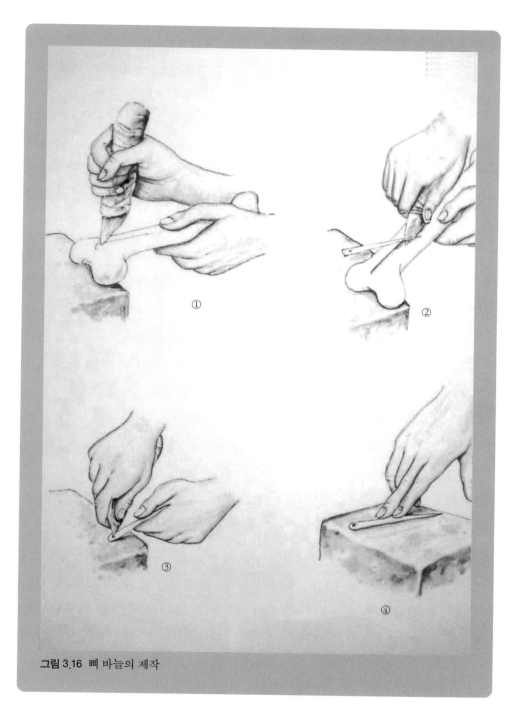

그림 3.16 뼈 바늘의 제작

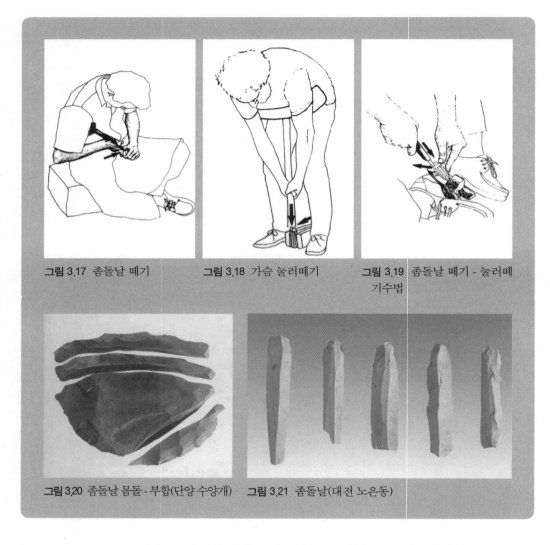

그림 3.17 좀돌날 떼기   그림 3.18 가슴 눌러떼기   그림 3.19 좀돌날 떼기 - 눌러떼
                                                       기수법

그림 3.20 좀돌날 몸돌 - 부합(단양 수양개)   그림 3.21 좀돌날(대전 노은동)

　구석기시대 후기에 새롭게 출현한 석기로는 새기개, 좀돌날 몸돌[14] 등
을 들 수 있는데 이것들은 이 시기 석기들의 특징을 잘 보여주고 있다.
　후기구석기의 슬기슬기사람들의 석기제작기술에서 또 하나 이채를 띠는
것은 조합식도구의 발명이다. 위에서 다룬 대고떼기나 눌러떼기로 만든 석

14) 李隆助・尹用賢, 2005「韓國細石刃石核の 硏究」『日本 月刊考古學ジヤーナル』3

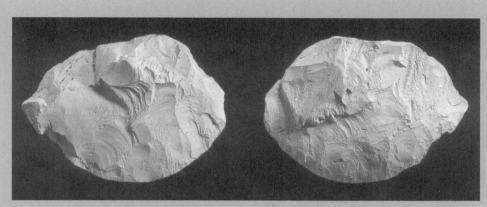

그림 3.22 좀돌날몸돌 블랑크 (대전 대정동)

그림 3.23 좀돌날몸돌(익산 신막)

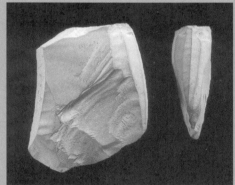

그림 3.24 좀돌날 몸돌(대전 노은동)

기들은 대부분 날부분과 자루부분을 결합시킨 것으로 밝혀지고 있다. 특히 좀돌날 몸돌에서 떼어낸 좀돌날을 이용한 낫과 같은 기능을 하는 칼과 작살 등을 만들어 그 이전과는 비교할 수 없을 정도로 석기의 대량생산과 기술의 비약적인 발전을 이룩할 수 있었다.

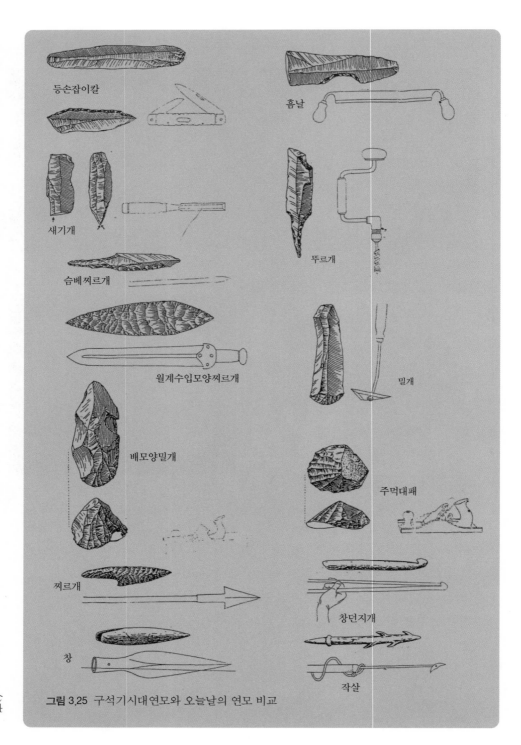

등손잡이칼

홈날

새기개

뚜르개

슴베찌르개

월계수잎모양찌르개

밀개

배모양밀개

주먹대패

찌르개

창던지개

창

작살

그림 3.25 구석기시대연모와 오늘날의 연모 비교

2
구석기 복원 제작기술

2.1 타제석기 제작기술

1) 제작 공구

(1) 망치

망치는 연모를 만들 때 사용되는 공구로서의 기능과, 음식물을 깨거나 부술 때 사용되는 공이로서의 기능을 갖고 있다. 연모를 만들 때 쓰이는 망치는 구석기시대 이래로 선사시대 유적에서 많이 나타나며, 신석기와 청동기시대에는 돌도끼, 돌검 등 간석기의 형태를 만들 때와 미리 마름질할 때는 돌망치를 사용하였다.

망치의 형태는 둥근 자갈돌 형태와 원통형이 있는데 공이같은 원통형망치는 마치 오늘날 쓰고 있는 손잡이 달린 망치와 비슷하여 둥근형보다 훨씬 효과적인 도구이다. 원통형망치는 길고 얇은 격지를 떼어내게 해주며, 음식물을 부수는데 사용한 공이로서의 망치는 홈이 우묵하게 파인 받침돌과 함께 나오는 경우도 있다. 재질에 따라 돌망치, 뿔망치, 나무망치 등으로 분류된다.

(2) 쐐기

간접떼기에 끌과 정의 기능을 갖고 있는 연모로 몸돌에서 돌날을 떼어내

는데 곧잘 쓰이면서 후기 구석기 문화에 발달하였다. **뼈, 뿔, 나무, 돌로** 만
들어 졌다.

(3) 모룻돌

대장간의 쇠모루와 같이 석기를 만들 때 밑에 받치는 돌로써 모루망치떼
기, 부딪혀떼기, 간접떼기 등의 수법에 쓰이며 전기구석기부터 후기구석기
문화까지 넓게 쓰였다. 공주 석장리[15], 단양 수양개(그림 3.6 참조)[16], 대전
용호동[17] 등 구석기시대유적의 석기제작소에서는 필수적으로 돌망치, 몸
돌, 격지 등과 짝을 이루어 출토되고 있다.

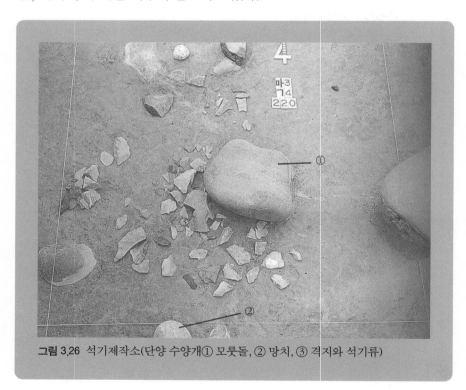

그림 3.26 석기제작소(단양 수양개① 모룻돌, ② 망치, ③ 격지와 석기류)

15) 손보기, 1973 주5) 앞의 글
16) 이융조, 1985 주7) 앞의 글
17) 한창균, 2002 「대전 용호동 구석기유적」 『동북아세아구석기연구』 한양대학교 문화재연구소

그림 3.27 망치(대전 용호동, ○ – 사용으로 으깨진 모습)

그림 3.28 타제석기 제작공구(① 모룻돌, ② 돌망치, ③ 뿔망치, ④ 쐐기, ⑤ 지지대 등)

그림 3.29 좀돌날 몸돌 석기제작 지지대

(4) 석기제작용 지지대

구석기시대 몸돌에서 간접떼기에 의한 돌날을 떼어내거나, 좀돌날 몸돌에서 좀돌날을 떼어낼 때 사용되는 보조용 도구로 몸돌을 고정 시키는 역할을 한다. 주로 나무로 만들어 졌을 것으로 생각되어지나 재질의 특성상 발견 되는 경우는 드물다.

2) 석기제작수법

(1) 직접떼기수법(Direct percussion)

석기제작에 가장 많이 쓰이는 수법으로 만들려는 재료에 제작공구로 직접때려서 떼기를 베푸는 방법으로 간접떼기에 대칭되는 수법이다. 이 수법은 남쪽원숭사람(오스트랄로피테쿠스)이 처음 도구를 만들때부터 선사시대 내내 사용된 수법이다.

석기의 돌감인 자갈돌이나 원석을 골라 한손에 쥐고 다른 손엔 돌망치로 내려쳐서 돌에 날을 세웠다. 망치돌의 크기와 무게는 떼어지는 격지의 두께와 크기에 영향을 미치는 것으로 나타난다. 내려치는 힘의 크기도 관계가 있지만 같은 힘으로 뗄 때는 망치돌의 크기, 무게에 따라 격지의 모습이 달라지며, 망치의 생김새도 격지 모습에 영향을 준다.

힘을 주어서 내려치는 데도 다른 점이 있다. 힘을 주고 길게 내려칠 때와 힘을 중간에서 멈출 때 격지모습이 달라진다. 이 같이 직접떼기의 수법에서 기술의 차이가 나타날 수 있고, 돌감에 따라서 떼어지는 모습이 달라지기도 한다. 돌의 탄력성, 동질성, 크기, 돌결, 돌결면 등이 석기의 모습과 관련이 있다.

직접떼기에는 돌망치 내려치기수법, 돌감을 모루에 부딪쳐 떼는 수법과 모루에 얹어놓고 내려치는 모루망치떼기수법이 있다. 석기를 직접떼기로 만들 때 외날로 떼어 가면 외날, 안팎으로 떼어 가면 안팎날 떼기와 같이 되며 수법이 더 발달되면 돌려떼기가 된다. 이 수법은 중기 구석기 시대의 슬기사람에 의해서 많이 쓰였다.

① 내려치기(hammer technique)

두 손을 이용해 한 손에는 망치돌, 다른 한 손에는 떼고자 하는 몸돌이나 석기를 쥐고 석기를 만드는 수법이다.

② 모루 부딪쳐떼기(anvil technique)

몸돌을 모룻돌에 던져서 격지를 떼어내는 수법을 말하며, 이 수법은 전기 구석기 문화에서부터 나타나며 크고 두터운 격지를 떼어낼 수 있다.

③ 모루망치떼기(양극떼기, bi-polar technique)

모루망치떼기수법에는 망치돌, 석재, 모룻돌이 필수적으로 갖추어져야 한다. 모루망치떼기에서는 모룻돌 위에 석재를 올려놓고 망치로 타격을 가하면 위에서 내려치는 힘과 맞서는 모루의 받는 힘으로 격지의 아래쪽에도 얻어맞은 자국이 나게 마련이다. 모룻돌의 반작용으로 양방향에서 가격한 것과 같은 효과를 얻는다.

④ 던져떼기(Throw technique)

모루돌이나 큰 돌에 깨고자 하는 돌을 집어 던져서 깨는 방식.

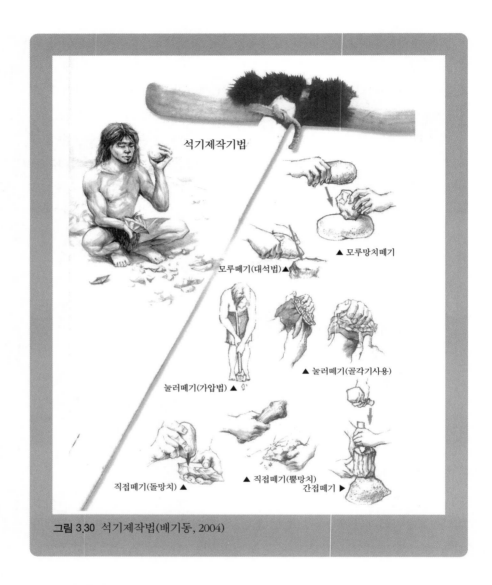

석기제작기법

▲ 모루망치떼기

모루떼기(대석법) ▲

▲ 눌러떼기(골각기사용)

눌러떼기(가압법) ▲

직접떼기(돌망치) ▲　　　▲ 직접떼기(뿔망치)

간접떼기 ▶

그림 3.30 석기제작법(배기동, 2004)

(2) 간접떼기수법(Indirect percussion)

　직접떼기와 대칭되는 말로써 정과 끌의 역할을 하는 쐐기 같은 보조연모를 써서 돌날을 떼어내는 수법으로 후기구석기 문화에 발달되었다. 간접떼기는 대고떼기로도 불린다. 이 수법은 돌감을 다듬은 다음에 뿔, 뼈, 나무 등을 정이나 끌처럼 돌감에 대고 다른 손에 망치를 쥐고 그 끝을 쳐내려서 힘이 간접으로 돌감에 미치게 하는 방법이다. 이 수법으로 길고, 얇고, 양옆의 날이 나란하여 두 줄기의 날들이 서는 반듯한 돌날이 떼어진다.

간접타격법인 대고떼기에 있어서 몸돌을 옆쪽으로 쳐서 다듬고 돌날을 떼낸 다음, 타격면의 각도가 둔해져서 좋지 않으면 가로로 쳐서 다듬어 새로운 타격면을 마련하기도 한다. 각도는 좋아도 타격면이 미끄러우면 사암으로 타격면을 갈아서 쐐기가 미끄러지지 않게 하였으므로 타격면에 간 자국이 남아 있는 경우도 있다.

돌날떼기를 할 때는 다듬은 돌날몸돌을 어떻게 고정시키느냐 하는 문제가 있다. 다른 사람이 두 손으로 밑에서 잡는 방법이 있고, 두 판자사이에 돌날몸돌 감을 끼우고 끈으로 묶은 뒤 다른 쪽에 자갈돌을 조여 넣어서 고정시키는 방법이 있다.

(3) 눌러떼기 수법(pressure percussion)

뿔, 나무막대, 뼈와 같은 끝이 뾰족한 쐐기를 석기의 날에 직각으로 대고 힘을 주어 아주 얇고 긴 격기를 떼어내는 수법으로 떼어낸 자국은 평행으로 나타나는 발달된 수법으로 후기 구석기에 발달하였다. 이 방법은 석기의 마무리 작업이나 원하는 모양을 얻고자 할 때 주로 사용했다.

눌러떼기는 간접떼기인 대고떼기에서와 같은 성과를 거둘 수 있다. 특히 가슴눌러떼기 수법은 작대기같이 긴 나무의 밑에 뾰족한 송곳모양의 뼈로 끝을 단단하게 꽂고 위에는 가로로 나무를 대어 잡아맨 다음 가슴을 댈 수 있게 마련하고 몸체의 무게와 힘을 더하여 떼는 방법이다.

눌러떼기와 직접떼기의 근본적인 도구차이는 때리는 힘과 누르는 힘의 차이에서 발생한다. 눌러떼기에는 사슴의 뿔이나 뾰족한 뼈를 손에 쥐고 사용하는 방법과 가슴이나 배를 이용하는 결합식 누름도구인 T자형의 도구를 이용하는 방법이 있다.

(4) 잔손질 수법(Final Touch)

잔손질은 떼어낸 격지나 돌날에 베푸는 이차떼기로써 날이 고르지 않을 때나 날이 지나치게 가냘픈 때 베풀거나 가다듬기 위해 더하는 작업이다. 몸돌석기의 날에 더하거나 이 밖에 손잡이, 석기의 등에도 잔손질을 베풀기도 한다.

잔손질이 베풀어지는 방향은 나란한 방향일 때와 서로 마주치는 방향일 때, 둘레를 돌려 베풀 때 서로 차이가 있다. 잔손질이 미치는 자리의 범위에 따라 깊은 잔손질 또는 얕은 잔손질, 나란하게 미칠 때 나란 잔손질, 서로 엇먹을 때 엇먹이 잔손질, 고기비늘같이 여러 겹일 때 비늘 잔손질이라고 부르기도 한다.

2.2 타제석기 복원 제작기술

1) 구석기시대 연모

(1) 몸돌(石核, Core)

격지에 반대되는 말로 격지를 떼고 난 원래의 몸체가 되는 돌이며, 때로는 이러한 돌로 만든 연모를 몸돌석기라 한다.

(2) 격지(剝片, flake)

선사시대 사람들은 연모를 만들 때 대개 석기의 감에서 격지를 떼어낸 다음 가공해 사용했다. 석기의 제작재료는 부싯돌, 흑요석, 석영, 수정, 화강암, 반암, 유문암 등이 많이 사용되었다. 이러한 돌들은 돌조각이 잘 떼어져 단단하고 날이 예리한 석기나 격지를 얻을 수 있는 가장 적합한 뗀석기 재료이다.

석기 제작의 기본 원칙은 석기의 감에서 하나 또는 여러 개의 격지를 떼어내는 것이다. 모든 돌은 모서리 부분에 충격을 가하면 격지, 즉 조각이 떨어져 나오는 특징이 있다. 격지는 형태상 2가지로 분류되는데, 격지의 길이와 폭의 비가 2 : 1 이하인 경우는 격지라고 하며, 넘을 경우는 돌날이라 한다.

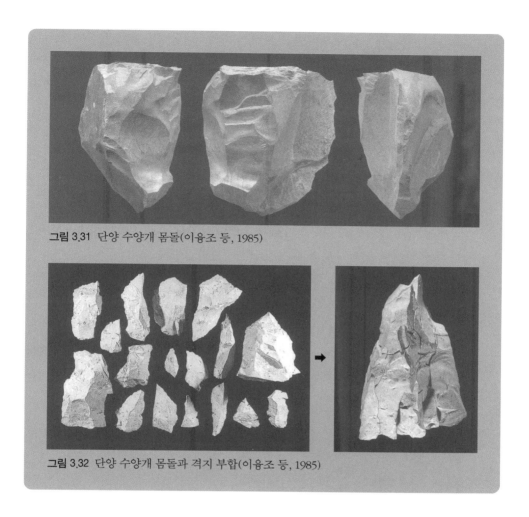

그림 3.31 단양 수양개 몸돌(이용조 등, 1985)

그림 3.32 단양 수양개 몸돌과 격지 부합(이용조 등, 1985)

격지는 흐르는 물, 토양 속에서 받는 압력, 토양이 움직이는 과정에서와 같이 자연적 원인에 의해서도 돌에서 떨어져 나올 수 있지만 사람이 의도적으로 만든 격지는 자연적 원인과는 다른 분명한 특징을 보여준다. 인위적인 행위에 의하여 떼어진 격지의 배면에는 타격면, 타격점, 혹(두덩), 혹밑자국, 방사선, 동심원 등의 흔적이 남는다.

그 가운데에서 가장 중요한 특징은 타격점 바로 밑의 격지 떼어진 면에 생기는 두덩이다. 두덩은 타격의 강도와 방향, 돌의 성질, 타격을 가할 때 사용한 물체의 성질에 따라 크기와 모양이 다르다. 격지를 떼어낸 돌, 즉 몸돌에는 격지의 두덩에 대응하는 우묵이 형태의 자국이 남고 격지의 탈락으로 인한 동심원 형태의 능선이 생긴다. 이러한 능선은 대부분 뚜렷한 형태를 갖추고 있어, 이 돌조각이 인위적으로 만들어졌음을 보여준다. 자연적 원인에 의한 현상은 대개 형태적 특징이 불규칙한데, 추위나 열로 생기는 파열에서는 동심원이 여러 조 나타나는 특징이 있어 인위적으로 만들어진 돌조각에 보이는 물결 모양과 대비된다.

(3) 돌날(石刃, Blade)

돌날떼기 기술은 후기구석기시대에 접어들면서 주로 사용되었다. 돌날은 타격을 가하여 몸돌로부터 떼어진 격지 중에 길이와 폭의 비가 2:1 이상인 격지로, 박리과정에서 생긴 여러 흔적이 남는다. 즉 돌날의 배면에는 타격면, 타격점, 혹(두덩), 혹밑자국, 방사선, 동심원 등의 흔적이 남는다.

돌날은 직접떼기, 간접떼기, 눌러떼기 등 구석기시대에 사용되는 대부분의 기술에 의해 박리되지만 얇고 긴 돌날의 산출은 간접떼기인 대고떼기에 의해 가능하다.

그림 3.33 돌날(공주 석장리, 2001)

그림 3.34
찍개 (단양
수양개, 이융
조 등, 2006)

(4) 찍개(chopping tool)

찍개는 가장 초기 인류부터 사용되었으며, 아프리카로부터 유라시아 대
륙에 이르기까지 넓게 분포되어 확인되는 전기구석기시대의 가장 대표적인
도구이다. 우리나라에서는 전기구석기시대부터 후기구석기시대까지 이어
진다.

이 연모는 사냥하여 잡은 짐승을 찍어 토막내는데 쓰인 석기로, 한쪽 가
장자리에 날이 조성되어 있으며, 형태적 변이가 다양한 석기로 기술형태학
적으로 크게 외날찍개(chopper)와 양날찍개(chopping tool)로 나뉜다. 날의
위치에 따라서는 긴찍개, 옆찍개로 나누고 모습에 따라 끝찍개, 뾰족찍개,
짓찍개로 나눈다. 외날찍개의 날이 석기 둘레로 돌아가면 옛주먹도끼로 부
르고, 안팎날찍개의 날이 둘레의 반쯤되면 주먹도끼로 보기도 한다. 날은
힘의 방향에 맞게 석기 무게 중심면에 위치한다.

(5) 주먹도끼(Hand-axe)

몸돌석기로 찌르기, 자르기, 찍기, 긁기, 벗기기, 깎기, 땅파기, 사냥 등
여러 목적으로 씌어진 석기이다. 유럽을 중심으로 아프리카 인도까지 걸치
는 전기 · 중기 구석기 문화의 대표적 석기이다.

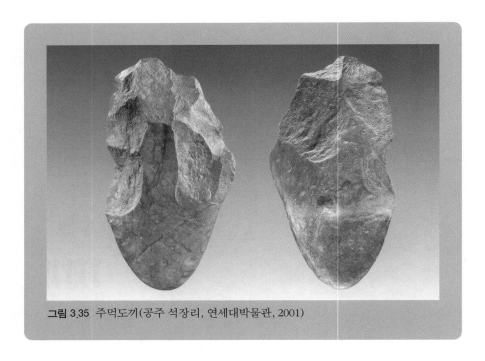

그림 3.35 주먹도끼(공주 석장리, 연세대박물관, 2001)

주먹도끼의 모양은 매우 다양한데 끝이 뾰족하고 하단으로 갈수록 넓어지는 형태나 타원형태가 일반적이다. 또한 만든 기술에 따라 두텁고 옆날이 오불꼬불한것, 얇고 날이 고른 것으로 나뉘며, 돌감 및 기술에 따라 시기 차이가 나기도 한다. 주먹도끼는 단순히 격지를 떼내기 위한 몸돌이기도 하지만 의례용 석기로 보기도 한다.

(6) 긁개(Side-scraper)

원석, 격지, 돌날, 부스러기 등 석재의 가장자리에 박리를 가해서 직선날, 볼록날, 오목날을 가파르게 형성한 석기로, 구석기시대에 보다 넓은 지역에 분포되어 나타나는 석기이다. 이 석기는 전 시대에 걸쳐 존재하며 그 출토량도 상당하다.

긁개의 종류는 긁개 날의 잔손질 상태, 잔손질 위치, 날의 형태에 따라 세분된다. 수평면에서 비스듬하게 15°가량의 각도로 오른쪽에서 왼쪽으로(왼손잡이는 반대로) 긁거나 깎는데 사용하는 석기이다. 기능적으로 가죽을

그림 3.36 긁개(대전 용호동,
연세대 박물관, 2001)　　**그림 3.37** 밀개(단양 수양개, 이융조
등, 2006)

벗기거나 생가죽을 가죽으로 만드는 등 옆으로 사용하는 연모로써 현대의
오스트레일리아 원주민등도 사용할 정도로 그 쓰임새의 전통이 길다.

(7) 밀개(End-scraper)

날의 너비보다 길이가 더 긴 연모로 끝 쪽에 잔솔질을 더하여 만들며, 보
통 격지를 이용하여 볼록날로 만들어 사용한다.

수평면에서 15°가량 세워서 안쪽에서 밖으로 내밀면서 깎아내는 데 쓰
는 석기이다.

(8) 자르개(刀, Knife)

짐승의 살을 자르고, 저미고, 가죽을 자르는데 쓰이는 조리용 연모이다.
밖에서 안으로 잡아당기는 힘의 방향, 즉 날의 길이 방향인 수평선으로 움

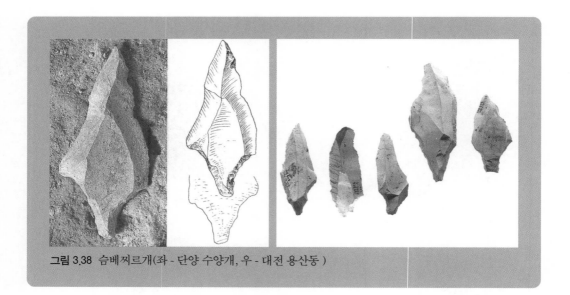

그림 3.38 슴베찌르개(좌 - 단양 수양개, 우 - 대전 용산동)

직인다. 격지나 돌날에 일부 손질을 가해서 만든 것으로, 날 각도가 45°이하인 석기이다. 45°보다 크면 자르개의 기능을 할 수 없다고 판단되기 때문이다.

이 석기는 형식학적으로 일본의 나이프형(knife type) 석기군, 유럽의 등손잡이 자르개(backed knife), 극동의 양면 잔손질된 자르개 등의 형식에 포함되어, 어떠한 시기와 문화를 설명하는 중요한 역할을 하기도 한다.

자르개는 등부분이 있는데, 그 부분이 자연적인 것이던지, 잔손질된 상태인 것을 '등손잡이자르개(backed knife)'라고 한다. 등부분은 자르기 행위를 할 때 손가락으로 받쳐 하중을 줄 수 있는 기능을 한다. 날부분은 원칙적으로 전혀 잔손질이 없는 것이어야 하나 날부분에 부분적으로 얇고 깊은 잔손질을 가한 것도 이 도구의 범주에 포함된다.

(9) 찌르개(尖頭器, Point)

짐승을 사냥하는 석기로 주먹찌르개, 창끝찌르개, 활촉찌르개가 있다. 주먹으로 쥐고 내려 찌르는 주먹찌르개는 크고 무거우며, 창끝찌르개는 얇고 세모꼴이고 밑변에 나무자루를 끼워 쓴다. 수평으로 쏘아 내려가며 맞추는 활촉찌르개는 후기구석기로 접어들면서 슴베가 붙어 슴베찌르개와 같은 새로운 형태로 전환되어진다. 이 석기는 동북아시아의 구석기연구에서 편년 설정에 중요한 지표가 된다.

(10) 뚜르개(錐, Borer)

뼈, 뿔, 가죽 등에 구멍을 뚫는 연모로 용도에 따라 그 크기가 여러 가지로 나뉘어진다. 특히 가죽, 옷, 가죽집가리개 등에 구멍을 뚫는데 쓰였다.

뚫는 방법은 오른돌기, 왼돌기의 두 방향이 아울러 쓰이며, 크기도 크고 작은 여러 가지가 있다.

이러한 종류의 석기는 구석기시대 전반에 걸쳐 나타나지만, 비교적 긴 격지나 돌날을 생산할 수 있는 기술이 발달한 중기와 후기구석기시대에 나타난다.

(11) 홈날(Notched tool)

석기의 날에 홈떼기를 베풀어 둥근 가지나 뼈의 자를 곳에 곧추(수직으로) 세운 뒤 둥글게 앞뒤로 돌려가며 쓰고, 긁개의 경우와 같이 수평면에서 15° 가량의 각도를 세워 옆으로 긁는 운동방향으로 쓰이기도 한다.

(12) 톱니날(Denticulate tool)

잔손질에 의해 날 가장자리에 일정한 간격으로 연속적인 오목날이 형성되어 형태적으로 톱날이 형성된 석기로, 날을 곧추 세우고 앞뒤 두 방향으로 내밀었다 당겼다 하며 목기나 골각기를 자를 때 주로 사용된다.

톱니날이 잔손질된 날의 위치와 각도에 따라 톱니날긁개, 톱니날 찌르개 등으로 부르기도 한다.

(13) 새기개(Burin)

수평면상에서 밖에서 안, 안에서 밖 또는 옆으로 그으며 새기는데 쓰는 석기로, 홈을 파거나 거친 면을 다듬고 자르고 깎는데도 쓰인다.

그림 3.39 톱니날(좌)과 홈날(단양 수양개)(이융조 등, 2006)

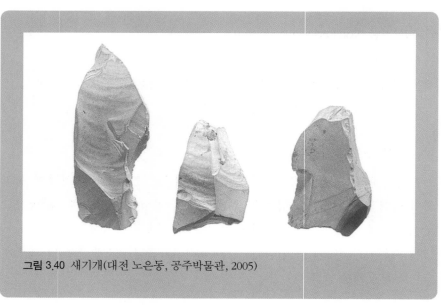

그림 3.40 새기개(대전 노은동, 공주박물관, 2005)

석기의 끝을 날카롭고 좁게 만들어 돌이나 뼈에 그림을 새기는데, 뼈를 연모로 만드는데에도 쓰이는 석기이다. 특히 후기구석기 시대에 발달된 석기이다. 보통 피리섭, 새입부리식, 나사돌리개형 등이 많이 쓰이는 형식이다.

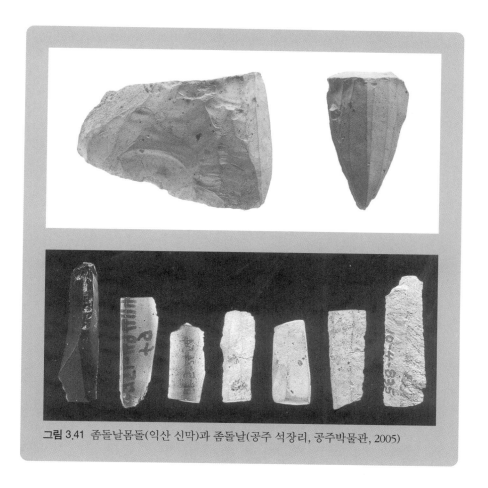

그림 3.41 좀돌날몸돌(익산 신막)과 좀돌날(공주 석장리, 공주박물관, 2005)

(14) 좀돌날몸돌(細石刃核, micro -blade cores)

3만년 전을 전후로 동북아시아에 석기제작기술의 큰 변화가 나타난다. 그것은 동북아시아의 독특한 연모라고 할 수 있는 좀돌날 몸돌 석기 가공기술의 출현이다. 기계장치를 이용하여 좀돌날을 떼어낸 좀돌날 몸돌은 도구를 만들기 위하여 고안된 인류 최초의 기계장치였다. 여기에서 몸돌에서 날카로운 좀돌날(micro- blade)을 이전 시기보다 수십 배 이상 떼어내는 신기술의 발명, 대량생산의 개념 등 과학기술의 뿌리를 찾아 볼 수 있다.

이 기술이 후기구석기시대에 보편적으로 등장하게 되는 시기는 후기구석기시대의 중기이후이며, 극동과 그 주변지역에 넓은 분포를 보인다.

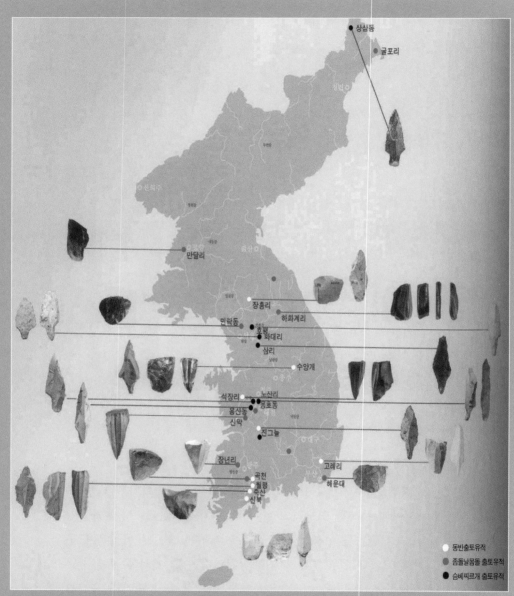

상삼동
굴포리

만달리

장흥리
하화계리
만락동
호평
화대리
삼리
수양개
석장리
노산리
용산동
평호동
신북
진그늘
장년리
고례리
곡천
월평
해운대
죽산리
신북

○ 동반출토유적
● 좀돌날몸돌 출토유적
● 슴베찌르개 출토유적

그림 3.42 좀돌날 몸돌과 슴베찌르개 출토유적(이융조 등, 2006)

그림 3.43 격지떼기

그림 3.44 몸돌과 떼어진 격지

그림 3.45 격지(흑요석)에 보이는 타격면, 혹, 방사선, 동심원 등

2) 구석기시대 연모 복원 제작기술

(1) 격지

격지의 감은 규질 셰일과 흑요석을 대상으로 하였다. 격지떼기는 옥천 청마리 금강가에서 둥근 망치돌을 제작공구로 사용하여 직접떼기 방법으로 실시하였다.

왼손에 만들고자하는 석기의 감을 들고 오른손엔 둥근 망치돌을 쥐고 석재의 모서리부분을 내려치는 수법으로 격지를 산출하였다. 산출된 격지의 배면에는 타격면, 타격점, 혹, 혹밑자국, 방사선, 동심원 등의 흔적이 뚜렷하게 살펴진다. 격지는 직접떼기로 최대 20cm정도의 것을 산출하였다.

(2) 돌날

만들고자 하는 석기의 감으로 흑요석을 대상으로 하였다. 돌날떼기는 돌

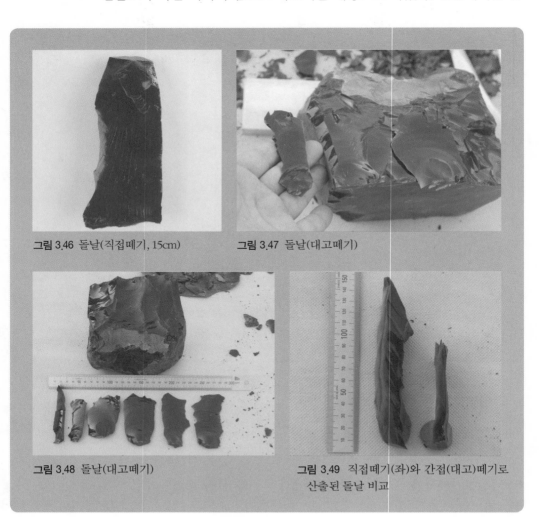

그림 3.46 돌날(직접떼기, 15cm)   그림 3.47 돌날(대고떼기)

그림 3.48 돌날(대고떼기)   그림 3.49 직접떼기(좌)와 간접(대고)떼기로
산출된 돌날 비교

망치에 의한 직접떼기와 간접떼기인 대고떼기 수법을 모두 적용하였다.

먼저 직접떼기수법에 의한 돌날떼기는 8cm 크기의 원통모양의 돌망치를 사용하였다. 산출된 돌날의 크기는 최대 15cm 정도이다. 대고떼기수법에 의한 돌날떼기는 8cm정도의 두툼한 망치와 사슴뿔을 쐐기로 사용하였다. 산출된 돌날의 크기는 5cm~13cm에 이르기까지 다양한 크기의 돌날을 얻을 수 있었다. 직접떼기와 간접떼기로 산출된 돌날은 크기에 있어서는 별다른 차이를 보이지 않았으나 돌날의 두께에 있어서는 커다란 차이를 보였다. 대고떼기에 의한 돌날은 두께가 얇은 반면 내리쳐떼기에 의한 돌날의 두께는 두툼하게 산출되었다.

이러한 차이는 대고떼기의 경우 타격면의 타격점을 원하는 두께에 조정하여 떼낼 수 있는 반면, 내리쳐떼기는 타격점을 조정하기 어렵기 때문에 두툼하게 떼어짐을 알 수 있었다.

이런 차이점을 고려하여 볼 때 단양 수양개와 대전 용호동, 진그늘 등 후기구석기시대의 돌날과 돌날로 만든 슴베찌르개는 간접떼기인 대고떼기 수법으로 산출 된 돌날을 사용하여 만들었음을 알 수 있다.

(3) 주먹도끼

주먹도끼 석재의 감으로 규암, 사암, 규질셰일의 자갈돌을 대상으로 하였다. 주먹도끼의 복원제작은 직접떼기인 돌망치에 의한 내리쳐떼기 수법을 적용하였다.

제작공구로는 주먹크기만한 사냥돌형태의 돌망치를 사용하였다. 왼손에 석재를 들고 오른손에 망치를 쥐어 잡고 내리쳐 격지를 떼어내는 방식으로 형태를 만든 다음 작은 마치를 사용하여 날을 다듬어 완성하였다. 격지를 떼어내는 방법은 2가지로 구분할 수 있는데, 하나는 한쪽 면을 돌아가며 격지를 다 떼어 낸 다음 뒤집어서 나머지 면을 떼어내는 방법과 엇떼기 방법으로 뗄 때마다 뒤집어 가며 형태를 만들어 가는 방법이다. 완성된 주먹도끼의 모양은 심장형이며, 날 모양은 S자 형태이다. 직접떼기와 다듬질을 포함하여 완성하는데 걸린 시간은 5분 정도이다.

그림 3.50 주먹도끼 석재

그림 3.51 준비 된 석재와 망치

그림 3.52 주먹도끼 제작과정 −내리쳐떼기

그림 3.53 주먹도끼 제작과정 −내리쳐떼기

그림 3.54 주먹도끼 제작과정 −내리쳐떼기

그림 3.55 주먹도끼 제작과정 −형태 만들기

그림 3.56 주먹도끼 제작과정 – 다듬기

그림 3.57 주먹도끼 완성

그림 3.58 복원된 ① 주먹도끼, ② 찍개, ③ 긁개, ④ 몸돌

(4) 긁개

긁개의 돌감으로 경주 감포천 주변인 양북면 용동리 광산에서 채석한 니암을 사용하였다. 긁개의 복원제작기법은 직접떼기인 원통형의 뿔망치떼기를 사용하였다.

먼저 니암 원석에서 돌망치로 큰 격지를 떼어낸 다음 뿔망치로 내리쳐떼기와 잔손질을 베풀어 긁개를 완성하였다. 완성된 긁개의 모양은 반달형의 볼록날이다. 만드는데 걸린 시간은 3분정도이다.

그림 3.59 준비된 니암과 산출 된 격지

그림 3.60 니암 격지와 뿔망치

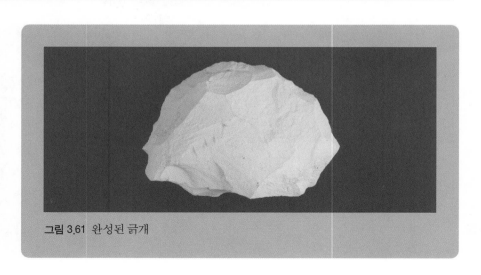
그림 3.61 완성된 긁개

(5) 밀개

밀개의 돌감으로는 니암과 흑요석 원석을 대상으로 하였다. 밀개 복원제
작기법으로 니암은 긁개와 같은 원통형뿔망치떼기를, 흑요석은 돌마치에
의한 내리쳐떼기를 적용하였다.

먼저 니암은 뿔망치로 격지의 배면에서 등면쪽으로 내치쳐떼기를 사용했
으며, 흑요석 또한 배면에서 등면쪽으로 내리쳐떼기를 사용하여 밀개를 완
성하였다. 밀개를 완성하는데 걸린 시간은 각기 3분정도 이다.

그림 3.62 준비된 니암격지

그림 3.63 밀개 제작과정- 원통형 뿔망치떼기

그림 3.64 완성된 밀개

그림 3.65 완성된 밀개(흑요석)

그림 3.66 완성된 밀개(흑요석)　　그림 3.67 완성된 밀개(흑요석)　　그림 3.68 완성된 손톱모양 밀개(흑요석)

(6) 찌르개

찌르개의 감으로 흑요석을 사용하였다. 찌르개의 복원제작기법으로는 크게 직접떼기와 간접떼기 수법이 적용되었으며, 눌러떼기수법은 두 수법에 공통적으로 적용되었다.

사용된 석재의 형태는 직접떼기 수법인 돌망치 내리쳐떼기로 산출한 두툼하고 긴돌날과 간접떼기인 대고떼기수법으로 산출한 얇고 길죽한 돌날을 사용하였다. 준비된 돌날의 형태를 고려하여 찌르개의 날과 슴베 부분을 정확하게 구상 한 뒤 먼저 뿔망치와 작은 마치를 사용하여 찌르개 날을 만든 뒤 활촉인 슴베의 윤곽을 만들었다. 이때 돌날의 타격점이 있는 두툼한 부분인 혹(두덩)쪽이 슴베가 되며 날은 그 반대쪽에 베풀게 된다.

찌르개 날은 좌우 한쪽 면에만 떼기를 베풀어 끝이 뾰족하게 하는 방법과 양쪽 면에 떼기를 베푸는 방법을 적용하였다. 양쪽면에 떼기를 베풀어 중심축을 잡는 경우는 떼어진 돌날축의 방향이 동심원이 퍼져나가는 방향과 같으나, 한쪽 면에만 떼기를 베푸는 경우는 돌날 축과는 좌우 어느 방향이던 간에 40° 정도 비껴서 찌르개축이 형성된다.

슴베를 만드는 경우는 두툼한 돌날과 얇은 돌날에 공통적으로 눌러떼기 수법이 적용되었다. 슴베는 낫이나 호미처럼 나무자루의 끝부분에 끼워져

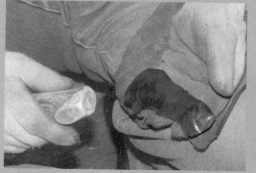

그림 3.69 준비된 돌날(직접떼기)과 공구인 원통형 뿔망치

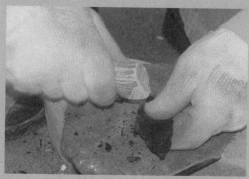

그림 3.70 직접떼기로 찌르개 형태 만들기

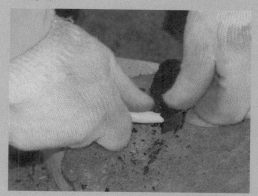

그림 3.71 슴베부분에 눌러떼기 수법 베풀기

그림 3.72 완성된 슴베찌르개

그림 3.73 준비된 돌날(직접떼기)과 공구인 원통형 뿔망치

그림 3.74 직접떼기로 찌르개 형태 만들기

그림 3.75 뿔망치로 창 만들기

그림 3.76 완성된 슴베 창

그림 3.77 준비된 돌날(간접떼기)

그림 3.78 완성된 슴베찌르개

그림 3.79 완성된 슴베 찌르개

그림 3.80 완성된 슴베찌르개

찌르개가 움직이지 않고 단단하게 부착되어 있게 하는 역할을 하기 때문에 두툼한 면을 다듬어야 한다. 축방향은 마치에 의한 직접떼기로, 슴베의 좌우 양쪽면은 마치로 떼기를 하여 홈을 내 듯 찌르개의 어깨를 만든 뒤 눌러떼기로 잔손질을 하여 형태를 완성 하였다. 찌르개 날 다듬기는 톱니날 형태와 나란한 잔손질을 베풀었다.

(7) 뚜르개

뚜르개의 감으로 흑요석을 사용하였다. 뚜르개 복원제작기술은 직접떼기수법과 눌러떼기수법을 적용하였다.

내리쳐떼기로 산출 된 큰 격지를 이용하여 돌마치로 떼기를 베풀어 전체적은 윤곽을 만든 뒤 뚜르개 날 부분은 눌러떼기로 잔솔질을 하여 완성하였다. 만드는데 걸린 시간은 5분정도이다.

그림 3.81 완성된 뚜르개

(8) 톱니날

톱니날의 감으로 니암을 사용하였다. 톱니날 복원제작기법으로는 직접떼기와 눌러떼기수법을 적용하였다. 니암 원석에서 직접떼기로 산출된 격지에 돌마치로 형태를 다듬은 뒤 뾰족한 짐승의 뿔로 눌러떼기를 베풀어 일정한 간격의 톱니날을 만들었다. 만드는데 걸린 시간은 3분정도이다.

그림 3.82 뾰족한 짐승의 뿔로 톱니날 만들기 　　 그림 3.83 완성된 톱니날 연모

(9) 좀돌날 몸돌

　　좀돌날 몸돌의 감으로 흑요석을 사용하였다. 좀돌날 몸돌 복원제작기법으로 직접떼기, 눌러떼기를 적용하였다.

　　좀돌날 몸돌의 형태를 직접떼기로 타격면이 편평한 배모양으로 만든 뒤 불망치로 옆격지를 떼어내어 좀돌날 산출면을 만들었다. 좀돌날의 산출은 손에 끝이 뾰족한 짐승의 뿔을 쐐기형태로 대고 눌러떼기 수법으로 산출하였다.

　　좀돌날 몸돌의 고정과 떼기는 2가지로 구분하여 실행하였다. 하나는 왼손으로 잡고 무릎에 올려놓고 오른손으로 쐐기로 눌러 떼는 방법, 다른 하나는 좀돌날 몸돌을 지지대에 묶고 쐐기로 눌러 좀돌날을 산출하는 방법을 적용하였다.

　　좀돌날 산출시 주의해야 할 사항은 바닥면에 충격을 흡수할 모래나 짐승의 가죽, 풀 등을 놓아야 떼어진 좀돌날이 부러지지 않고 원형을 유지 한다

그림 3.84 지지대인 고정틀 이용 좀돌날 떼기

는 것이다. 그렇지 않을 경우는 누르는 힘에 의해 좀돌날이 딱딱한 돌이나
땅 등 바닥면에 부딪힐 때 중간이 부러지는 경우가 많기 때문이다.

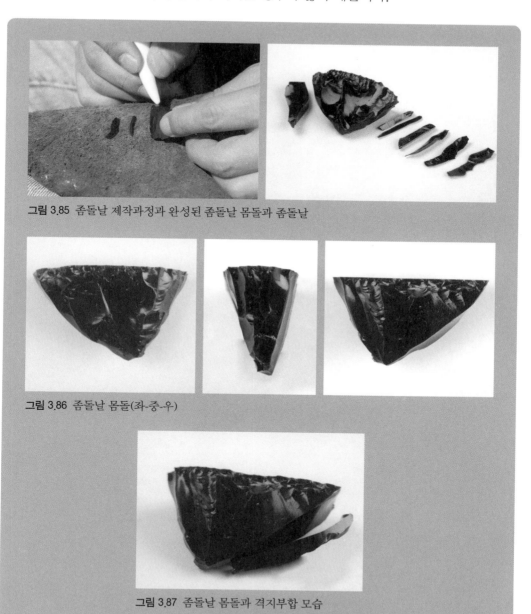

그림 3.85 좀돌날 제작과정과 완성된 좀돌날 몸돌과 좀돌날

그림 3.86 좀돌날 몸돌(좌-중-우)

그림 3.87 좀돌날 몸돌과 격지부합 모습

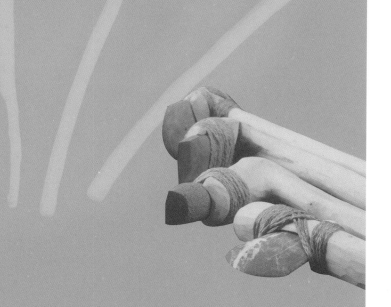

신석기 복원제작기술

1
신석기시대 생활과 슬기

1.1 토기제작기술

신석기시대에 농경과 함께 저장이나 조리를 위한 용구로 질그릇(토기)을 발명했는데, 경제적으로는 채집경제에서 생산경제로 변화하는 징표가 되고 있다. 토기의 제작은 오늘날의 원주민사회를 보더라도 여자가 맡아 하는 것으로 보아, 신석기시대에도 이와 마찬가지였을 것으로 짐작된다. 특히, 질그릇은 잘 깨지는 속성 때문에 자주 만들어야 했으므로 당시 사람들의 생활감각은 물론, 정신세계와 경제의 변천과정을 비교적 상세히 나타내 주고 있는 과학유산이다. 또한 질그릇은 불을 이용하여 물질의 화학변화를 이끌어 내야 하므로 과학기술사에 있어서 커다란 화학기술의 발달을 보여주고 있다.

찰흙을 물에 개고 이를 빚어서 겉면에 무늬를 새기거나 찍은 후 말린 그릇을 불에 그을려 달구어서 굳게 하는 기술을 발명하게 된다. 찰흙을 반죽하여 가래떡 같은 흙띠를 만들어 서리기를 하거나 또아리를 틀 차례로 쌓아 올리는 쌓기 수법을 사용하여 그릇 모양을 갖추고 그들을 안팎에서 두드려서 그릇을 빚었다. 처음에는 땔감을 깔고 그릇을 얹고 다시 땔감으로 덮는 열린 가마를 가지고 그릇을 구워냈다. 이 같은 방법으로 그릇을 굽게 되면 산화염으로 구워져서 붉은 흙빛의 그릇이 된다. 이것이 신석기시대와 청동기시대의 그릇빛깔이다. 그밖에 진흙덩어리를 비지고 개어서 두들겨 덩어리로 만들어 가운데를 파내서 그릇을 만드는 빗기 수법이 있고, 나무로 먼저 그릇모양을 만들어 그 위에 진흙 옷을 입혀 두들긴 다음 속의 나무틀을 뽑아내서 그릇을 만드는 뽑기 방법도 있다. 어떤 것이든 불에 구워내 단단하게 굳혀서 사용하였다.

그러면 신석기시대에 어떠한 토기가 있었는가를 살펴보자. 우리나라 신석기시대의 대표적인 토기는 빗살무늬토기이다. 이로 인해 우리나라의 신석기문화를 「빗살무늬 토기문화」라고도 한다. 그런데 동북해안과 남해안의 여러 유적의 빗살무늬토기층의 밑에서 민무늬·덧무늬·편평밑토기 등이 나오고 있는데, 이들은 모두 전형적인 빗살무늬토기보다 앞선 시기의 토기로 우리나라에서는 가장 오래 된 형식이다.

질그릇의 원료는 진흙과 모래, 운모, 장석, 석면, 활석 등의 비짐이 있다. 진흙과 비짐의 순도와 비율이 질그릇의 질을 결정짓는데, 질그릇의 크기와 쓰임새에 따라 그 순도와 비율이 달라진다.

질그릇을 만드는 기술에는 빗기, 서리기, 테쌓기, 틀에 찍어내기, 물레사용법 등이 있다. 이렇게 만들어진 질그릇은 건조시켜 불에 굽는데, 질그릇의 품질은 바로 이 구워 낼 때의 온도에 따라 좌우된다. 즉, 200℃정도에서는 진흙에 포함되어 있는 수분이 증발하고 600℃에서는 결정수가 빠져 버리며, 그 이상 높아지면 진흙에 포함된 탄소가 탄산염 또는 유산염으로 분해되는 등 화학변화를 일으켜 햇빛에 건조시킨 진흙과는 다른 성질을 띠게 된다. 1,100℃에서는 질그릇의 바탕흙에 알루미나와 몰라이트라고 하는 굳은 결정이 형성되고 무수규소의 일부에서는 크리스토발리트라고 하는 결정현상이 일어나 단단한 질그릇으로 변한다. 1,200℃부터 장석이 녹아 도기가 되며 1,350℃에 이르면 다시 석영이 녹아서 자기로 된다.

신석기시대의 붉은빛을 띠는 질그릇은 보통 800℃에서 구워지는데, 특별한 가마시설이 없이도 노천가마에서 구울 수 있었으나, 그 뒤의 단단한 질그릇은 그 굽는 온도가 1,200℃, 내화도는 1,400℃정도에 이른다. 이렇게 높은 온도에서 구우려면 바람을 일으켜 산소를 공급하는 송풍 장치를 설치한 고도의 가마시설과 기술을 필요로 한다. 즉, 신석기시대에 비롯된 질그

그림 4.1 빗살무늬토기(서울 암사동)   **그림 4.2** 편평밑토기(양양 오산리)

그림 4.3 덧무늬둥근밑토기(부산 영선동)

릇 제작기술은 여러 가지 기술공정과 과학 시설 및 숙련된 기술이 요구되는 높은 수준의 과학기술을 반영하는 것으로 기와나 벽돌생산에 응용되었을 뿐만 아니라, 질그릇을 구워 내는 가마와 송풍장치인 풀무 등은 광석을 녹이는 용광로 기술과 같은 철강 산업의 바탕이 되기도 하였다[1].

---

1) 윤용현, 2002 『신석기시대의 과학기술 '토기제작기술'』 충청매일 전통과학산책 7

1.2 간석기제작기술

　신석기시대는 구석기시대보다 생산이 늘어나고 사람들의 자연과 사회에 대한 인식능력이 높아짐에 따라 석기제작기술이 훨씬 발전하였다. 이에 따라 이 시기에는 이전에 찾아볼 수 없었던 도구들이 새로 출현하였을 뿐만 아니라 이미 써오던 도구들이 한층 개선되었다.

　신석기시대 도구의 발전은 무엇보다도 농경용 도구와 건축용 도구의 종류가 늘어나고 용도에 따라 도구들이 세분화 된데서 찾아볼 수 있다. 이 시기 사람들은 돌 뿐만 아니라 짐승 뼈, 조개껍질, 흙 등 여러 가지 재료를 이용하여 다양한 종류의 도구들을 만들었다.

　곡물을 심어 기르려면 숲에 불을 질러 밭으로 만들어야 하지만 그 필요한 넓이를 깨끗하게 태울 수가 없었다. 나무숲이 우거진 곳에서는 먼저 나무를 베어 넘기고 말린 다음에 불을 질러야 보다 넓은 들을 마련할 수 있었다. 그러기 위해서는 나무를 자를 연장이 필요했다. 그 필요성이 돌도끼의 발명으로 이어지게 되었다. 주먹도끼는 단단하지만 나무를 치면 깨어지기 쉬운 연장이기 때문에 나무를 자르는 데는 맞지 않았다. 나무를 자르기 위해서는 덜 단단한 돌을 사용하여 나무에 닿는 면이 매끄럽고 날에 울퉁불퉁함이 없는 연장을 만들어야 한다는 것을 알게 되었다. 이리하여 좀 쑥돌, 켜바위 같은 돌을 떼어낸 다음 갈아서 매끄러운 날을 세워서 간돌도끼를 만들게 되었다. 처음에는 날 부분만 갈아 만든 돌도끼를 만들다가 후에는 온몸을 고루 갈았고 앞 팔 길이 정도의 나무자루를 달아 쓰게 만들었다. 자루를 손으로 쥐고 나무를 자르는 방식은 힘이 덜 들면서도 안전하며 큰 나무도 쉽사리 자를 수 있었다.

　신석기시대가 구석기시대보다 발전된 기술적인 요인 중 하나는 석기를 제작할 때 갈아서 만드는 수법이 등장한 것이라 할 수 있다. 그러나 신석기시대의 석기에도 간석기와 함께 뗀 석기가 많이 사용되었으며, 또한 석기의 격지를 떼어서 다듬은 후 날 부분만 간석기들도 제작되었다.

　신석기시대 석기 제작방법의 특징은 다양한 소재와 수법들이 적용되었을 뿐만 아니라 여러 가지 수법들을 석기의 기능과 용도에 맞게 합리적으로 적용하여 석기를 능률적으로 만들었다는데 있다.

신석기시대 사람들은 새로운 수법을 적용하여 보다 쓸모 있는 도구를 만들었을 뿐만 아니라 구석기시대 이래로 써오던 수법들도 합리적으로 적용하였다. 이러한 사례는 무엇보다도 가장 간단한 타제석기 제작수법인 직접떼기를 널리 이용한데서 찾아 볼 수 있다.

우리나라 신석기시대의 거의 모든 유적들에서 간석기와 함께 타제석기들이 발굴되었으며, 타제석기들 가운데는 갈기법을 적용하기에는 적합하지 않은 각혈암, 흑요석 같은 석재를 가지고 직접떼기와 눌러떼기수법 등 구석기시대 이래의 수법으로 만든 것들이 있다.

신석기시대 석기제작기술은 직접떼기, 대고떼기, 눌러떼기와 같이 앞선 시기부터 써오던 수법과 함께 쪼개기, 쪼으기, 갈기, 자르기, 구멍뚫기 등 새로운 수법들이 널리 적용되었다[2].

1.3 농경기술

신석기시대에 대한 고전적인 개념은 정착생활과 간석기를 만들어 사용하던 것이 주된 기준이었으나, 오늘날은 약 1만년전 후빙기(後氷期, Post-glacial)로 접어들면서 농경 · 목축에 의한 식량생산경제를 배경으로 전개된 문화를 말한다.

이 시기 농경의 시작은 인류문화발달에 큰 영향을 미쳐 각종 사회질서의 재편을 가져오고, 새로운 방향으로 문화가 진행되어서 고든 차일드(G. V. Child)는 농경의 등장을 하나의 혁명적 사건으로 보고 "신석기혁명(the Neolithic Revolution)"이라고도 표현 하였다. 그래서 농경은 토기 · 간석기와 더불어 신석기문화의 3대요소로 넣고 있다.

2) 윤용현, 2002 『신석기시대의 과학기술 '간석기제작기술'』 충청매일 전통과학산책 5

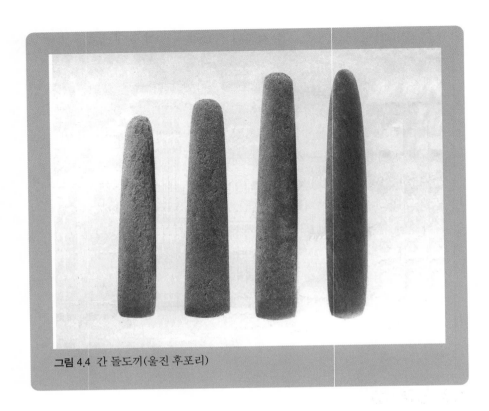
그림 4.4 간 돌도끼(울진 후포리)

인류가 수백만 년이나 되는 오랜 세월에 걸친 사냥 · 채집경제 단계의 생활에서, 급격한 발전을 이룩하게 된 계기는 농경을 하면서 부터이다. 초기 농경의 발생과정을 보여 준 근동지방의 '비옥한 초생달 지역'과 자그로스 (Zagros)지역에서는 밀을, 중미지역에서는 옥수수를 적어도 약 1만년전에 재배한 것이 밝혀지고 있다. 이렇듯 곡물재배와 더불어 전개된 신석기문화는 농경과 불가분의 관계가 있다.

신석기시대 사람들은 늪지나 얕은 땅에 자라던 귀리, 보리, 밀 같은 곡물이 자연적으로 자라는 것을 먹어보고, 한 곳에 모여 자라는 곡식을 추수해서 먹었던 것으로 알려진다. 이들 나머지 씨앗들이 다음해에 다시 자라는 것을 보면서, 씨앗을 가까운 곳에 옮겨 뿌린 것이 자라게 되는 과정을 거치면서 씨앗뿌리기를 터득하게 된 것으로 보인다.

우리나라에서는 1916년에 일본인이 해안에 분포하는 토기를 보고 주민들이 주로 고기잡이생활을 하였다고 주장한 이래, 신석기시대 생업경제는 고기잡이를 주로 한 사냥·채집사회로만 파악되어 왔다. 그러나 북한지역 인 황해도 지탑리유적에서 조 또는 피로 보이는 탄화된 곡물이 돌보습·돌 낫·갈돌과 함께 출토되면서(1957) 농경의 존재가 인정되기 시작하였다.

　북한에서는 신석기시대 초기 단계부터 농경이 있었다고 주장하고 있으 며, 괭이농사에서 보습농사로의 발전단계를 상정하고 있다. 즉 북한의 선봉 군 서포항유적과 평남 온천군 궁산유적에서 출토되는 괭이·뒤지개·갈돌 의 존재를 근거로 화전과 괭이농사가 있었다고 보고, 신석기시대 후기에 이 르면 보습농사가 시작되었다고 주장하였다. 돌보습은 쟁기의 초기형태로, 그리고 낫은 잡초나 나뭇가지를 자르는데 쓰인 것으로, 후기유적에 많이 보이는 곰배괭이는 호미의 용도로 보고 있다.

　남한에서는 80년대부터 중서부지방의 연대구분이 세워짐에 따라 농경이 신석기시대 중기부터 있었음을 인정하면서, 농경 관련 자료를 종합하여 신 석기시대 농경의 발달단계를 뒤지개농사 → 괭이농사(전기) → 보습농사(중 기이후)로 발전하였다는 견해를 내세우게 되었다. 또한 우리 겨레의 주곡으 로 자리 잡고 있는 벼농사가 청동기시대에 시작된 것으로 보고 있었으나, 80년대 이후부터 벼농사가 신석기시대에 실시되었다는 증거가 나타나고 있 다. 즉, 영산강 유역의 꽃가루분석에 의하여 약 3,500년전부터 벼가 이 지 역에서 재배되었다고 보고 있으며, 서해안의 우도에서는 신석기 말기로 추 정되는 빗살무늬토기의 바닥에서 볍씨자국이 발견되었다. 또 경기도 김포 가현리지구의 이탄층에서 4,010 B.P.의 절대연대를 가진 탄화미가 발견되 었고, 경기도 일산 가와지유적에서도 4,330 B.P의 연대를 가진 볍씨가 발 견되어 신석기시대 중기이후에는 벼농사가 널리 행해졌음을 알 수 있게 되 었다[3].

　특히 이러한 벼는 열대작물이어서 우리나라와 같은 온대지방이나 만주와 같은 아한대지역에서 재배되기까지는 우리 선조들의 수많은 경험을 바탕으

3) 이융조·길경택·윤용현 등, 1994 『우리의 선사문화』 지식산업사

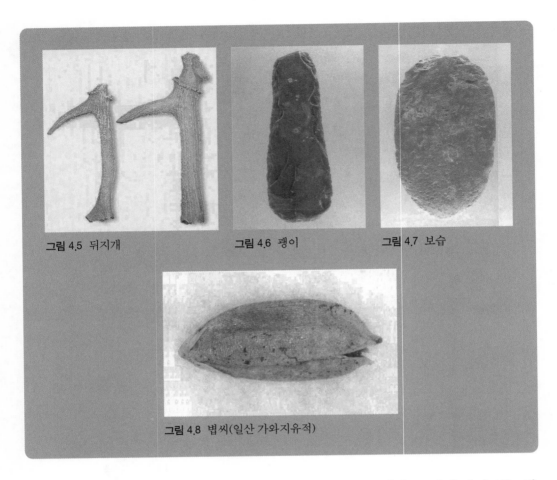

그림 4.5 뒤지개   그림 4.6 괭이   그림 4.7 보습

그림 4.8 볍씨(일산 가와지유적)

로 한 품종개량, 즉, 육종(育種)이라는 과학화 노력이 그 밑에 깔려 있는 것
이다.

신석기시대 농경에 의한 곡식의 낟알로 음식을 만들어 먹으려면 껍질을
벗겨 알곡을 얻거나 가루를 내어 조리를 해야 하는데, 이로 인해 갈돌과 갈
판을 발명하였다.

넓적한 갈판위에 낟알을 올려놓고 기다란 갈돌로 그 위를 왔다갔다 문지
르면 두 돌 사이의 마찰로 인해 곡물의 껍질이 벗겨진다. 갈돌의 길이는
20~40cm 정도로 갈판의 너비보다 길며, 계속 사용하면 갈판과 맞닿는 한
쪽 면이 평탄해지고 갈판과 닿지 않는 양쪽 끝은 닿지 않아 불룩하게 튀어

나오게 된다. 이 갈돌과 갈판은 단순히 곡식의 껍질을 벗기는데만 사용한 것이 아니라 단단한 곡식을 가루로 만들어서 먹기 좋고 소화시키기 알맞도록 만드는 데도 사용하였다.

갈돌과 갈판으로 사용된 돌은 우리 주변에서 쉽게 구할 수 있는 화강암, 사암, 운모편암 등이 쓰였다. 갈돌과 갈판은 청동기시대까지 쓰였으며, 그 뒤 확에 곡물을 넣고 공이로 찧는 절구와 위, 아래 두개의 판을 만들어 그 사이에 곡물을 넣고 돌림으로써 돌의 마찰을 이용하는 맷돌, 각종의 연자·디딜·물레방아 등 동력을 이용한 현대식 방아 등으로 변화해 간다.

이 갈돌과 갈판을 써서 알곡을 가공하는 일은 채취하여 직접 식용으로 했던 구석기나 중석기시대와는 다른 기술상의 발전이었다. 곧 현대 농산가공기술의 뿌리를 찾아 볼 수 있는데, 갈돌과 갈판에서 볼 수 있는 분해라는 것은 물리학에서 이야기하는 핵을 찾아내는 원초적인 과학의 행위로 인식할 수 있다.

농경의 발달과 함께 안정된 정착생활이 가능해지고 이에 따라 취락이 대형화되었으며, 사회생활도 분업화·전문화되는 경향을 보이게 되었다. 여기에다 석기 만들기, 토기 만들기, 집짓기, 실 뽑아 천짜기, 사냥과 물고기 잡이에 대한 과학기술이 함께 발전함에 따라 신석기사회는 급속한 발전을 이룩하게 되었다[4].

1.4 집짓기 기술

우리 인간 활동의 대부분이 집을 중심으로 해서 이루어져 온 것은 예나 지금이나 다를 바가 없기에, 신석기시대 집터는 여러 활동에 대한 자료들의 집합소라고 해도 좋을 것이다. 지금까지 우리나라에서 발견된 신석기시대 집터 유적은 약 10여개소가 된다.

---

4) 윤용현, 2002 『신석기시대의 과학기술 '농경'』 충청매일 전통과학산책 4

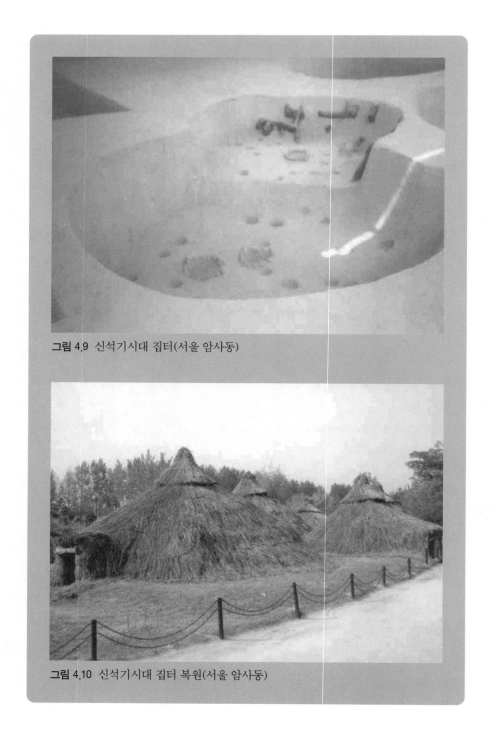

그림 4.9 신석기시대 집터(서울 암사동)

그림 4.10 신석기시대 집터 복원(서울 암사동)

구석기시대에는 동굴을 집으로 이용하면서 간혹 막집과 같은 야외임시주 거지를 만들어 쓴 데 비하여, 신석기시대에는 거의 대부분 땅을 파고 견고히 만든 움집을 짓고 살았다. 이러한 움집은 추위를 방지하고, 보온성이 뛰어나 추운지역이나 산악지대에 적합한 북방계 주거형식이라고 할 수 있다.

지금까지 발견된 움집은 주로 바다나 큰 강을 끼고 있는 낮은 습지나 널찍한 평지에 자리 잡고 있고, 간혹 언덕 비탈에 만들어진 것도 확인되었다. 그러나 집안의 바닥면은 늘 건조해야 하기 때문에, 지탑리와 같이 낮은 언덕이나 미사리와 같은 하안단구가 좋은 입지조건이 되고 있다.

이들 집터는 한 유적에서 몇 개씩 모여 있는 것이 대부분이고, 그 중에는 서로 겹쳐 있는 예도 있다. 이 시대에는 이미 취락을 이루고 살았고, 또한 한 취락에서 여러 시기에 걸쳐 새로운 집을 지으면서 이어 살았음을 알 수 있다. 집의 모양은 둥근꼴 또는 모가 죽은 네모꼴이 대부분이었다가 후기가 되면서 긴 네모꼴이 새로 나타나게 되는데, 그 크기는 대개 20~30m 이다. 집의 바닥과 벽면에는 대부분 진흙을 굳게 다진 뒤, 동물의 가죽이나 돗자리 같은 것을 깔고 생활하였던 것으로 보인다.

집짓기에 있어서도 기후에 적응하여 자연을 이용할 줄 아는 과학슬기를 찾아볼 수 있다. 집에 설치된 시설물은 화덕자리·출입시설·저장시설이 있다. 화덕은 둥근 강자갈돌을 이용하여 집 가운데에 둥글거나 네모나게 만들어 놓았다. 집 자체가 50~100cm씩 땅을 파고 지어졌기 때문에, 출입시설은 계단이나 경사로를 만들어 외부와 연결시키고, 그 위로 나무와 억새풀을 덮었다. 저장시설은 대부분 구덩이를 파거나 토기를 이용하였는데, 여기에는 취사용 연모와 음식물을 저장하였던 것으로 보인다.

신석기시대 사람들은 집의 내부를 적절히 이용하여 다목적 용도로 사용하고 있었음이 여러 유적에서 확인되고 있으며, 오늘날 우리가 겨울에 무나 배추를 묻어두면 땅의 온도로 인하여 얼지 않듯이 움집은 난방시설이 부족했던 선사시대 사람들이 따뜻한 보금자리를 위해 자연을 이용했던 과학슬기를 우리에게 보여주고 있다.

당시 집 안에서는 몇 사람들이 살았고 그 가족구성원이 어떠하였는가 하는 의문은 매우 중요한 일이나, 이를 규명한다는 것은 그리 쉬운 일이 아니다. 그럼에도 당시 한 사람의 집안의 사용 면적이 얼마나 되느냐에 착안하여, 당시의 가족 수를 환산한 연구가 있다.

이에 따르면 우리나라 신석기집터 가운데 가장 작은 것은 지탑리 3호로 9m² 이고, 큰 것은 지탑리 1호로 49m² 이다. 제일 작은 것은 부부 1 쌍이 거주할 수 있는 것으로 보이고, 이 보다 큰 주거지의 경우도 4.5m² 씩의 차이를 두고 변화하여 가는 경향이다. 그래서 4.5m² 의 넓이는 성인 1 사람이 필요로 하는 최소의 면적으로 해석하였다[5].

이렇게 볼 때 집터의 크기가 18m² 인 암사동 7호와 궁산리 1호 집터가 우리나라 신석기시대의 가장 보편적인 집의 크기였을 것으로 짐작된다. 이 집에 살 수 있는 가족 수는 부부와 자녀 2명 정도이고, 경우에 따라서는 1 명이 더 있을 수 있다는 계산이 된다.

이와 같이 신석기시대에는 보통 18m² 크기의 집을 짓고, 평균 4~5인으로 구성된 가족을 단위로 하는 핵가족사회인 것으로 해석 된다[6] .

1.5 옷 짓기 기술

옷은 추위와 더위로부터 몸을 보호하는 생태적 기능도 있지만 그에 못지않게 옷에는 인간의 꾸밈 본능과 더불어 상징성을 갖는 문화적 요소도 들어있다. 사람이 자연 상태로부터 벗어나 문화를 이루어 가는 첫 단계는 음식물 익혀먹기였고, 다음 단계는 집짓기와 옷 짓기를 시작한 것이다.

사람은 언제부터 옷을 지어 입었을까? 두발을 땅에 딛고 걸어 다니기 시작한 때부터 수만년 전까지 구석기시대 사람들은 짐승가죽이나 풀줄기를 이어 만든 가리개를 입고 다닌 것으로 알고 있다. 자연의 재료를 그대로 이

5) 김정기, 1987 「주생활」『한국사론』 17, 국사편찬위원회
6) 이융조 · 길경택 · 윤용현, 1994 『우리의 선사문화』 지식산업사
 윤용현, 2002 『신석기시대의 과학기술 '집짓기'』 충청매일 전통과학산책 8

문화재 복원제작기술

160

용하여 알맞은 형태로 걸치고 다녔으리라 생각되지만 삶의 경험이 쌓이면서 옷 짓기 기술을 터득하였을 것이다.

1만년 전쯤에는 인류 문화발전에 새로운 단계로 들어가게 되며 이때부터 신석기시대라고 한다. 구석기시대의 사냥·채집경제로부터 벗어나 농경·생산경제가 시작된다. 농업생산은 인류의 역사를 크게 바꾸는 계기를 마련하게 되는데 이제까지의 떠돌이 생활을 청산하고 한곳에 붙박이로 살림터를 마련하기 시작하면서 생활상에 큰 변화가 나타나게 된다.

농사를 짓기 위해서는 야생식물들에 대한 관찰과 경험을 통해 먹을 수 있고 기르기 쉬운 종들을 찾아내야 했고, 그러한 과정에서 여러 가지 풀줄기들에 대한 지식이 쌓여 마침내 옷감으로 쓸 만한 것들을 고를 수 있게 되었다. 그 당시 옷감으로 쓰기에 가장 좋은 것은 그때 사람들에게는 삼(麻)실이었던 것으로 보여진다. 이것은 황해도 궁산, 함경북도 서포항 신석기유적 발굴에서 뼈바늘에 삼실이 꿰인 채로 나온 것을 보아 알 수 있다.

후기 구석기시대부터 만들어 썼던 뼈바늘은 신석기시대가 되면 그 수가 많아진다. 서포항유적에서는 짐승 대롱뼈로 만든 바늘통에 뼈바늘이 담긴 채 출토되기도 했고, 실낳이 도구인 가락바퀴도 심심치 않게 출토된다. 가락바퀴는 흙을 구워 만들거나 돌을 갈아 만들었는데 가운데 구멍에 꼬챙이를 꽂아 돌리며 실을 꼬는데 쓴 도구이다. 풀줄기나 짐승털을 비벼 꼬아 실을 낳는 기술이 신석기시대부터 시작된 것이다.

가락바퀴의 모양은 옆에서 보면 원판형, 원추형, 구슬형, 반구형, 주판알형 등 매우 다양하다. 가운데 구멍에 둥근 막대를 끼워 섬유를 막대에 이은 뒤 회전시켜 실을 만드는 것으로 짧은 섬유는 길게 이으며 꼬임을 주어 실을 만들고, 긴 섬유의 경우는 꼬임만을 주어 실을 만든다. 이는 물체의 회전력, 즉 원운동에 기초한 고른 회전력을 전달하여 실의 굵기를 고르게 꼬아내기 위한 장치(플라이휘일)이다.

이렇듯 신석기시대에는 구석기시대의 사냥채집경제로부터 벗어나 농경생산경제가 시작되면서 농업생산은 인류역사를 크게 바꾸는 계기가 된다. 특히 이제까지의 떠돌이 생활을 청산하고 한 곳에 붙박이로 살림터를 마련

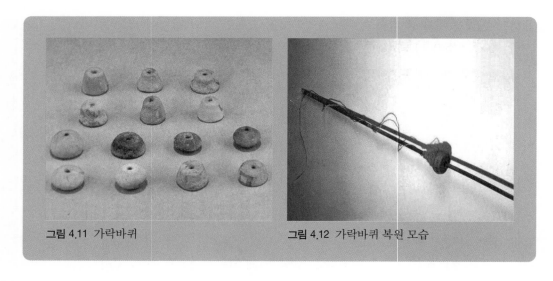

그림 4.11 가락바퀴   그림 4.12 가락바퀴 복원 모습

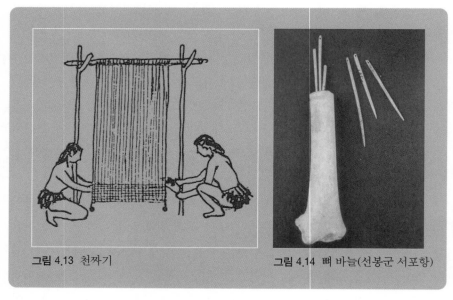

그림 4.13 천짜기   그림 4.14 뼈 바늘(선봉군 서포항)

하기 시작하면서 생활에 필요한 여러 가지 도구와 장치들을 고안 발전시키
면서 과학기술도 한층 발달하게 된다.[7]

7) 윤용현, 2002 『신석기시대의 과학기술 '옷짓기'』 충청매일 전통과학산책 8

1.6 사냥과 고기잡이 기술

　짐승은 인간에게 빼놓을 수 없는 중요한 먹을거리 확보 수단으로서 커다란 이용가치가 있으며, 뼈, 뿔, 이빨, 가죽 등은 개인의 일상생활에 필요한 생활용구의 재료로 이용되어 높은 가치를 갖고 있기 때문에 짐승사냥은 선사시대부터 그 기술과 도구들이 점차 발달하여 왔다.

　신석기시대 초기 사냥증거로 함북 서포항, 강원 오산리유적의 맨 아래층에서 돌화살촉이 출토되었고, 특히 평남 궁산리유적에서는 40개가 넘는 돌화살촉이 1곳에서 출토되었다. 이로 보아 사냥에는 주로 활이나 창을 썼는데, 사냥용 그물도 집터에서 불에 탄 채 발굴되어 당시의 발달된 사냥기술을 알 수 있게 한다.

　당시 유적에서 출토된 짐승 뼈들을 살펴보면 사슴, 노루, 멧돼지, 개 등 수 십여 종에 이른다. 이 가운데 사슴과 멧돼지 뼈가 가장 많은데, 신석기시대 사람이 즐겨 먹던 짐승인 것으로 짐작된다. 또한 야생동물의 가축화도 이 시기에 활발하게 이루어져, 평남 궁산리에서 영양의 뼈가 100개체 이상 나와 이것은 사냥보다 가축의 가능성을 보여준다. 아울러 개 뼈도 서포항, 농포동, 궁산리 등 여러 유적에서 출토되어 사람과 가장 가까운 짐승인 개 역시 신석기시대에 이미 가축화되었던 것으로 추정된다[8].

　또한 이러한 뭍짐승 이외에도 궁산리와 같은 유적에서는 많은 양의 새 뼈들이 출토되어, 날짐승도 중요한 사냥대상물이 되었음을 알 수 있다. 그러나 아무리 생활이 절실하다 하여도 번식기를 피하여 사냥하는 등 짐승과 더불어 자연 생태계를 파괴하지 않는 과학슬기도 발휘하였다.

　이처럼 사냥은 여러 면에서 생활의 일부가 되었던 것으로 각 짐승의 종류와 생태에 따라 그에 맞는 사냥도구와 방법을 개발하여 풍요로운 삶을 유지했던 과학슬기가 듬뿍 배어 있다.

　짐승사냥 못지않게 강가나 바닷가에서 물고기를 잡는 일도 살림의 일부

---

8) 임효재, 1973 「편년」 『한국사론』 12

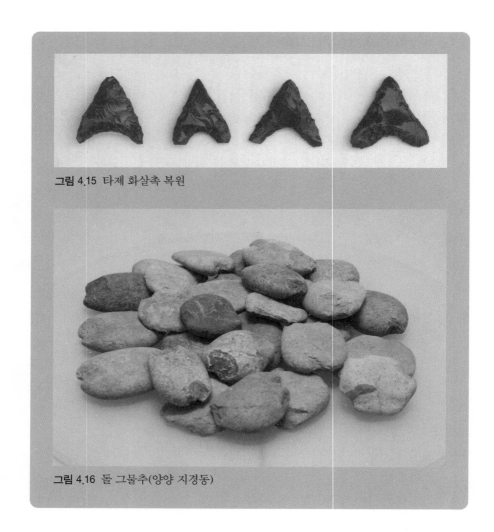

그림 4.15 타제 화살촉 복원

그림 4.16 돌 그물추(양양 지경동)

분을 차지하였다. 물고기 잡이는 큰 강가나 바닷가 근처에 살던 사람들에게는 살림에 큰 역할을 하였으며, 이것은 잡아먹은 물고기 뼈, 그물추, 낚시바늘, 작살, 배 등으로 알 수 있다. 물가 살림살이의 가장 뚜렷한 모습은 조개더미 유적이다. 이곳에서는 손쉽게 얻은 조개를 먹고 버린 껍질들이 쌓여 있으며, 배를 타고 가까운 바다나 먼 바다에 나가 물고기 잡이를 한 흔적으로 고래, 물개 등을 비롯한 여러 가지 물고기 뼈들이 찾아진다.

그물추는 여러 가지의 크기와 생김새가 있는데, 이것은 고기를 잡는 방법의 차이와 기술상의 발달을 보여 준다. 크기는 3~4cm에서 7~8cm되는 것이 많으며, 강가에서 찾아지는 것은 바닷가에서 나온 것보다 작다. 금탄리와 남경유적에서는 한꺼번에 600~650개가 출토되어 이것으로 그물의 크기와 발달된 기술의 수준을 알 수 있다.

뼈낚시는 범의구석 15호 집터와 온성 수남 5호 집터에서 나온 갈고리모양이 있으며, 바다고기 잡이에는 결합식 낚시가 쓰인 것 같다. 초도유적에서 나온 결합식 낚시는 활처럼 휘게 깎은 두개의 뼈를 묶어 하나의 낚시가되게 하였다. 이것은 바다에 물고기가 떼를 지어 다닐 때 효율적으로 잡기위한 연모로 이해된다.

작살은 자루 끝에 미늘을 달아 물고기를 찔러 잡을 수 있도록 만들었으며 깊은 바다에서 사는 돔이나 고래 등의 뼈가 유적에서 나오는 것으로 보아 배의 이용 모습도 알 수 있다. 이와 같이 물고기 종류와 생태를 파악하고 각각 알맞은 도구를 개발하여 사용한 과학슬기가 돋보인다[9].

9) 이융조 · 길경택 · 윤용현 등, 1994 『우리의 선사문화』 지식산업사

2
신석기 복원 제작기술[10]

2.1 석기의 감(材料)

석기를 만드는 데는 각암, 응회암, 석영, 흑요석, 화강암, 섬록암 등과 같이 굳은 돌과 함께 종래에는 그리 쓰이지 않던 점판암, 판암 등이 널리 쓰였다.

1) 암질별 특성

(1) 슬레이트(Slate) - 점판암(粘板岩), 변성암

천연슬레이트는 점토 압력을 받아 응결하면 이판암(泥板岩)이 되고 더욱 압력을 받으면 변질하여 치밀견경(緻密堅硬)한 점판암(粘板岩), 즉 슬레이트가 된다. 빛깔은 검정·회색 또는 검은 초록색이 있고 일정한 면으로 얇게 쪼개진다.

(2) 셰일(Shale) - 혈암(頁岩), 퇴적암

세립의 쇄설성 퇴적암(碎屑性堆積岩)으로 층리면(層理面)에 평행으로 벗겨

---

10) 윤용현, 2004 「선사인의 신기술 간석기」 『선사시대로의 초대–선사문화축제 운영자 양성교육』 목포대학교

지기 쉬운 성질을 가진 암석으로 혈암이라고도 한다. 입자지름 1/16mm 이하의 실트 및 점토로 이루어지며, 실트암 또는 점토암의 일종이다. 보통은 암색을 띤다. 석회암층에 협재하며, 셰일의 굳기는 형성요인이 고생대, 중생대, 신생대일 경우가 각기 다르다.

一例 보령 셰일 – 중생대
　　　단양셰일 – 고생대
　　　고생대인 단양 셰일이 더 단단하고 굳다.

(3) 혼펠스(Hornfels) – 변성암

접촉변성작용에 의해서 형성되며, 조직에 방향성이 없이 모자이크 구조를 띠는 세립질 변성암의 총칭이다. 원래는 이질 퇴적암(泥質堆積岩)에서 유래하는 것에 대해 사용한 용어이지만 현재는 그 외의 암석으로부터 유래한 것이라도 무방향성 조직을 가진 변성암에 대해서는 혼펠스라 부르고 있다. 조직에 방향성이 없는 것은 변성작용의 요인이 주로 온도변화에 기인하기 때문이다. 혼펠스는 대체로 화성암 관입암체(貫入岩體)를 둘러싼 좁은 구역에 분포하지만 압력보다 온도가 높은 조건이 우세한 지역에서는 광역변성작용에 의해서도 생성되는 예가 있다. 이 암석은 뿔같이 치밀하고 깨진 자국은 모난 뿔 같아서 각암(角岩)이라고도 부른다.

(4) 천매암(Phyllite) – 千枚岩, 변성암

암석의 조직이나 구조로 보아 점판암(粘板岩)과 결정편암의 중간적인 성질을 가진 변성암은 매우 세립(細粒)이지만, 편리(片理)는 두드러진다. 때로는 변성 재결정 작용 때에 생긴 줄무늬 구조를 나타내어, 편리를 옆에서 보면 색의 차이로 생기는 줄무늬를 볼 수 있다. 보통은 점토질 또는 이질(泥質)의 퇴적암에서 비롯된 흑색인 것이 많으며, 그것은 석영·장석·백운모·녹니석·방해석·석묵 등으로 되어 있다. 흔히 원래의 퇴적암의 사립(砂粒) 등을 많이 함유하고 있다.

일반적으로 이질암에서 비롯된 변성암은, 변성온도가 높아져서 재결정 작용이 진행함에 따라 점판암 → 천매암 → 편암 → 편마암으로 조직이 변화한다.

(5) 규암(Quartzite, 硅岩) - 석영맥암(石英脈巖) 경도 7, 변성암

거의 석영 입자만으로 된 매우 단단한 입상암석(粒狀岩石)으로 사암(砂岩)·규질암(硅質岩) 등이 변성작용을 받아 형성된 것이다. 색은 백색·회색·홍색·적색·갈색·흑색 등을 띠며, 일반적으로 담색이며, 유리광택이 난다. 백운모·규선석·남정석·녹렴석·석묵 등의 광물을 함유하고 있는데 이는 원래의 사암에 함유되었던 점토질 물질이나 석회질 물질 등이 변성도에 따라 생성된 것이다.

(6) 사암(sandstone, 砂岩)

쇄설성퇴적암의 일종으로 사립(砂粒)이 모여 굳어진 암석이다. 사립의 지름은 1/16~2 mm이며, 일반적으로 석영·장석·운모·각섬석 등의 광물 및 암석편으로 이루어져 있다.

(7) 유문암(rhyolite, 流紋岩)

화산암의 일종이다. 화강암에 상당하는 화학조성(광물조성은 유색광물이 10 % 이하이며 사장석보다 알칼리장석이 많다)을 가지며, 유리(琉璃) 구조를 나타내는 화산암에 대해 1860년 F.리히트호펜이 붙인 명칭이다. 유문암은 일반적으로 반상(斑狀)인데, 석영·사니딘, 드물게는 회조장석이나 흑운모 등의 반정(斑晶)을 포함한다. 유문암 중에서 특히 알칼리각섬석이나 알칼리휘석을 함유한 것을 알칼리유문암이라 한다. 흑요암·역청암·진주암은 유문암질이며 거의 대부분이 유리로 된 것이다. 유문암은 용암이나 암맥(岩脈)으로 대륙이나 그 조산대에서 산출되며, 안산암이나 석영안산암과 밀접한 관계가 있다. 유문암질 마그마의 성인(成因)으로는 현무암이나 안산암질 마그마의 결정분화작용, 지각 하부의 암석의 부분적인 용융, 마그마와 지각암석

의 동화작용 등을 들 수 있다. 생성시대로 보면, 선캄브리아대로부터 현세에 이르는 것까지 있다.

2) 암질과 연모

암질 굳기 순서는 셰일 〈 슬레이트 〈 천매암 〈 규암 〈 혼펠스
(1) 돌화살촉, 돌칼, 돌검, 반달칼 등 – 슬레이트(Slate)
(2) 돌도끼, 홈자귀 등 – 천매암(Phyllite), 혼펠스(Hornfels), 셰일(Shale)
(3) 갈돌, 갈판, 돌보습 – 사암(sandstone, 砂岩)
(4) 규암(Quartzite, 硅岩) – 구석기시대 사용, 신석기시대에는 거의 사용
   하지 않음.

구석기시대에서 신석기시대로 이행되면서 연모를 만드는 돌 재료에 있어서 변화가 나타나는데, 슬레이트와 천매암 등의 암질을 사용한 점이다. 특히 슬레이트와 천매암 등의 암질은 얇은 판으로 잘 쪼개지고 숫돌에 잘 갈리는 성질이 있기 때문에 돌칼, 돌화살촉, 반달돌칼 등 얇고 길면서 날이 날카로운 연모를 만드는데 있어서 가장 좋은 돌감이었다고 볼 수 있다.

2.2 간석기 복원 제작기술

신석기시대 석기제작기술은 직접떼기, 대고떼기, 눌러떼기와 같이 앞선 시기부터 써오던 수법과 함께 쪼개기, 쪼으기, 갈기, 자르기, 구멍 뚫기 등 새로운 수법들이 널리 적용되었다.

1) 직접떼기수법 : 괭이, 곰배괭이, 그물추 등

돌괭이와 곰배괭이를 직접떼기수법으로 만든 것은 도구의 기능과 용도에 적합한 수법을 적용한 좋은 예가 된다. 곰배괭이나 돌괭이는 땅을 파는데

쓰인 노동도구였던 만큼 돌도끼나 돌자귀에서 보는 것과 같은 매끈한 면과 날카로운 날이 필수적인 것은 아니다.

물론 땅을 파는데도 날이 날카로운 것이 좋지만 석기인 경우에는 쓰는 과정에 날이 쉽게 무디고 떨어지게 되므로 공들여 날을 세운 보람이 없게 된다. 그러므로 곰배괭이나 돌괭이의 경우에는 매끈한 면과 날카로운 날을 내는데 쓰인 갈기법보다 간단하고 품이 적게 드는 직접떼기수법을 쓰는 편이 훨씬 능률적이었을 것이다.

(1) 사용된 암질

① **곰배괭이** : 점판암, 편암, 사암으로 만든 것이 대부분이다.

② **돌괭이** : 각혈암이나 안산암 같은 굳은돌로 만든 것들과 사암으로 만든 것들이 있다. 이것은 신석기시대에 와서 돌망치 직접떼기수법이 다양한 석재를 가공하는데 적용되었으며, 특히 종전과는 달리 편암류의 석재까지 직접떼기수법을 적용하였다는 사실을 보여 주고 있다.

③ **돌 그물추** : 직접떼기수법을 석기의 기능과 용도에 맞게 효과적으로 적용한 사실은 신석기시대의 거의 모든 유적에서 출토된 돌 그물추를 통해서도 찾아볼 수 있다. 그물추는 그물이 물에 뜨지 않게 하기 위하여 달아매는 것으로 다른 석기들과는 달리 그물에 매달 수 있도록 만들면 된다. 그러므로 석재의 종류에 관계없이 알맞은 크기와 무게만 보장되면 되는 것이다.

신석기시대 돌 그물추는 어디서나 얻을 수 있는 강돌을 이용하였다. 돌양옆 또는 네 가장자리에 홈을 내었는데 여기에는 직접떼기수법이 가장 쉽고 능률적이었다.

(2) 직접떼기와 눌러떼기 적용 - 뗀 화살촉

우리나라 신석기시대 초기유적인 제주 고산리, 부산 동삼동 등의 유적에서 출토되는 뗀 화살촉은 직접떼기와 눌러떼기 수법을 적용하여 만들었다. 화살촉은 모양에 따라 두 가지 형식으로 구분 되는데, 슴베 없이 가운데 부분에 떼기를 베풀어 세모꼴의 홈을 만드는 유견식과 슴베를 만드는 유경식

그림 4.17 뗀 화살촉 복원

으로 나누어진다.

떤 화살촉에 쓰이는 석기의 감으로는 흑요석과 점판암, 화산암 계통 등이다. 흑요석 석기 감의 특성을 고려하여 갈지 않고 뗀석기 형태로 그대로 사용한 것으로 볼 수 있다.

(3) 직접떼기와 갈기법 적용

신석기시대 석기제작기술에서 주목되는 것은 직접떼기와 갈기법을 배합한 실례가 많은 사실이다. 일반적으로 날을 쓰게 되어 있는 석기를 만드는 과정을 크게 두 공정인 초벌다듬기공정과 완성공정으로 나누어 볼 수 있다. 그런데 지금까지 알려진 신석기시대의 날을 쓰게 되어있는 석기들을 보면 완성공정에는 주로 갈기법을 적용하였고 초벌다듬기에는 직접떼기법을 적용한 것이 적지 않다. 이 시기 사람들은 흔히 직접떼기법으로 만들려는 석기의 형태를 잡고 그 다음에 날부분을 갈아서 완성하였다.

초벌다듬기에 직접떼기수법이 적용된 간석기 사례

가. 굳은돌로 만든 것 : 도끼, 자귀.

나. 쉽게 갈리는 돌로 만든 것 : 돌칼, 반달칼, 활촉.

신석기시대의 돌도끼와 돌자귀 가운데는 쪼으기법과 갈기법을 배합하여 만든 것도 많지만 서포항유적 신석기시대층에서 출토된 일부 돌도끼와 돌

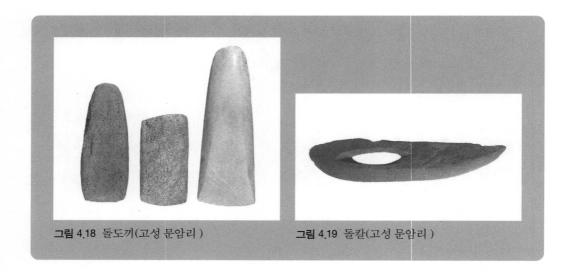

그림 4.18 돌도끼(고성 문암리)　　　그림 4.19 돌칼(고성 문암리)

자귀 및 그 반제품과 같이 날 부분과 몸체의 일부만 갈고 나머지부분은 직접떼기로 다듬은 것도 있다. 돌도끼를 만드는데 알맞은 형태의 강돌을 소재로 쓰는 경우에는 문제가 되지 않지만 그렇지 않은 경우에는 초벌다듬기에 직접떼기법을 적용하는 것이 효과적이다.

　굳은돌을 가지고 도끼의 형태를 잡는 데는 경우에 따라서 쪼으기와 갈기법보다 굵직굵직한 조각을 떼어내는 직접떼기수법이 보다 손쉽고 능률적이었을 것이다. 점판암이나 편암류의 돌로 만든 석기의 초벌다듬기에 직접떼기수법을 적용한 예는 지탑리유적에서 나온 낫 반제품, 쌍타자유적에서 나온 반달칼반제품 그리고 지탑리유적, 궁산유적, 서포항유적에서 나온 활촉이나 창끝의 반제품들에서 엿볼 수 있다. 이런 석기들의 완성품은 모두 전면을 갈았으므로 완성품을 놓고 보면 처음부터 갈아서 만든 것처럼 보인다. 그러나 위에서 든 반제품들의 예는 이 석기들도 먼저 직접떼기수법으로 형태를 잡은 다음에 그것을 갈기법으로 완성하였다.

　(4) 갈기법(磨研)

　신석기시대의 간석기들 가운데는 도끼, 자귀, 대패날, 끌과 같이 굳은돌로 만든 것과 반달칼, 낫과 같이 무른 돌로 만든 것이 있다. 이것은 당시 사람들이 새로운 종류의 석기를 만들 때 새로운 제작수법인 갈기법을 적용하면서 그 석기의 기능과 용도에 맞는 소재를 선택하였다는 것을 보여준다.

갈기법은 두 물체의 마찰작용에 의한 석기제작기술로서 이는 구석기시대 후기에 보급된 골기 또는 목기 제작에 적용된 갈기법에서 기원된 것이라고 보아진다.

갈기법의 원리는 인공발화기술의 원리와 비슷하다. 따라서 갈기 기술은 발화기술에서부터 시작되고 점차 목기나 골기를 만드는데 적용되었으며 나중에는 석기제작에까지 도입된 것이라고 볼 수 있다. 즉 간석기 제작기술과 목기 또는 골기 제작기술, 인공발화기술은 서로 밀접히 연관되어 있던 기술이었다고 볼 수 있다.

갈기법은 구석기시대 후기에 보급된 대고떼기수법이나 눌러떼기방법에 비하면 보다 단순하며 간단한 기술로 보이기도 한다. 그럼에도 불구하고 갈기법이 신석기시대에 와서 보급된 것은 무슨 까닭일까?

그것은 기술이 생산 활동과 밀접히 연결되어 있기 때문이다. 짐승을 사냥하거나 사냥한 짐승의 가죽을 벗기고 살을 베는 등 짐승을 처리 하는데서는 굳은돌로 만든 타제석기의 날이 쓸모가 있었으며 또 식물을 채집하는 일은 찍개나 주먹도끼와 같은 타제석기 또는 끝이 뾰족한 장대만 있으면 가능하였다.

그러나 농경을 위하여 산림채벌과 같은 작업에서는 강한 타격에 잘 견디는 돌도끼와 같이 갈아서 날을 세운 도구가 필요하다. 또 작물재배에 쓰이는 여러 가지 목재농구들을 만드는데도 갈아서 날을 세운 석기는 보다 효율이 높았다. 게다가 갈아서 세운 날이 무디면 그 날을 다시 갈아서 세울 수 있는 장점이 있었다.

그러므로 작물 재배가 보급됨에 따라 갈기법에 의한 간석기제작기술이 널리 도입되게 되었다.

이처럼 간석기제작기술은 작물재배에 적합한 석기제작기술이었다고 볼 수 있다. 간석기제작기술에는 갈기법과 함께 자르기수법, 구멍뚫기수법도 포함된다. 갈기와 자르기, 구멍뚫기 수법의 원리는 모두 마찰작용에 기초한

그림 4.20 숫돌(양양 지경동)

그림 4.21 결합식 낚시바늘(고성 문암리)

것이다.

　갈기법에는 갈기에 앞서 일정한 형태를 만들기 위한 직접떼기수법과 겉
면을 가볍게 쪼아서 다듬는 쪼으기수법이 병행된다.

　간석기를 제작하는데 가장 많이 쓰이는 것은 숫돌이다. 숫돌은 보통 사암
이었는데 그 가운데는 거친 연마석 같은 것도 있고 매우 연한 것도 있다.

　실험 자료에 의하면 보통 정도로 굳은 돌도끼는 그 테두리를 때려낸 다음
굵은 모래질 숫돌에 약 4시간정도 갈면 완성된다. 그리고 이렇게 갈아서 날

을 세운 도끼는 직접떼기법으로 날을 세운 도끼보다 나무를 자르는데 더 능률적이다.

(5) 쪼개기수법

간돌검, 반달돌칼, 돌낫, 돌화살촉 등을 제작하는데 사용되는 슬레이트(점판암), 천매암 등은 켜면으로 발달되어 있어 면으로 얇게 쪼개지는 성질을 갖고 있다. 신석기시대와 청동기시대 사람들은 이러한 암질의 특징을 잘 파악하여, 만들고자 하는 석기의 두께를 고려하여 얇게 쪼개는 수법을 발명하였다.

쪼개기수법은 사용하고자 하는 암질의 켜면에 돌망치로 두드려 그 곳에 틈이 생기게 하거나, 짐승의 뿔 또는 쐐기형 돌이나 단단한 나무를 켜면에 대고 망치로 내려치는 간접떼기 방법을 적용하여 켜면에 틈을 강제적으로 생기게 하는 방법이다. 얇은 화살촉과 돌검 등을 다량으로 만들고자 할 때

그림 4.22 슬레이트 쪼개기 작업

가장 적합한 방법으로 다른 방법에 비해 많은 시간을 절약할 수 있었다. 특히 쪼개기수법은 자르기수법과 함께 사용되는 간석기제작방법으로 일정한 두께로 가공하기에 쉬운 장점을 갖고 있으면서 효율성이 매우 높은 가장 이상적인 간석기 제작수법이었다.

대구 월성동 취락유적에서 출토 된 다량의 같은 형태와 두께를 갖는 반제품의 석촉은 이러한 쪼개기와 자르기수법을 적용한 사례이다.

(6) 쪼으기수법

돌의 표면을 고르게 쪼아내는 수법으로, 석기의 면을 다듬는데 쓰였고 날을 세우는 데는 적용되지 않는다.

쪼으기수법을 써서 만든 석기들 가운데는 갈돌과 같이 이 수법 한가지만을 써서 만든 것과 도끼, 자귀처럼 갈기법을 배합하여 만든 것이 있다.

날이 필요치 않은 갈돌을 가공하는 데는 쪼으기 만으로도 충분하였지만 날을 가진 도끼나 자귀를 제작하는 데는 쪼으기 만으로는 완성시킬 수 없었다.

도끼나 자귀를 만드는데 쓰인 화강암, 섬록암, 수성암 등 단단하고 두꺼운 돌의 면을 다듬는 데는 쪼으기가 가장 효과적인 수법이었다. 그러므로

그림 4.23 쪼으기수법 - 갈돌과 갈판 (양양 지경동)　　**그림 4.24** 쪼으기수법 - 돌도끼 (양양 지경동)

신석기의 이른 시기 사람들은 도끼나 자귀를 만들 때 몸체부분은 쪼아서 다듬고 날 부분만을 매끈하게 갈아서 만드는 방법을 적용하였다.

(7) 자르기

돌을 자르는데 쓴 가공용 석기는 보통 날을 얇게 세운 사암조각이다. 예를 들면 궁산리 신석기시대유적에서 나온 사암질의 썰개는 반달칼처럼 한쪽 면에 얇게 날을 세운 것을 알 수 있다. 이와 비슷한 썰개는 무산 범의구석유적 고대 초기 집자리에서도 나왔는데 그 가운데 하나는 얇은 날이 톱날처럼 생긴 것이 있다.

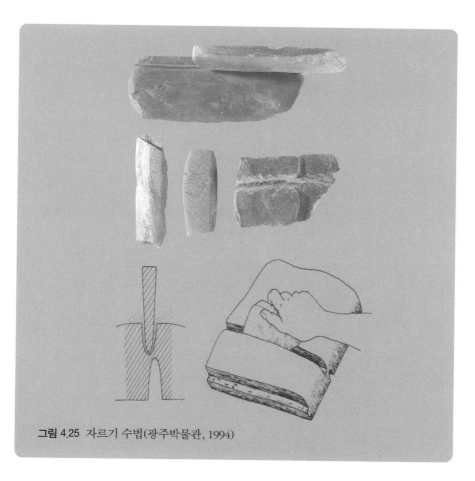

그림 4.25 자르기 수법(광주박물관, 1994)

사암조각으로 만든 썰개가 아니라도 얇은 나무판대기나 뼈, 부싯돌조각, 노끈 같은 것을 모래와 함께 써도 돌을 자를 수 있다는 것이 밝혀졌다. 최근까지도 옥을 자를 때는 날이 서지 않은 톱, 철사, 명주실 등을 모래(금강사)와 물을 함께 사용하기도 하였다. 특히 날이 없는 톱날의 사용은 옥 원석에 충격으로 인해 금이 가는 것을 방지하기 위함이다.

(8) 구멍뚫기

구멍을 뚫은 시점은 구석기시대에 이루어졌는데, 구석기시대 유적에서 발견되는 뼈와 돌로 만든 뚜르개(송곳) 연모와 구멍뚫린 치레걸이(목걸이)에서 그 기원을 찾을 수 있다.

이들이 불을 일으키는 방법은 영화에 자주 등장했던 아프리카 남부의 칼라하리사막에 거주하는 부족인 부시맨이 하였던 방법과 같았을 것으로 생각되는데, 원통형의 나무막대를 나무나 돌에 대고 양손으로 막대를 돌려 비벼서 불을 일으킨다.

나무의 긴축을 두 손바닥으로 비벼서 돌리는 비비개는 구멍을 뚫는 간단한 도구이다. 진주 상촌리와 종성 동관동의 신석기시대유적들에서 나오는 연필모양의 돌송곳과 뼈송곳 가운데 몸집이 통통하고 짧은 것들은 비비개 끝에 메운 송곳이다. 뼈송곳이나 돌송곳이 아니라도 석기에 약간 우묵한 홈을 낸 다음 거기에 모래를 넣고 끝이 뾰족한 나무대로 비벼도 구멍을 낼 수 있다. 유적에서 발견되는 연모의 구멍이 원통형으로 뚫린 것은 활비비의 사용에 의한 것으로, 깔대기 모양으로 뚫린 것은 뚜르개 형태의 돌연모로 뚫은 것이다.

석기에 구멍을 뚫는데 사용했던 도구 중 보다 발전한 도구는 활비비이다. 어릴적 단추 구멍에 실을 넣고 돌려서 양손으로 잡아 당겼다 놓고 하면 회전력을 유지하며 끊임없이 돌아가던 놀이를 기억할 것이다. 지금도 언제든지 단추와 실만 있으면 해볼 수 있는 놀이이다. 바로 이런 관성의 원리를 이용하여 끊임없이 좌우로 돌리면서 구멍을 뚫거나 불을 일으키는 것이 활비비와 눌비비이다.

신석기시대에 이르면 전 시기와는 달리 보다 더 효율적으로 불을 일으키거나 단단한 돌·뼈·조가비·나무 등에 단단한 돌송곳을 이용하여 구멍을 뚫기 위하여 생나무 막대 손잡이의 양끝을 줄로 매어 활시위처럼 만든 뒤, 송곳이나 원통형의 단단한 나무가 부착된 수직 축에 연결하여 사용하는 활비비로 발전하였다.

활비비는 축을 감아 돌리는 회전력을 이용한 도구인데 활비비 수직 축의 끝에 달린 송곳에는 신석기시대에는 돌송곳이, 청동기시대에는 돌송곳 외에 청동송곳을, 이후부터 현재에 이르기까지는 철 송곳을 부착하여 사용하고 있다.

활비비는 활의 시위를 비비개축에 걸고 활대로 축을 돌리도록 된 것인데, 활대를 앞뒤로 움직여서 축을 돌리는 것과 활대를 아래위로 움직여서 축을 돌리는 것이 있다. 앞의 것을 활비비, 뒤의 것을 눌비비라 부른다.

활비비는 곧추 세운 축의 윗부분을 누르개 돌을 쥔 한쪽 손으로 눌러서 고정시키고 축에 시위를 감은 활대를 다른 손으로 쥐고 앞뒤로 움직여 곧추 세운 축을 회전시키게 되어있다. 나무와 노끈으로 만들어진 활비비의 실물이 남아 있지는 않으나 활이 보급된 신석기시대에 이미 널리 알려져 사용되었음을 당시의 유적들에서 발견되는 누르개 돌에 의하여 알 수 있다. 여러 번 쓴 누르개 돌에는 원추형의 우묵한 홈이 생기는데 그러한 누르개 돌은 농포리 신석기시대유적에서 발견되었다.

활비비 보다 좀 더 발전한 것이 눌비비이다. 활비비는 양손을 다 사용해야 하는 단점이 있는 반면, 눌비비는 한손으로 사용이 가능하며 다른 한손은 기물을 잡거나 하는 장점이 있다.

눌비비의 모양새와 과학 원리를 살펴보면, 긴 나무 중심축 맨 아래에는 연필모양의 송곳을 메우듯 끼웠다. 송곳의 바로 윗부분에는 축의 천공기능을 높여주기 위하여 원판형의 돌대(호박 또는 원반모양의 뭉툭한 돌이나 나무뭉치)를 끼워 무게를 주었다.

무산 범의구석유적을 비롯한 우리나라 신석기시대유적과 청동기시대유적에서 나오는 석기 가운데 중심에 구멍이 난 원판형 석기, 달모양 석기는 눌비비에 끼웠던 돌대라고 추정된다. 또한 눌비비는 일반 활비비와 달리 활대의 중간쯤에 구멍을 내고 거기에 나무 축을 수평으로 꽂아 넣었으며, 중심축인 나무의 맨 위쪽에 구멍을 뚫어 거기에서 줄을 양쪽으로 늘이고, 중심축의 맨 위와 수평의 활대를 줄로 이어 자연스럽게 삼각구도를 갖게 하여 눌렀을 때 누르는 힘이 고르게 전달되어 안정감을 갖도록 고안하였다. 즉 중심축을 돌리면 이 양쪽 줄이 엇갈리면서 감기어 활대가 올라가는데, 이 활대의 좌우를 잡고 위아래로 오르내리면 중심축의 엇갈린 줄이 계속 풀렸다 감겼다 하면서 중심축을 돌려주게 된다. 이때 송곳 위의 돌대는 무게로 인한 관성으로 회전하면서 실을 풀었다가 다시 감아주고 다시 지긋이 눌러주면 축이 계속 돌게 되어 구멍을 뚫거나 마찰열에 의한 불을 일으킨다. 또한 이 돌대는 자동차의 플라이휠(Fly Wheel)의 역할을 하여 회전이 고르게 지속되는 구실도 한다. 이러한 운동을 계속하면 힘들이지 않고 원하는 구멍을 뚫거(지금의 전기드릴과 같은 원리)나 불을 빠르게 일으킬 수 있게 된다.

눌비비로 큰 구멍을 뚫을 때에는 축 끝에 속이 빈 짐승의 다리뼈와 같은 것을 잘라서 메워 원통관 모양으로 만들면 마찰에 의하여 생기는 돌가루가 적어지므로 축의 천공기능이 훨씬 높아지게 된다. 실험 자료에 의하면 속이 빈 뼈를 잘라서 메운 촉이 원통관형태의 눌비비는 속이 비지 않은 연필모양의 것 보다 배 이상의 능률을 낼 수 있다고 한다. 그러므로 우리나라 신석기시대의 유적들에서 많이 발견되는 곤봉대가리와 같은 석기에 뚫린 큰 구멍과 청동기시대의 별모양도끼의 큰 구멍, 때에 따라서는 반달칼의 구멍을 뚫을 때에도 이러한 속이 빈 원통관 촉의 눌비비로 뚫은 것이라고 볼 수 있다.

구슬류에 뚫린 가는 구멍은, 먼저 구슬의 원재료를 양면으로 간 다음에 일정한 간격으로 잘라서 좁고 긴 사각추대를 얻고 그것을 다시 숫돌에 갈아서 긴 원기둥이 되게 만든 다음 거기에 길이방향으로 가는 송곳을 조심히 비비어 구멍을 뚫는데 그 때 구멍에 가는 모래를 넣어서 마찰힘을 높여준다. 구멍이 관통되면 적당한 규격으로 잘라서 여러 개의 구슬을 얻었는데 우리나라 신석기시대 유적에서 나오는 구슬들은 이와 같은 방법으로 만들었을 것이다.

그림 4.26 활비비   그림 4.27 눌비비

　활비비와 눌비비는 연모에 구멍을 내는 천공도구인 동시에 불을 일으키
는 발화기구이기도 하였다.

　구석기시대 초기에는 직접떼기와 부딪쳐떼기를, 구석기시대 중기에는 때
려 깨기 수법이 창조되었고, 구석기시대 후기에는 대고 떼기, 눌러떼기가
도입되었다. 중석기시대에는 세석기가 유행되고, 신석기시대에는 쪼으기,
갈기, 자르기, 구멍 뚫기 수법들이 적용되어 석기제작기술의 면모를 일신시
켰다.

3
간석기 연모 복원 제작기술

3.1 뗀화살촉

화살촉의 감으로 흑요석을 이용하였다. 화살촉 복원제작기법은 직접떼기와 눌러떼기 수법을 적용하였다. 화살촉의 복원은 슴베 있는 유경식 형태와 슴베 없이 어깨가 있는 유견식의 2가지 형식을 대상으로 하였다.

흑요석 원석에서 떼어낸 격지와 돌날을 이용하였다. 먼저 직접떼기로 화살촉의 형태를 만든 다음 슴베와 홈을 눌러떼기수법으로 잔손질을 베풀어 완성하였다. 나무자루에 부착되는 슴베와 홈이 두툼할 경우에는 꽂기가 어렵기 때문에 얇게 떼어내어야 한다. 직접떼기의 경우 슴베가 부러지면 홈을 깊게 만들지 못하는 문제점이 있기 때문에 눌러떼기 수법을 적용해야 한다.

이것은 신석기시대의 뗀화살촉의 경우 중심축을 기준으로 정확하게 양쪽으로 2등분되게 만들어야하기 때문에 구석기시대의 슴베찌르개 보다 만드는 시간이 좀 더 많이 걸리는 것을 확인 할 수 있었다. 이러한 이유에서 슴베찌르개와는 달리 화살촉 날의 좌우를 모두 떼기를 베풀어야 하는 점, 크기가 작아짐에 따른 슴베와 홈의 두께를 얇게 조정해야 하는 점 등이 만드는데 시간이 걸리는 이유가 된다.

그림 4.28 준비된 돌날(흑요석)

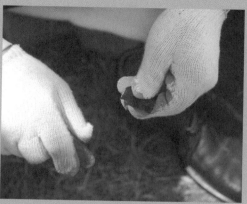
그림 4.29 멘화살촉 제작과정(돌망치 직접떼기)

그림 4.30 멘화살촉 제작과정 (원통뿔망치 떼기)

그림 4.31 멘화살촉 제작과정(잔손질)

그림 4.32 멘화살촉 제작과정(눌러떼기)

그림 4.33 복원된 멘화살촉

그림 4.34 복원된 멘화살촉

그림 4.35 복원된 멘화살촉

3.2 결합식 작살

결합식 작살의 감으로 흑요석을 이용하였고, 결합식 작살 복원제작기법은 직접떼기와 눌러떼기 수법을 적용하였다. 흑요석 원석에서 떼어낸 격지와 돌날을 이용하였다. 먼저 직접떼기로 결합식 작살의 형태를 만든 다음 톱니날 모양으로 미늘역할을 하는 홈을 눌러떼기수법으로 잔손질을 베풀어 완성하였다.

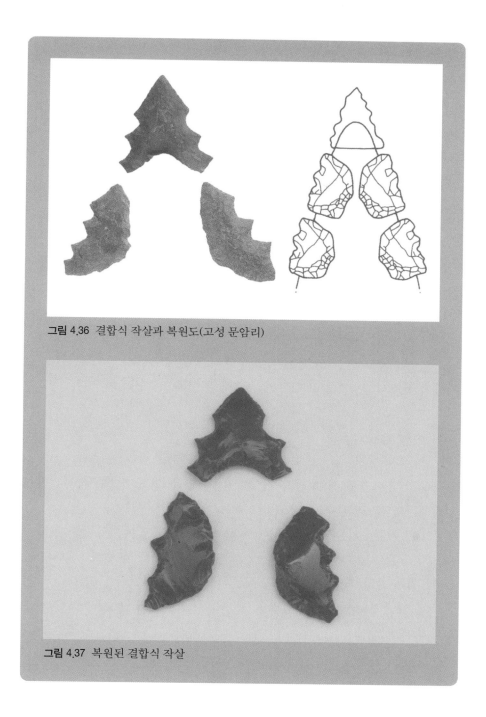

그림 4.36 결합식 작살과 복원도(고성 문암리)

그림 4.37 복원된 결합식 작살

3.3 돌도끼

우리나라에서 부분적으로 간 돌도끼의 출토는 1983년부터 발굴된 단양 수양개의 후기 구석기유적에서부터이다. 이 유적에서 출토 된 날만 간 돌도끼는 2점이 출토 되었는데 직접떼기로 도기의 형태를 만든 다음 날을 갈아 완성한 형태이다.

신석기시대 초기에도 부분적으로 간 돌도끼도 만들어 썼지만 중기이후부터는 무른 돌을 써서 만든 간 돌도끼를 많이 사용했다.

돌도끼는 용도에 따라 도끼와 자귀로 구분된다. 도끼는 무기, 의식을 행하는 의장구(儀仗具), 형벌을 가하는 도구(刑具), 나무의 벌채, 절단, 절개하는데 사용되며, 자귀는 도끼로 절단 및 절개한 목재를 가지고 여러 가지 기구나 목조구조물을 만드는데 쓰는 가공용도구(加工用道具)이다. 나무자루에 부착하는 방법도 서로 달라서 도끼는 날과 자루가 평행을 이루며, 자귀는 날과 자루가 직교한다. 도끼는 자귀와 달리 날을 양쪽에서 갈아 날 끝이 쐐기날이나 조개날을 이루고 있으며, 자귀날은 한쪽으로 치우쳐 있다.

1) 복원 제작기술

돌도끼의 감으로 사암 강자갈돌을 이용하였다. 돌도끼 복원제작기법은 직접떼기와 갈기법을 적용하였다.

준비된 타원형의 강자갈돌을 돌망치로 내리쳐떼기를 베풀어 돌도끼 모양으로 만들은 뒤 넓적한 자갈돌을 숫돌로 삼아 갈아 완성하였다. 돌도끼를 좀 더 쉽게 갈기 위한 연마제로는 모래와 물을 사용하였다. 직접떼기에 의한 모양 다듬기와 돌도끼와 갈판의 마찰력에 의한 날의 완성은 3시간 30분 정도 소요되었다.

그림 4.38 준비된 강자갈돌과 망치

그림 4.39 돌도끼 제작과정(직접떼기)

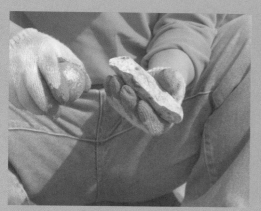

그림 4.40 돌도끼 제작과정

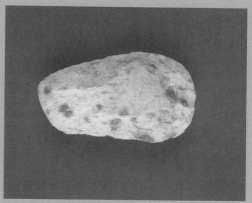

그림 4.41 돌도끼 제작과정 (돌도끼 형태 완성)

그림 4.42 복원된 굴지구, 자귀, 돌도끼, 돌대패

3.4 반달칼 · 세모돌칼

반달칼과 세모돌칼은 신석기시대와 청동기시대에 곡식의 낟알을 거두어 들이는 데 쓰던 수확용도구이다. 신석기시대 반달돌칼의 사용은 웅기 서포 항과 용천 신암리 신석기시대 유적에서 출토된 반달칼을 들 수 있으며, 청 동기시대에는 이러한 형태와 더불어 세모돌칼을 만들어 사용하였다.

우리나라 반달칼에는 대개 2개의 구멍을 뚫어 이 구멍 사이에 끈을 꿰어 끈 사이로 손가락을 집어넣어 사용하였다. 반달돌칼의 형태는 반달 모양이 많으나 세모꼴, 긴네모꼴 등 여러 형태가 있다. 날의 형태도 한쪽에만 날을 세운 것과 양쪽을 갈아 만든 2가지 유형이 있다.

1) 복원제작기술

반달칼의 감으로는 슬레이트를 이용하였다. 반달칼의 복원제작기법은 쪼 개기수법, 직접떼기, 갈기수법을 적용하였다.

슬레이트는 충격을 주면 켜면으로 잘 쪼개지는 특성이 있다. 준비된 원석 을 모래나 풀 등에 올려놓은 다음, 망치로 타격을 가하여 충격을 주면 켜면 으로 균열이 가는데 이때 뾰족하고 단단한 격지, 짐승 뿔 등을 균열 부분에 대고 망치로 타격을 가하면 켜면으로 쪼개진다. 쪼개기 수법은 서기의 형태 를 고려하여 두께를 마음대로 조정할 수 있는 장점이 있다. 쪼개어진 돌판을 망치로 떼기를 베풀어 반달과 세모형태로 다듬은 뒤 편평한 갈판위에 모래 와 물을 뿌린 뒤 갈아 완성 하였다.

반달칼의 날을 가는 데는 1시간 30분정도, 구멍을 뚫어 완성하는데 2시 간 정도의 시간이 소요되어 전체적으로 3시간 30분 정도의 시간이 소요 되 었다. 구멍을 뚫는 방법은 뚜르개 형태의 격지를 이용하였으며, 모래를 연 마제로 사용하여 마찰력을 높였다.

그림 4.43 슬레이트 원산지(충북 옥천 청마리)

그림 4.44 슬레이트 원석

그림 4.45 망치로 충격 가하기

그림 4.46 뾰족한 석기를 대어 충격 가하기

그림 4.47 판으로 쪼개진 모습

그림 4.48 준비된 슬레이트 판

그림 4.49 반달칼 제작과정 (직접떼기)

그림 4.50 반달칼 제작과정(형태 완성)

그림 4.51 세모돌칼 제작과정(형태완성)

그림 4.52 갈기(갈판에 모래와 물)

그림 4.53 갈기

그림 4.54 날과 몸체 갈기 완성

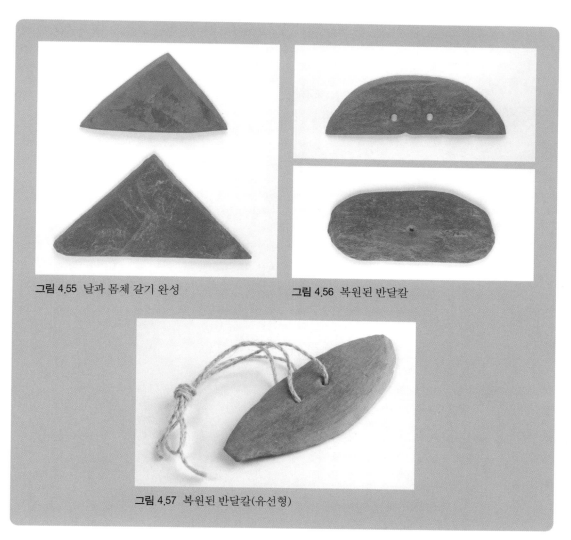

그림 4.55 날과 몸체 갈기 완성

그림 4.56 복원된 반달칼

그림 4.57 복원된 반달칼(유선형)

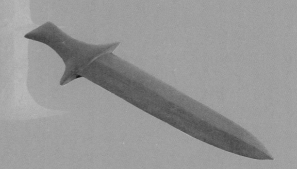

1 돌검의 복원제작기술

청동기시대는 사람들이 청동을 이용하여 연모를 만들어 사용하면서 살림을 꾸리던 시기였으나, 석기에 있어서는 신석기의 정통을 그대로 이어 받아 발전시켰으며 의존도 또한 높은 편이었다.

여기에서는 신석기시대 간석기에서 다루지 않은 돌검의 복원제작기술에 대해서만 다루도록 하겠다.

1
돌검의 복원제작기술

돌검은 청동기시대의 대표적 석기로 돌을 갈아 만든 단검이다.

우리나라와 러시아의 연해주지역, 그리고 일본 큐슈지역에서만 출토되고 있는 점으로 보아 우리나라에서 독자적으로 발생되었을 것으로 보이는 특징적인 석기이다.

간돌검의 감(재료)으로는 슬레이트, 셰일, 응회암 등이 주로 이용되었다.

간돌검은 기본적으로 곧은날을 가진 검몸(劍身)과 자루(柄部)로 구성되며, 자루대신에 슴베로 만들어지기도 한다. 돌검의 날은 검 끝에서는 뾰족하다가 양날부분으로 가면서 점점 넓어지다가 거의 평행을 이루면서 아래로 내려오는데 다소 넓어진다. 돌검몸의 가로 자른면은 긴 마름모꼴이나 볼록렌즈 모양을 이루고 있으며, 일부는 검몸 양쪽에 피홈(血溝)을 만든 것도 있다.

간돌검의 형식은 대개 손잡이와 슴베의 형태를 기준으로 구분하는데, 손에 쥐는 손잡이가 달린 자루식[유병식(有柄式)], 자루를 착장하기 위한 슴베가 달린 슴베식[유경식(有莖式)], 슴베나 손잡이가 없는 형식으로 분류된다.

돌검의 감으로는 슬레이트를 이용하였다. 돌검의 복원제작기법은 쪼개기 수법, 직접떼기, 갈기수법을 적용하였다.

먼저 준비된 원석에 망치로 타격을 가하여 돌의 켜면으로 균열이 가게 한 뒤 끝이 뾰족한 돌격지와 짐승 뿔을 균열 부분에 대고 망치로 타격을 가하여 켜면으로 쪼개어 슬레이트 판석을 준비한다.

쪼개어진 돌판을 망치로 떼기를 베풀어 돌검의 모양대로 만든 뒤 편평한 사암의 갈판위에 모래를 연마제로 하여 갈아 완성 하였다.

돌검을 완성하는데 걸린 시간은 4시간 정도 소요 되었다.

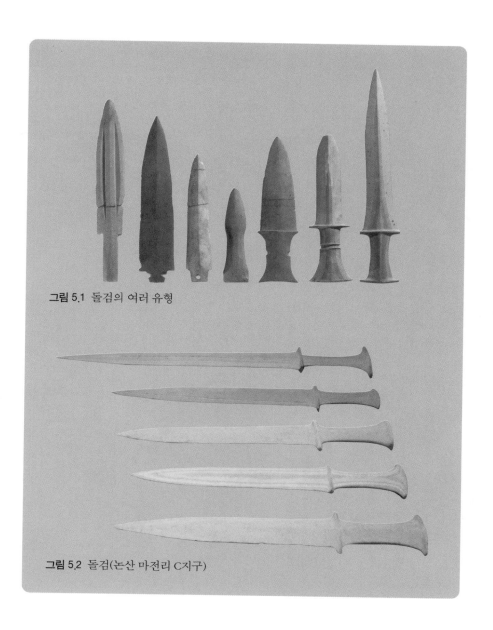

그림 5.1 돌검의 여러 유형

그림 5.2 돌검(논산 마전리 C지구)

그림 5.3 돌검제작기술 - 슬레이트, 사슴뿔, 망치

그림 5.4 망치로 날 부분 타격

그림 5.5 날 부분 컨 면에 균열이 간 상태 - 정면

그림 5.6 날 부분 컨 면에 균열이 간 상태 - 측면

그림 5.7 돌검 형태 만들기

그림 5.8 돌검 형태 만들기

그림 5.9 돌검 형태 완성

그림 5.10 사암갈판 위에 모래를 연마제로 사용하여 칼날 연마

그림 5.11 검날 모양 잡기

그림 5.12 검 끝 모양 잡기

그림 5.13 갈아낸 후 칼날 모양

그림 5.14 손잡이 연마

그림 5.15 검날 갈기

그림 5.16 검날 다듬기

그림 5.17 손잡이 모양잡기

그림 5.18 손잡이 연마

그림 5.19 손잡이 다듬기

그림 5.20 마지막 세부 다듬기

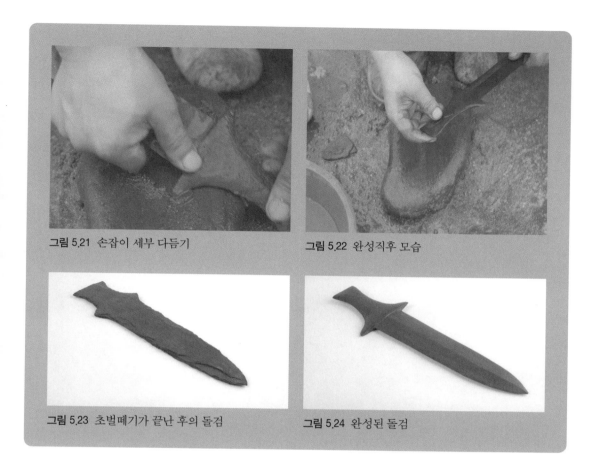

그림 5.21 손잡이 세부 다듬기

그림 5.22 완성직후 모습

그림 5.23 초벌떼기가 끝난 후의 돌검

그림 5.24 완성된 돌검

선사시대 토기의 복원제작기술

1
머리말

　우리 조상들은 농경사회가 이루어지면서 신석기시대부터 토기를 만들어 사용하였다. 초기에는 손으로 빚어서 형태를 만들었으나, 그 후 물레를 사용하게 되면서 질 좋은 토기를 더 빠르게 만들 수 있었다. 아울러 토기 표면에 무늬를 그리거나 파기도하고, 불에 구워 물을 담아도 풀어지지 않게 만들어 사용했다. 이렇게 구워낸 것이 빗살무늬토기이며 좀 더 발전한 것이 민무늬토기이다.[1][2]

　우리나라에서 가장 오래된 토기는 신석기시대 초기의 유적인 강원도 양양군 오산리유적에서 발굴된 6,000~7,000년 전에 만들어 쓴 빗살무늬토기로 알려져 있으나[3], 신석기시대 제주도 고산리유적에서 1987년에 발굴된 원시무문토기 및 덧띠무늬토기라 불리는 영선동식 토기가 더 오래된 토기로 밝혀졌다. 학자에 따라 견해가 다르지만, 이 토기는 적어도 8,000년 전 이상에서 많게는 12,000년 전 이상으로 추정하는 학자도 있다[4].

　신석기시대의 빗살무늬토기(櫛文土器)는 한반도 중서부 지역에 처음으로 나타나 빠른 속도로 한반도 전역에 퍼졌다. 이전의 덧무늬토기에 비해 빗살무늬토기는 한반도 전 지역에 발견되고 있어 우리나라 신석기 문화를 '빗살

---

1) 국립중앙박물관, 1997『한국 고대의 토기』통천문화사
2) 호림박물관, 2001『한국토기의 아름다움』
3) 참고웹사이트, http://166.104.59.65/cyber/index.html, 한양대학교 박물관 홈페이지
4) 서미경, 2006「토기를 응용한 화병 제작에 관한 연구」단국대학교 대학원 석사학위논문

무늬토기 문화'로 부르기도 한다.[5]

빗살무늬토기의 형태는 밑이 뾰족하거나 둥글고 구연은 넓게 직립해 있다. 그리고 대체로 나무·뼈연장 또는 그것으로 만든 여러 가닥이 난 빗살모양의 무늬새기개를 가지고 토기 겉면을 누르거나 찍거나 그어서 각종 기하학적 무늬를 만든 토기이다. 이 토기는 처음에는 아가리무늬, 허리무늬(물고기뼈 무늬), 바닥무늬(같은 방향의 평행사선 띠)의 3부로 구성되다가 먼저 바닥무늬가, 그리고 그 다음에 허리무늬가 없어지는 변화과정을 거쳤다. 대표적인 빗살무늬토기 유적지는 평안남도 궁산리, 황해도 지탑리, 서울 암사동, 경기도 광주 미사리, 부산 동삼동, 강원도 양양 오산리, 함경북도 청진 농포동, 웅기 서포항 등이며 빗살무늬토기의 전형적 형식이라고 할 수 있는 서해안군(群), 무늬가 굵게 패어진 동남 해안군, 그리고 언제나 납작바닥인 두만강군의 3대 지역군으로 나눌 수 있다. 암사동에서는 입지름 50cm 이상의 큰 그릇도 나온 바 있다.[6]

청동기시대에 들어서면서 빗살무늬토기를 사용함과 동시에 민무늬토기라고 불리는 새로운 형태의 토기를 만들어 썼는데 이렇게 토기에 무늬를 새기던 전통이 사라지는 것은 대량생산과 관계되는 것으로 보인다. 신석기시대 토기들은 고운 바탕흙에 얇게 빚어 무늬를 다양하게 새기고 있으나 민무늬토기에는 바탕흙에 굵은 모래알을 섞고 토기 크기가 작고 투박한 형태를 띠고 있는 것으로 보아 실용성과 생산성을 중시한 것을 알 수 있다. 이 토기는 무늬가 없다는 점에서 신석기시대의 민무늬토기와 비슷하지만 빛깔이 적갈색을 띠고 형태가 매우 다양하며 훨씬 세련된 그릇으로 발전한 것이다.

민무늬토기는 대체로 기원전 1,000년경에 종래의 빗살무늬토기에서 변화·발전되어 만들어지기 시작했고 지역마다 형태가 매우 다양하다. 평안남도와 황해도를 중심으로 한 서북지역에는 청동기시대 초기의 고인돌무덤과 집자리에서 팽이형 토기가 많이 나오고 그 뒤를 이어 미송리형 토기가

5) 국립중앙박물관, 2006 『국립중앙박물관100선』 한영문화사
6) 김원룡·안휘준, 2003 『한국미술의 역사』 시공사

주류를 이룬다. 함경도를 중심으로 한 동북지역에서는 구멍띠토기(孔列土器), 중부지방에서는 송국리형 토기 등 지역별로 특징 있는 토기들이 나와 문화유형에 따른 차이가 있었던 것으로 생각되며, 일정지역을 중심으로 한 전문 장인들이 있었던 것으로 볼 수 있다. 민무늬토기의 특징은 일반적으로 갈색 또는 황갈색의 색상, 납작한 바닥(平底)의 기형, 장석·석영립 등 화강암계의 굵은 사립이 섞인 태토의 사용, 문양이 없는 것 등이다. 민무늬토기는 빗살무늬토기와 마찬가지로 손으로 빚는 수날법이나 윤적법 또는 권상법으로 성형해 노천요(露天窯)에서 구워졌다.

민무늬토기 이후에 한반도 서해안에서 요동반도에 걸치는 지역에서는 산동반도의 용산문화를 대표하는 검은간토기(黑陶)가 발견되었고, 한반도 동북부지방과 남부지방, 그리고 요동지방에서는 붉은색을 칠하고 표면을 반들반들하게 간 붉은간토기(紅陶)가 나왔다. 붉은간토기와 검은간토기는 민무늬 토기보다 발달되었고 모래가 적게 섞인 발달된 토기로 볼 수 있는데 붉은간토기와 검은간토기는 수량도 적고 그 시대의 의식용이나, 제례, 부장품 등의 특수한 용도로 만들어졌다. 붉은간토기는 고운 흙을 사용하고 표면을 반들거리게 만들었으며 산화철을 바른 것으로, 둥근 바닥의 긴 목을 가진 기형의 단지이다. 함경지방으로부터 중부지역을 거쳐 남부지역까지 분포하고 있으며, 고인돌과 집자리에서 출토되고 있다. 검은간토기는 흑색마연토기로 불리기도 한다. 장경호(長頸壺)를 기본으로 청동기들과 함께 출토되는 경우가 많아 청동기시대 후기에 속한다.

철기시대는 고고학적 편년에 따르면 크게 두시기로 구분된다. B.C 300년경으로부터 기원 전후까지 '초기철기시대' 이고, 기원 전후로부터 A.D 300년경까지의 '원삼국시대' 이다.

초기철기시대는 청동기 후기와 겹치는 시기이므로, 청동기시대의 민무늬토기 형식이 그대로 계속 되어 크게 벗어나지 않는다. 민무늬토기의 전통이 계속되는 가운데 중국 한(漢)나라의 새로운 토기 굽는 기술이 받아들여져 보다 단단하고 다양한 형태의 토기가 만들어지는데 학계에서는 이를 경질무문토기(硬質無文土器)라고 부른다. 이 시대에는 청동기 시대의 그릇 모

양새를 기본으로 하고 그릇아가리에 흙 띠를 붙여 보강한 점토띠토기와 적
갈색경질토기가 나타났다.[7]

　원삼국시대는 철기의 사용이 일반화되고, 연질 또는 경질의 타날무늬회
색토기와 적갈색 타날무늬토기가 나타난 시기이다. 제작환경은 개방된 노
천가마가 아니라 밀폐 지하굴식 혹은 터널식 오름가마이다. 이와 같은 제작
환경은 산소의 공급이 차단된 환원염(還元焰) 상태이고 밀폐된 공간이므로
소성온도를 전보다 올릴 수 있어 어떤 것은 쇠붙이 소리가 날 정도의 환원
번조에 의한 와질토기(瓦質土器), 회청색 경질토기(硬質土器)를 제작하였으
니 토기의 일대 혁명이라 볼 수 있다[8]. 등요(登窯)를 이용하여 높은 온도로
구워낼 수 있는 기술을 습득하여 제작하기 시작하였다.

7) 참고웹사이트, 에듀넷 브리태니커 세계 대백과 사전, http://tiny.britannica.co.kr
8) 참고웹사이트, 역사로 보는 도자기 http://myungjul.new21.org/dojagi/ index.htm

2
대상유적의 고고학적 배경

2.1 암사동유적(岩寺洞 遺蹟)[9][10][11][12]

1) 고고학적 배경

　서울특별시 강동구 암사동에 있는 선사시대의 마을유적으로 사적 제
267호이다. 유적은 한강 아래쪽의 하안단구에 위치하며 강 건너에는 아차
산성을 마주한다. 1925년의 대홍수로 유물 포함층이 드러나면서 널리 알
려졌고, 이때 橫山將三郎나 藤田亮策 등 일인학자들이 엄청난 양의 토
기·석기를 채집하였다고 한다. 광복 후에도 여러 차례 조사가 이루어졌
으나 1966년 서울대학교 사범대학 조사단에 의해 정식 발굴되었다. 이 때
에는 원형 움집 2기와 빗살무늬토기(櫛文土器), 돌도끼(石斧), 그물추(漁網
錘), 간돌화살촉(磨製石鏃) 등이 출토되었다. 1967년에는 서울대학교를 비
롯한 각 대학박물관의 연합발굴과 1971 ~1975년 사이에 국립중앙박물관
조사단의 4차에 걸친 조사로, 신석기시대 집자리가 취락을 이루고 있음을
알게 되었다. 그러나 발굴된 면적은 전체의 극히 일부에 지나지 않을 정도

---

　9) 國立中央博物館, 1995 『岩寺洞』
10) 國立中央博物館, 1999 『岩寺洞Ⅱ』
11) 이백규, 1976 「암사동 신석기시대 주거지조사」『한국고고학연보』 3
12) 김광수, 1970 「암사동 강안유적 발굴보고」『역사교육』 13

로 방대하다.

암사동유적은 6개의 자연 층위로 이루어져 있는데 위로부터 겉흙층, 검은모래층(백제문화층), 흑회색모래층(청동기문화층), 누런모래층(비문화층), 붉은갈색모래층(신석기문화층)이 있고 바닥은 생토층이다. 신석기문화층은 발굴지역의 전역에서 나타나는데 두께는 40~60㎝ 정도이며 때로는 80㎝ 정도로 두꺼운 곳도 있다. 이 층이 빗살무늬토기가 출토된 신석기문화층으로서 유적의 주 문화층이다.

여기에서 문화층은 3개가 있는데 검은모래층은 두께 40~60㎝의 백제시대의 문화층으로서 백제 초기 때의 승석문(繩蓆文)목단지와 이음식독널무덤(合口甕棺墓), 쇠도끼(鐵斧), 쇠못, 불에 탄 건물자리 및 탄화된 목재 등이 나왔다. 흑회색모래층은 두께 20~40㎝의 청동기시대층으로 민무늬토기, 이중구연(二重口緣)토기, 가락바퀴(紡錘車), 돌도끼, 돌끌(石鑿), 청동촉 등이 출토되었다.

1983~1984년 조사에서 확인한 신석기 집터는 1975년도 4차 조사에서 확인한 11기에 1기가 더 찾아져서 모두 12기이다. 이 가운데 크기가 매우 작아 일종의 내부시설로 보는 원형 집터 7호를 제외하면 거의 모두가 모죽은 네모꼴(抹角方形)이다. 집터는 모래땅에 움을 파고 지었으며 집터 한가운데에는 강돌(川石)을 둘러 만든 화덕(爐)시설이 있고 집터 한쪽에는 나들이를 위한 계단을 만든 곳도 있다. 출입구는 대개 남향을 하고 있다. 기둥구멍(柱孔)은 한 집안에서 여러 개가 나타나는데, 여기에는 주 기둥과 함께 이를 버텨주는 보조기둥 혹은 이전의 기둥을 갈 때 새로 난 자리가 섞여있을 것으로 여겨지고 있다. 집의 크기는 대체로 한 변이 6m 정도인데 이보다 좀 큰 경우엔 집 안에 선반같은 저장시설이 있거나 6호 집자리(크기 7.9×6.6m)에서 보듯이 내부에 다시 원형의 움이 파져 있는 특이한 경우가 있다. 이는 평양의 남경 31호 집자리, 금탄리 11호 집자리와 유사한데 마을의 공동창고 같은 것으로 여겨지고 있다. 집구조는 네 모서리에 기둥을 세우고 들보를 얹어 지붕을 이룬 것으로 보인다.

집터 밖에는 저장구덩이, 야외노지, 강자갈이나 깬돌(割石)을 원형·타원형으로 쌓은 돌무지시설(積石施設) 4기가 나왔다. 이들은 한결같이 열을 받은 흔적이 있고 돌무지 아래에는 불탄 흙, 부식토와 함께 많은 목탄이 있으며 돌무지 사이에는 수십 점의 빗살무늬토기들이 출토되어 토기를 굽던 한데가마(露天窯) 또는 공동의 화덕시설로 추정되고 있다.

신석기문화층의 출토유물로는 빗살무늬토기와 석기가 주류를 이룬다. 그 밖에 새뼈와 도토리가 조금 나왔다. 암사동이 대단위 취락이며 많은 집터들이 찾아졌음에도 불구하고 강안단구에 있는 유적의 입지 탓에 유기물은 빨리 부식되고, 강물에 자주 휩쓸려 유물이 매우 적게 출토되는 편이다. 빗살무늬토기는 바탕흙에 활석이나 석면을 섞은 것이 많으며 무늬 있는 것이 대부분이다. 무늬는 출토토기의 약 90% 정도가 입술부분의 평행밀집사단선문과 몸체부분의 어골문(魚骨文)의 결합으로 이루어진 것들이다. 그러나 부위를 가리지 않고 전체를 같은 무늬로 베푼 것도 있다. 또 입술과 몸체의 중간부분에 이른바 종속구연문(從屬口緣文)으로서 점물결무늬(波狀點線文)가 베풀어 진 것도 있다. 이러한 토기상들은 모두 서해안의 궁산 유적과 지탑리 유적에서 보던 것들과 동일하다.

석기는 뗀석기가 주류를 이루는데 도끼, 긁개, 찍개 등이 있다. 또 납작하고 작은 강자갈의 양쪽 끝을 때려내어 만든 그물추도 매우 많이 나온다. 간석기(磨製石器)로는 돌끌이나 창, 화살촉이 있다. 암사동에서는 삼각형과 이른바 역자식(逆刺式) 화살촉이 주로 만들어졌다. 1994년도의 보고서에 의하면 농사용 석기가 다량으로 나온다. 1985년의 보고서에서는 실리지 않았으나 그동안 알려진 암사동의 출토 석기에서 보자면 반달돌칼(半月形石刀), 맷돌, 갈돌(石棒), 갈판(碾石), 괭이, 보습, 돌낫(石鎌) 등이 나오고 있다.

암사동에서 나온 맷돌이나 갈돌 세트는 주로 유적에서 나온 도토리 및 식물채집과 관련지어진다. 그러나 암사동에서는 반달돌칼, 괭이, 보습, 돌낫 등 농사에 필요한 다종다양(多種多樣)의 도구들이 거의 세트로 갖추어져 나왔는데 이러한 양상은 궁산이나 지탑리, 남경 등에서 보는 바와 같다. 따라서 암사동과 같은 대단위 취락에서 다량의 채집행위와 함께 농사짓기가 이루어졌을 가능성을 충분히 고려할 수 있으므로 이 부분에 대한 연구가 시급하다.

　암사동유적의 방사성탄소연대값은 많으나 6200~3400 B.P. 사이에 들어가는 것으로 나타나며 5000 B.P. 정도가 중심연대로 보인다. 토기무늬의 변천을 이용한 시기구분을 보면 토기의 대부분이 입술·몸체·밑 부분을 구분하여 무늬를 베푼 구분계 전면시문형으로 비교적 이른 시기(신석기 전기의 늦은 무렵)에 속한다고 여겨지고 있다. 탄소연대측정값과 형식분류의 관점이 대체로 잘 맞아 들어가고 있어 암사동유적의 연대는 한국의 신석기시대에서 전기 늦은 무렵에 속한다고 볼 수 있다. 그러나 빗살무늬토기와 민무늬토기 사이의 이른바 과도기형 토기의 존재가 거론되며, 이 같은 현상은 바로 이웃한 미사리유적에서도 드러나고 있음에 비추어 사람들이 암사동에서 신석기시대 이후 지속적으로 살았다고 볼 수 있겠다.

2) 토기의 특징

　암사동유적에서 빗살무늬토기는 빗살과 같은 다치구(多齒具)의 시문구로 문양을 이룬 토기의 총칭인데, 후에 즐문토기(櫛文土器) 혹은 빗살무늬토기라는 명칭으로 일반화되었고, 기형상 첨저 혹은 환저의 포탄형을 기본으로 한다.[13]

　토기는 한반도 중서부지방에서 출토되는 빗살무늬토기의 전형적인 형태인 첨저(尖底) 반란형(半卵形)이 주류를 이루고 있다. 태토(胎土)는 사질계가 압도적으로 많은데, 사질토나 점질토에는 소량이나마 백운모세립이 섞여 있다. 문양내용으로 보면, 구연부에는 단사선문, 동부에는 단치형에 의한 횡주어골문이 시문된 구분문계가 압도적으로 많다. 종속문으로는 점열문으로 구성된 중호문·파상문 타래문 등이 많은데, 이 문양이 시문된 토기의 석질은 대부분 점토질에 활석립이 섞여있다는 점이 특징이다. 이 종속문은 늦은 시기에는 동부문으로 이용되기도 한다. 출토 토기 가운데 가장 특이한

13) 이동주, 2001 「암사동 빗살무늬토기의 원류에 대한 새로운 시점」『한국선사고고학보』 Vol. 8

문화재 복원제작기술

그림 6.1 암사동유적 빗살
무늬토기

것은 불명유구에서 출토된 시루형 토기로, 이 토기는 대동강유역의 지탑리 유적 등에서 이른 시기에 출토되는 토기류와 바닥구멍의 존재와 크기는 차이를 보이지만, 전체적인 형태나 문양 등은 매우 유사하다. 이 토기의 기능은 조리용으로 생각되나, 앞으로 유사한 자료의 축적을 기다려 보아야 할 것 같다. 이 외에도 빗살무늬토기의 동체부편을 원형으로 떼어내어 만든 원반형 토제품도 출토되었다.[14]

14) 國立中央博物館, 1999 「岩寺洞Ⅱ」『國立博物館 古蹟調査報告』 第30輯

2.2 대전 둔산동유적(大田 屯山洞遺蹟)[15][16]

1) 고고학적 배경

대전광역시 서구 둔산동에 있는 구석기·신석기·청동기시대 유적으로, 유적이 있는 둔산동 일대의 지형은 2개의 작은 강이 합류하는 지점에 펼쳐진 넓은 들판(해발 35~40m)을 끼고, 유적들은 20~30m 높이의 얕은 야산(해발 50~60m)에 펼쳐져 있다. 유적을 중심으로 2~3㎞ 범위의 지형을 보면 현재의 물 흐름은 서에서 동으로 흐르는 갑천과 남에서 북으로 흐르는 유등천과 대전천이 합류하여 갑천을 이루고, 다시 이 물줄기가 북으로 13㎞ 정도 흘러가서 금강과 합류하고 있다.

둔산 유적 출토 구석기시대 유물의 석재는 석영을 주로 썼고 그밖에 반암과 편마암, 사암, 변성암들을 사용하여 만들었다. 석기와 격지의 제작수법이 단순한 편이나 일부 돌려떼기 수법도 보이고 있으며, 자갈층에서 나오는 석기들은 지층 퇴적상황과 석기의 구성, 그리고 석기만들기 수법으로 보아 중기구석기 유물의 성격을 지니고 있으며, 붉은 점토층의 석기들은 후기구석기시대의 유물로 확인되었다.

신석기시대 유구로는 집자리(住居址)로 추정되는 15기의 움(竪穴)이 나왔다. 이 움들은 대개 평면 원형(圓形)을 이루며 평균면적은 5.4㎡ 정도 되는 소형의 것들이다. 화덕자리(爐址)의 시설은 없다. 움의 깊이는 대개 40~50㎝ 전후로서 그다지 깊지 않아 저장용 움일 가능성도 적은 편이다. 수혈 내에서 출토된 유물로는 토기와 석기류, 그리고 특이하게 멧돼지 송곳니로 만든 낫 1점 등이 있다. 토기들은 대체로 둥근밑이라고 할 밋밋한 것들이 출토되며 빗살무늬를 베푼 것이 대부분이지만 무늬없는 토기도 출토된다. 새김무늬에는 남해안 지방에서 많이 나타나는 이른바 '두도식'의 굵은 빗금

---

15) 忠南大學校博物館, 1995 『屯山』 第12輯
16) 大田廣域市, 1992 『文化遺蹟總覽』

그림 6.2 둔산동유적 2호집자리

무늬(集線文 또는 格字文)가 많다. 그릇생김새는 반쪽 계란 모습의 깊은 바리(鉢)와 작은 완(盌)류가 주종이다. 보고자들은 이들 빗살무늬토기의 시문 방법을 분석한 결과 유적의 해당 시기도 편년하였는데, 대체로 신석기시대 중기인 B.C. 3000~2000년으로 추정하였다. 석기로는 소형의 굴지구들이 주류를 이루며 그밖에 도끼, 찰절구, 그물추(漁網錘), 갈돌(石棒) 등이 나왔다. 이 굴지구는 청원 쌍청리에서도 출토된 바 있으며 유명한 지탑리의 것에 비해 크기는 훨씬 작으나 생김새는 같다. 멧돼지 송곳니 낫도 궁산의 것과 거의 같다. 이상의 출토유물로 유적의 성격을 추정하여 계절적인 이동을 하며 원시농경을 행하던 집단이 남긴 것으로 가늠되었다.

청동기시대 유구는 능선에서 가장 높은 정상부분에서 석비레층을 파고

제
6
장
선
사
시
대
토
기
의
복
원
제
작
기
술

215

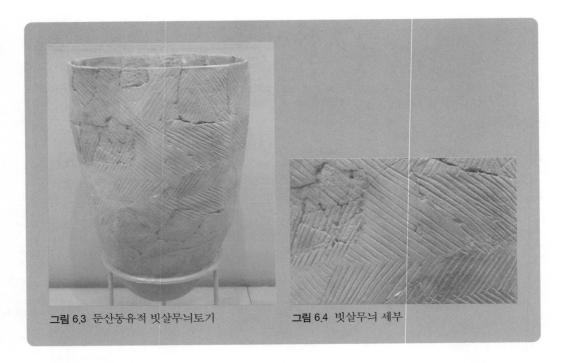

그림 6.3 둔산동유적 빗살무늬토기　　　　　그림 6.4 빗살무늬 세부

내려간 3기의 집자리가 조사되었다. 1호 집자리는 장축이 동~서 방향에서 약간 남으로 기울어진 장방형(長方形)으로 장축, 단축, 깊이가 7.4×4.2× 1.5m의 크기를 갖고 있으며, 1.3m 길이의 장방형 화덕자리(爐址)가 집자리 안에 2중으로 덧대어 확인되었다. 2호 집자리는 장축이 동~서 방향으로 평면 장방형을 이루며 규모는 6.8×5.7×0.5m로 1호에 비하여 바닥이 얕다. 내부의 바닥에 동~서 방향으로 각각 3개씩 2열의 초석(礎石)을 놓았다. 3호 집자리는 장축을 동~서 방향으로 하고 있는 부정형으로 동쪽이 경사져 있어 많은 부분이 유실되었다. 현재의 크기는 4.9×3.4×0.2m 정도로 일부 화덕 흔적이 확인되었다. 출토유물로는 2호 집자리에서 팽이형토기편(角形 土器片)을 비롯하여 기형을 알 수 없는 민무늬토기편(無文土器片) 다수, 토제 대롱옥편(土製管玉片) 2점, 토제가락바퀴(土製紡錘車) 1점, 양인돌도끼(兩刃石 斧) 2점, 삼각만입형돌화살촉(三角灣入形石鏃) 1점, 돌검 손잡이 파편(劍把片) 등이 있다. 청동기시대 집자리 중 충남지방에서 팽이형토기편이 발견된 최

초의 예로서 그 연대를 B.C. 8~6세기경으로 보았다.

2) 토기의 특징

토기들은 대체로 둥근밑이라고 할 밋밋한 것들이 출토되며 빗살무늬를 베푼 것이 대부분이지만 무늬없는 토기도 출토된다. 새김무늬에는 남해안 지방에서 많이 나타나는 이른바 '두도식'의 굵은 빗금무늬(集線文 또는 格字文)가 많다. 그릇생김새는 반쪽 계란 모습의 깊은 바리(鉢)와 작은 완(완)류가 주종이다. 보고자들은 이들 빗살무늬토기의 시문 방법을 분석한 결과 유적의 해당 시기도 편년하였는데, 대체로 신석기시대 중기인 B.C. 3000-2000년으로 추정되었다. 출토유물로는 2호 집자리에서 팽이형토기편(角形土器片)을 비롯하여 기형을 알 수 없는 민무늬토기편(無文土器片) 다수가 출토되었다.[17]

2.3 부여 송국리유적(扶餘 松菊里遺蹟)[18][19][20][21][22]

1) 유적

충청남도 부여군 초촌면 송국리에 위치한다. 1975년 국립중앙박물관의 발굴조사에서 그 존재가 알려져, 이후 1997년까지 여러 차례의 발굴조사가 이루어졌다. 현재까지 집자리(住居址) 57기, 독널무덤(甕棺) 6기, 돌널무덤

---

17) 忠南大學校博物館, 1995, 주15) 앞의 글
   文化遺蹟總覽, 1992 「屯山」大田直轄市
18) 國立博物館古蹟調査報告, 1978 『松菊里 I』第11册
19) 지건길・안승모, 1986 「松菊里 II」第18册, 國立中央博物館
20) 국립박물관고적조사보고 19책, 1987 『松菊里 III』
21) 국립중앙박물관, 1991 『松菊里 IV』
22) 국립공주박물관, 1995 『松菊里 V』

그림 6.5 송국리유적 집터 54-5호

(石棺墓) 5기, 움무덤(土壙墓) 2기, 토기가마(土器窯址) 1기, 환호(環濠), 목책
시설(木柵施設)이 확인되었다. 해발 30m내외의 나지막한 구릉성 산지가 깔
리면서 주변에 넓은 평야지대가 전개되는 지역인데 중심권의 북서쪽에 해
발 261m내외의 높은 산지가 북동−남서방향으로 길게 늘어져 병풍처럼 가
로막고 있다.

집자리는 평면 원형과 장방형, 그리고 방형으로 구분된다. 내부에는 타원
형구덩이(娥圓形竪穴)를 갖춘 것이 일반적이고, 화덕자리(爐址)는 없는 경우
가 많다. 그러나 장방형과 방형의 경우 내부에 화덕자리가 있기도 하다. 원
형 집자리는 대체로 지름 350~530㎝의 크기이며, 장방형보다 깊다. 내부
에 타원형구덩이만 있는 것, 타원형구덩이 양끝에 2개의 기둥구멍(柱穴)이
있는 것, 그리고 타원형구덩이를 중심으로 주변에 4개의 기둥구멍이 있는
것으로 구분된다. 유물은 토기·석기 등 다양한 편이며, 특히 송국리식토기
(松菊里式土器)로 분류되는 구연이 외반되고 동체부가 밖으로 둥글게 부풀다

가 바닥에 이르러서 축약되어 저부에 연결된 민무늬토기(無文土器)가 많다. 붉은간토기(丹塗磨研土器), 검은간토기(黑色磨研土器) 등도 있다. 석기는 삼각형돌칼(三角形石刀), 홈자귀(有溝石斧), 돌화살촉(石鏃), 간돌검(磨製石劍), 가락바퀴(紡錘車), 돌도끼(石斧) 등이 있다. 이 외에 부채모양청동도끼(扇形銅斧)의 거푸집(鎔范)도 출토되었다.

돌널무덤은 판돌(板石)을 세우거나 깬돌(割石), 또는 강돌(川石)을 이용하여 만들었다. 1975년 최초로 비파형동검(琵琶形銅劍)이 출토된 돌널은 풍화암반을 파서 205×100㎝ 크기의 무덤방(墓室)을 만들었는데, 머리부분이 발쪽보다 약간 넓은 두광족협(頭廣足陜)의 형태로 시설하였다. 뚜껑돌(蓋石)은 크기 260×120×100㎝의 타원형 판돌 1매를 사용하였다. 출토유물은 피장자의 왼쪽 허리 부근에 남아있는 비파형동검과 돌화살촉, 대롱옥(管玉), 장식옥(飾玉) 등이다. 동검의 위치로 미루어 피장자의 머리방향(頭向)은 북쪽으로 추정된다. 독널무덤은 모두 6기로 원형의 무덤구덩(墓壙)을 파고 그 안에 송국리식토기를 세운 후 한 매 또는 여러 매의 돌을 덮은 형식이다. 독은 무덤구덩에 직립하여 안치(直置)되었으며, 무덤구덩과 독 사이가 2~4㎝ 정도의 간격만 있을 정도로 독 크기에 꼭 맞게 무덤구덩을 팠다. 움무덤도 2기가 조사되었는데 생토면을 파서 움을 조성한 것만 확인되어 있다. 목책시설은 맨 땅에 기둥을 박을 수 있도록 구덩이를 판 것으로 총 길이 430㎝정도가 확인되었지만 원래는 마을 전체를 에워싼 것으로, 전체 둘레 약 2.5㎞ 정도일 것으로 추정된다. 이 목책시설은 환호에 의해 파괴되어 있기도 하다. 환호는 단면 'U'자형태로 조성한 것인데 너비가 270~380㎝이나 넓은 곳은 420㎝에 이르기도 하며, 깊이 110㎝정도이다.

송국리 유적은 타원형구덩이를 갖춘 집자리에 외반된 구연을 가진 토기, 그리고 석기 등 독자적 특징을 갖는 유적이다. 이 유적으로 말미암아 청동기시대의 송국리형문화의 중심지가 금강유역임을 알 수 있기도 하다. 특히 불에 탄 쌀(炭化米)도 수습되어 있는데, 생업경제가 농경이면서 논농사까지 영위하였음을 알게 한다.

그림 6.6 송국리유적 집터 54-5호 출토 붉은간토기   **그림 6.7** 붉은간토기 세부

2) 토기의 특징

송국리식토기(松菊里式土器)란 충남부여 초촌면 송국리일대(忠南 夫餘 草材面 松菊里一帶)에서 1975년도부터 국립중앙박물관에 의해 조사되어 출토된 토기를 이르는 일련의 토기형식(土器型式)이다.

송국리식 옹형(甕形) 토기의 크기는 18.0cm 부터78cm에 이르기까지 다양한 모습을 보여주고 있다.[23] 이 토기의 특징은 축약(縮約)된 저부(底部), 장란형(長卵形)의 배부른 동체부(胴體部), 짧은 외반구연(外反口緣)을 특징으로 삼고 있다. 이러한 특징을 갖는 일련의 토기들의 한반도 남부의 전 지역에 걸쳐 점차 발견됨에 따라[24] 송국리식 토기는 중남부지역 무문토기의 보편적인 토기양식이 되었다.

---

23) 지건길 · 안승모, 1986, 주19) 앞의 글
24) 동의대학교박물관, 1988 『대야리 주거지 I』동의대학교박물관 학술총서 2
　　동의대학교박물관, 1989 『대야리 주거지 II』동의대학교박물관 학술총서 3
　　목포대학박물관, 1986 『영암 장천리 주거지 I』목포대학교박물관 학술총서 제4책
　　목포대학박물관, 1986 『영암 장천리 주거지 II』목포대학교박물관 학술총서 제6책

붉은간토기로서 그릇의 형태는 대야바닥에 배가 다소 납작하게 부른 몸통과 짧게 바라진 구연부를 가진 단지이다. 전형적인 붉은간토기의 기형에 비해 바닥이 넓고 배가 밑으로 약간 처졌으며 구연부도 넓은 편이다. 겉면에 단칠은 남아 있지 않고 구연부 안팎에 토기를 빚을 때 생긴 가로선이 보이고 몸통에는 테쌓기로 빚은 흔적도 남아 있다. 색깔은 황갈색이고 몸통쪽에 검은 반점이 보이며 속심은 검다. 바탕흙에는 가는 모래알이 섞여 있으나 민무늬토기에 비해서는 정선된 바탕흙이다. 토기는 몸통조각이 일부만 소실되었고 완형이다. 높이11.5㎝, 입지름9.0㎝, 몸통지름14.6㎝, 바닥7.8㎝

2.4 서천 오석리유적(舒川 ‚烏石里遺蹟)[25]

1) 유적

충청남도 서천군 서천읍 오석리에 위치한다. 서해안고속도로 건설에 따라 1994~1995년에 공주대학교박물관이 발굴조사하였다. 집자리(住居址) 13기, 돌널무덤(石棺墓), 돌뚜껑움무덤(石蓋土壙墓), 독널무덤(甕棺墓)과 그 밖에 원삼국시대 및 백제시대 무덤, 조선시대의 집자리 등이 확인되었다. 서천지역은 구릉과 산지가 잘 발달되어 있는 곳인데 유적은 동서로 길게 형성된 야산에서 남쪽으로 길게 분지되어 형성된 능선상의 해발 20~30m내외의 범위에 입지한다. 현재 북서쪽에는 판교천이 북에서 남으로 흐르고 있으며, 남쪽 전방으로는 넓은 충적지대가 형성되어 있는데, 유적은 주변의

최몽룡, 1989, 「대곡리 도롱주거지 Ⅵ Ⅶ」 『주암댐 수몰지구 문화유적 발굴조사 보고서』 전남대학교박물관

서성훈·성락준, 1989「대곡리 도롱 한실주거지Ⅵ」 『주암댐 수몰지구 문화유적 발굴조사 보고서』 전남대학교박물관

최현섭, 1992 「함안 도항리 선사 유적」 『한국상고사학보 10』

25) 이남석, 1996 『烏石里遺蹟』 公州大學校博物館·韓國道路公社

평지가 잘 조망되는 곳이다.

집자리는 평면형태 원형 9기, 장방형 4기로 중앙에 타원형구덩이(娥圓形豎穴)와 기둥구멍(柱穴)이 있는 전형적인 송국리형(松菊里型)이다. 원형 집자리는 지름이 대체로 500~600㎝ 정도이며 깊이가 100㎝ 이상되는 것도 2기 있다. 내부시설의 기둥구멍과 타원형구덩이 이외에 확인되는 것이 없으나, 95-4호는 바닥 세 면에서 150×104㎝ 크기의 장방형 구덩이가 확인되었다. 구체적인 용도는 알 수 없으나, 집자리 내부의 저장구덩이(貯藏孔)와 같은 용도로 볼 수 있다. 출입시설(出入施設)은 95-1호의 남벽에서 일부 확인되었으나 분명하지는 않다. 유물은 민무늬토기(無文土器)류의 외반구연항아리(外反口緣壺), 붉은간토기(丹塗磨研土器), 통자루간돌검(一段柄式磨製石劍), 돌화살촉(石鏃), 돌도끼(石斧), 숫돌(砥石), 삼각형돌칼(三角形石刀), 가락바퀴(紡錘車) 등이 출토되었다. 토기 중 표면에 횡방향의 원시두드림무늬(原始打捺文)가 있는 것이 있는데, 이러한 문양은 보령 진죽리, 태안 안면도 고남리, 서천 봉선리, 도삼리 유적 등의 서해안 일대의 송국리형 생활유적에서 주로 확인된다.

돌널무덤과 돌뚜껑움무덤은 모두 25기가 조사되었는데, 구릉의 정상부 해발 25~27m 내외를 중심으로 반경 50m이내에 밀집되어 있었으며 가장 크기가 큰 25호 1기만이 구릉정상부에서 멀리 떨어진 곳에 위치했다.

돌널무덤의 크기는 길이 200㎝의 25호를 제외하고는 모두 140㎝ 이하로 작은 편이다. 무덤방(墓室)은 풍화암반층을 파고 점판암제(粘板岩製)의 긴 판돌(板石)이나 깬돌(割石)을 사용하여 조성하였다. 바닥은 돌을 깐 것과 생토면을 그대로 이용한 것, 그리고 토기편을 깐 것이 있는데, 생토면을 그대로 이용한 것이 가장 많다. 그리고 19기는 돌널 바닥의 한쪽 모서리에서 요갱형(腰坑形)의 구덩이가 설치되어 있다. 출토유물은 매우 빈약하며 4기에서만 확인되었다. 이 곳에서 유물은 간돌검, 돌화살촉, 민무늬토기가 발견되었다.

독널무덤은 돌널무덤이 밀집되어 있는 지역의 외곽에서 1기가 조사되었는데, 대부분 파손되어 구체적인 형상은 알 수 없었으나, 송국리식(松菊里式) 독(甕) 1점을 세워서(直置) 구축하였다. 대부분 송국리형의 유적 내에서 확인된 독널무덤이 단독의 묘역을 형성하기보다는 돌널무덤의 외곽에 분포하는 양상과 동일하다. 돌널무덤과 돌뚜껑움무덤은 내부 구조에서 약간의 차이가 있으나, 유구의 배치나 축조 재료 등으로 미루어 볼 때, 동시기에 조성된 것으로 판단된다.

오석리유적이 동일한 능선 상에 분포하는 경우에도 생활유적과 무덤유적이 일정한 공간분포를 이루고 있다. 즉 집자리는 선상부 중앙을 피하여 사면에 조성되었고, 한곳에 밀집되기 보다는 전체 범위에 넓게 분포하고 있다. 그러나 돌널무덤이 밀집되어 있는 해발 25~27m 구릉 정상부 부근에서는 집자리가 전혀 확인되지 않는다. 이는 일찍부터 무덤유적과 생활유적의 공간분화가 이루어져 있었음을 알 수 있는 자료로, 서천 봉선리, 공주 산의리, 논산 마전리, 대전 신대동 등지의 유적에서도 동일한 양상을 보인다.

방사성탄소연대는 4호 집자리에서 B.C. 470, B.C. 530, B.C. 630 등이 제시되었다.

2) 토기의 특징[26]

오석리유적 94-1호 토광묘에서 출토된 토기는 적갈색의 경질로 원저에 약간의 외반 형식의 직립구연을 가진 토기이다. 원저의 바닥은 펑퍼짐하게 퍼진 형상이며, 동체는 어깨부분이 발달되어 있다. 최대경을 동체(胴體)의 중상위(中上位)에 두면서, 중하위(中下位) 이하는 저부(底部)쪽으로 급격하게 축약된 형식의 토기이다. 태토가 가는 모래가 섞인 점토이며, 소성 상태는 비교적 양호하나 흡수성이 강한 적갈색의 연질 소성품이다. 호(壺)의 외면에는 중하단부 이하에 정격자문이 시문되어 있다. 문양은 0.3㎝ 간격으로 무질서하게 시문되었는데 중하단부 및 저부 전체에 시문된 상태이다. 동체 상단에는 격자의 타격흔이 있으나 재정면(再整面)에 의해 지워져 있고, 기(器) 외면은 물 손질에 의한 정면 흔이 확인되었다. 더불어 기(器) 내부의 중

---

26) 이남석, 1996, 주25) 앞의 글

제 6 장 선사시대 토기의 복원제작기술

그림 6.8 오석리유적 단경호　　　**그림 6.9** 타날흔(打捺痕) 세부

단부 즉격자 타날문과 정면된 상단부가 이어지는 부분에 연결흔이 있다. 어깨부분에서 급격하게 오므린 후 올린 구연은 경부형태로 약간 외경(外頃)된 채 올린 것인데, 구순은 단절된 형태로 있다. 원저(圓低)로 높이 16.5cm, 구경(口徑) 12.7cm, 동체(胴體)의 최대경(最大徑)은 22.7cm이고, 기벽(器壁)의 두께는 약 0.5cm로 계측된다.

3
토기의 제작방법[27]

    일반적으로 토기의 제작방법은 물레(轆轤)의 사용 유무에 따라 크게 2가지로 나뉜다. 초기의 토기제작에는 물레가 사용되지 않았고, 제작방법으로는 수날법(手捏法), 윤적법(輪積法), 권상법(捲上法)이 있다. 민무늬토기의 소형은 주로 수날법으로, 대형은 윤적법과 권상법으로 사용되었다. 한편, 물레를 사용한 토기제작은 철기시대 이후 중국에서 도입되었다.

1) 수날법(手捏法, 손빚음법)

    반죽한 진흙무지에서 만들려는 토기의 크기에 알맞게 떼어낸 진흙덩어리를 주먹으로 눌러 우묵하게 만든 다음 손으로 빚어서 그릇형태를 완성하는 방법이다. 토기의 제작기법 중 가장 간편한 것이지만 제작에는 한계가 있기 때문에 5~10cm 정도의 소형토기나 크기가 작은 이형토기, 그리고 파수와 같이 일부분을 제작하는 경우에만 한정해서 사용되었다. 기형에 따라 한 번의 과정으로 완성시키는 경우와 부분별로 제작한 후 각 부분을 붙여서 완성시키는 경우가 있다.

---

27) 최성락, 1993 『한국 원삼국문화의 이해』 학연문화사

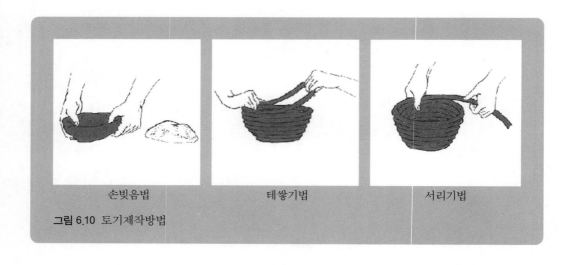

| 손빚음법 | 테쌓기법 | 서리기법 |

그림 6.10 토기제작방법

2) 윤적법(테쌓기법)

반죽한 흙으로 여러 개의 점토띠 또는 점토테[輪]를 말아 둥근 도너츠형으로 제작한 후 겹겹이 쌓아 성형한 것이다. 경질무문토기에서는 수날법(소형토기, 이형토기)과 분할성형법(대부토기, 옹형토기)으로 형성된 토기를 제외한 모든 토기에 이 기법이 사용되었고, 타날문토기에서도 기형을 정형(2단계 성형)하기 전에 대략적인 기형을 성형(1단계 성형)하는데 이용되었다.

3) 권상법(서리기법)

미리 길게 빚어놓은 진흙가락을 밑으로부터 빙글빙글 돌리면서 쌓아올리고 그 접촉면을 눌러서 밀착시켜 그릇의 형태를 만드는 방법이다.

4) 분할성형법(分割成形法)

한 번의 제작공정으로는 토기 전체를 성형하기 곤란한 대형토기(호형토기, 옹형토기)에 사용된다. 엄밀한 의미에서 윤적법에 해당되는데 토기에 잔

존하는 흔적을 살펴볼 때 다음 세가지로 나누어 설명할 수 있다.

첫째, 토기의 한 부분을 권상법이나 적윤법으로 성형한 후 어느 정도 건조되었을 때, 그 위에 일정한 높이까지 권상법이나 윤적법으로 쌓고 다시 건조시키는 반복과정을 통해 기형을 성형 한다.

둘째, 토기를 부분별로 권상법이나 윤적법으로 성형한 후 어느 정도 건조되었을 때 각각 붙여서 기형을 완성시키는 기법이다. 이 기법을 사용한 토기는 접합부분의 너비를 맞추기 어렵기 때문에 접합된 부분에 심한 굴곡이 생기는 경우가 많다.

셋째, 이 기법은 점토대를 손바닥 으로 꾹꾹 누르거나 땅바닥에 쳐서 점토판을 만든 다음 둥글게 말아서 쌓아 올라가는 기법이다. 대체로 1, 2 기법에서 쓰이는 점토대의 폭 보다도 좁다.

5) 틀뜨기법

다른 그릇의 내벽에 흙을 바르고 건조된 다음 떼어내는 방법이다.

6) 회전대(回轉臺)의 사용

토기의 제작에 일찍부터 회전의 개념이 있어 왔지만 일정한 회전축을 가진 발달된 기구를 사용하기 시작한 것은 회전대와 물레(도차)를 사용하면서 부터이다. 회전대(turn-table)는 회전축의 구조가 발달되지 못한 것이어서 받침의 무게가 가볍고 탄력이 없기 때문에 회전을 위해서는 잦은 손동작이 필요하게 된다. 토기에서 회전대를 사용하는 경우는 다음의 세 가지 방법이 있다.

첫째, 구연부를 성형할 때 회전대를 사용하여 정형 또는 정면하는 방법으로 경질무문토기, 경질찰문토기, 타날문토기에서 사용된다.

둘째, 회전대의 느린 회전운동을 이용하여 권상법, 분할성형법으로 토기를 성형한 후 다시 회전시키면서 기벽의 두께를 조절한다. 경질찰문토기에서 사용되었다.

셋째, 회전대에서 권상법이나 분할성형법으로 토기의 대략적인 기형을 성형(1단계 성형)한 후 다시 회전 시키면서 타날하여 토기를 정형하는 방법으로 타날문토기에 사용된 방법이다.

이와 같은 회전대를 사용하여 제작된 토기는 대개 구연부의 내외면에 가늘고 고운 수평의 마찰(擦痕)흔적이 남아 있다. 그러나 회전대를 사용하는데는 한계가 있기 때문에 동체부는 빗질 등의 정면수법을 사용하거나 타날기법을 사용하여 기벽을 다듬었다. 물레가 사용된 이후에도 대형토기등은 물레를 천천히 회전시키면서 권상법이나 윤적법, 분할성형법으로 성형한 후 타날하는 경우가 많은데 이것은 물레가 회전대의 역할을 한 것이다.

7) 물레의 사용

회전대와 달리 물레(陶車: potter's wheel)는 회전축이 발달되고 받침의 무게를 어느 정도 갖추고 있기 때문에 탄력이 있어 빠른 속도의 회전을 지속시켜준다. 물레에 의한 토기의 제작 방법은 다음과 같다.

첫째, 받침의 중앙에 점토덩이를 놓고 빠르게 회전시키면서 토기를 빚어 올리는 것이다. 이렇게 성형된 토기는 성형시 기면에 닿는 손끝에 의해 토기 내면에 나선형의 굴곡이 생기고, 물레에서 토기를 분리시키는 과정에서 역시 저부 밑바닥에 나선형의 가는 무늬가 생기는 것이 특징이다. 이러한 토기의 회전자국은 시계의 방향과 같은 방향이다. 즉 물레가 회전하는 방향은 시계 반대방향이 된다. 근래에도 도자기제작소에서 물레를 사용할 때 왼발로 물레를 끌어당기거나 오른발로 차면서 회전시키는데 이 역시 시계 반대방향이 된다.

둘째, 먼저 물레 위에 원형판의 점토판을 놓고 가장자리를 따라서 권상법이나 윤적법으로 기벽을 쌓아 대략적인 기형을 성형한 후 다시 물레를 빠르게 회전시키면서 정형하는 방법이다.

이러한 여러 가지 제작방법은 각각 독립적으로 사용되기도 하지만 제작

부위에 따라 혼합하여 사용하기도 한다. 즉 빗살무늬토기의 바닥은 빚기 수법으로 제작하고, 동체부는 서리기 수법으로, 구연부는 테쌓기 수법으로 제작된 경우가 많이 있다. 그러나 테쌓기 수법과 서리기 수법은 제작방법 자체가 흙띠를 말아 쌓는 방법과 비슷하다. 그러므로 완성된 토기의 형태만을 갖고 그 제작방법을 정확히 구별해 내기가 어렵다.[28]

8) 기벽을 다듬는 작업

(1) 물손질은 손에 물을 묻혀 쓰다듬는 방법

(2) 긁기는 나뭇가지 · 조개껍데기 · 돌조각 등으로 긁거나 문지르는 방법

(3) 점토막 입히기는 토기의 표면에 굵은 입자가 노출될 경우 고운 진흙으로 다시 한번 발라줌으로써 표면을 곱게 하고, 또한 물의 흡수를 막아 주는 방법

(4) 빗질은 굵고 가는 빗으로 기벽 면을 긁어 고르게 하는 방법으로 표면에 빗질 자국이 남게 된다.

(5) 깎기는 수날법 · 적륜법 · 권상법 등으로 만들어져서 고르지 못한 표면을 대칼 따위의 연장으로 깎는 방법으로 깎인 자국이 남는다.

---

28) 김희찬, 1996 「빗살무늬토기의 소성에 대한 실험적 분석」 『古文化』 49, 韓國大學博物館協會

4
토기제작 도구

4.1 신석기시대 빗살무늬토기

선사시대 토기의 겉면을 관찰하면 제작과정 중에 생기는 여러 가지 흔적을 찾을 수 있다. 이러한 흔적을 관찰하고, 복원할 때 생기는 흔적들을 비교하여 그것이 어떤 과정을 거쳤는지, 그리고 어떤 시설물이나 도구를 사용하여 만들었는지를 추정할 수 있다.

우리나라 신석기문화를 대표하는 빗살무늬토기를 복원하기 위하여, 지금까지 학계에서 제기되고 있는 서로 다른 두 가지 제작방법을 선택하여 빗살무늬 토기 2점을 복원하였다.

김원룡(金元龍)은 빗살무늬토기를 아가리부터 만들기 시작하여 완성하였다는 견해를 제시하고 있고[29], 한영희(韓永熙)는 그와 정반대로 바닥부터 만들었다는 견해를 제시하였다[30].

이기길은 빗살무늬토기에서 바닥의 살 두께는 몸이나 아가리보다 더 두꺼운데, 바닥의 두께는 0.6~1.3㎝의 분포를 보이고, 바닥은 한가운데가 가장 두텁고 몸과 이어지는 부분으로 갈수록 얇아진다. 몸이나 아가리조각이 주로 가로로 깨진 것과는 달리 특히 바닥 조각은 온전한 것이 많고, 혹 깨지

29) 金元龍, 1978 『限局古美術의 理解』 서울대학교 출판부
30) 韓永熙, 1978 「韓半島 中西部地方의 新石器文化 －土器編年을 中心으로－」 『韓國考古學報』 5, 韓國考古學會

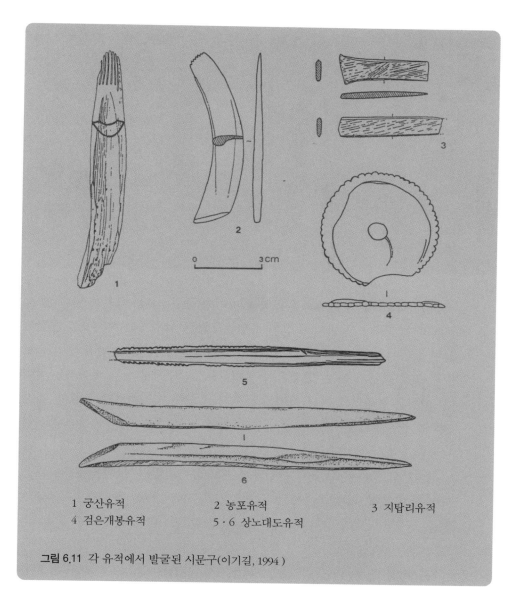

1 궁산유적   2 농포유적   3 지탑리유적
4 검은개봉유적   5·6 상노대도유적

그림 6.11 각 유적에서 발굴된 시문구(이기길, 1994)

더라도 세로로 깨진 것이 가로로 깨진것 보다는 많은 편이다. 이렇게 깨진
방향, 살 두께의 변화 등은 바닥을 만드는 방법이 벽(몸과 아가리)과 달랐음
을 암시하고 있어 바닥은 '빗기' 수법으로 만들었졌다고 추정하고 있다. 또
한 국립박물관의 1975년도 암사동유적 5호 집터에서 나온 높이 38.4㎝의

그림 6.12 압날 시문도구들

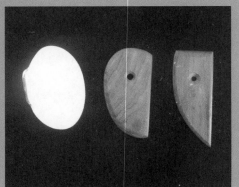
그림 6.13 내외면 정리도구

빗살무늬토기 밑 부분에는 뚜렷하게 파여진 둥근 선이 여러 줄 남아 있다. 그리고 경희대 박물관에 소장되어 있는 빗살무늬토기의 바닥에도 둥글게 눌린 원들이 관찰되고 있다. 이러한 자국들의 특징은, 첫째, 자국의 전체 모양이 원을 이루고 둘째, 눌렸으며 셋째, 젖은 상태에서 생긴 것이라는 점이다. 이것은 한마디로 바닥 겉면이 둥근 면에 닿아서 눌렸음을 뜻한다. 다시 말하면 손으로 빚은 뾰족밑을 원통에 받쳐 놓고 벽을 쌓는 과정에서 이런 자국들이 생긴 것이다.

신석기인 들은 주로 유적 둘레에서 재료를 마련하여, 늦여름에서 초가을 사이에 받침대·받침통·넓은 나뭇잎·밑가새·긍개·물가죽·무늬넣개 등을 가지고 바닥 만들기, 벽 쌓기, 그리고 겉면을 다르기를 하여 빗살무늬토기를 완성하였다[31].

지금까지 신석기인들이 빗살무늬토기를 만드는 연장으로 조사된 것은 그림 6.11의 무늬넣기(시문구) 뿐이다. 즉, 궁산[32], 지탑리[33], 농포[34], 검은

31) 이기길, 1993 「우리나라 신석기시대의 질그릇과 살림 -암사동·동삼동·오산리유적을 중심으로-」 연세대학교대학원 박사학위논문
32) 도유화·황기덕, 1957 「궁산 원시유적 발굴보고」 과학원출판사
33) 도유화·황기덕, 1961 「지탑리 원시유적 발굴보고」 과학원출판사

개봉[35], 상노대도[36] 등의 유적에서 뼈나 돌로 만든 무늬넣개가 보고된바 있다. 그러나 이밖의 연장들에 대해서는 빗살무늬토기의 겉면에 남아 있는 흔적들을 추적하여 그 종류를 추측할 뿐이다.[37]

위의 내용을 중심으로, 빗살무늬토기에 남겨져 있는 흔적들을 관찰하고 그림과 같이 앞날 시문도구 및 내외면 도구를 제작하여 빗살무늬 토기 2점을 복원하였다.

4.2 청동기시대 붉은간토기(赤色磨研土器, 紅陶)

붉은간토기는 모래가 거의 섞이지 않은 고운 진흙으로 빚은 다음 표면을 잘 문질러 반들거리게 손질하고 그 위에 산화철을 발라 구워 붉은색을 띠게 한 토기이다. 고인돌(支石墓)이나 돌널무덤(石棺墓)과 같은 청동기시대의 무덤에서 주로 출토되었으나 집자리에서도 간혹 출토되고 있다. 둥글납작한 모양을 이루는 정형화된 것들이 많이 있지만 집자리에서 출토되는 것들은 그렇지 않은 경우도 있다.

토기의 표면에 색을 덧칠하고 마연하는 수법은 중국 채도(彩陶)문화의 영향에서 비롯된 것으로 한반도에서는 신석기시대부터 나타나고 있다. 이러한 수법은 문양효과 뿐만 아니라 방수 및 보강의 기능을 지닌 것이다. 청동기시대의 붉은간토기는 서북한지역을 제외한 한반도 전역에서 출토되고 있으며, 청동기시대 후기에 들어와 검은간토기로 대체된다. 붉은간토기는 부장용과 같은 특별한 용도로 사용된 것으로 보인다.

---

34) 도유화, 1960 「원시고고학」 1~47, 과학원출판사

35) 도유화, 1960, 앞의논문

36) 손보기, 1982 『상노대도의 선사시대 살림』 1~42, 수서원

37) 이기길, 1994 「신석기시대 질그릇 만들기에 대하여」 『東아시아 新石器文化』 文化財管理局 文化財研究所

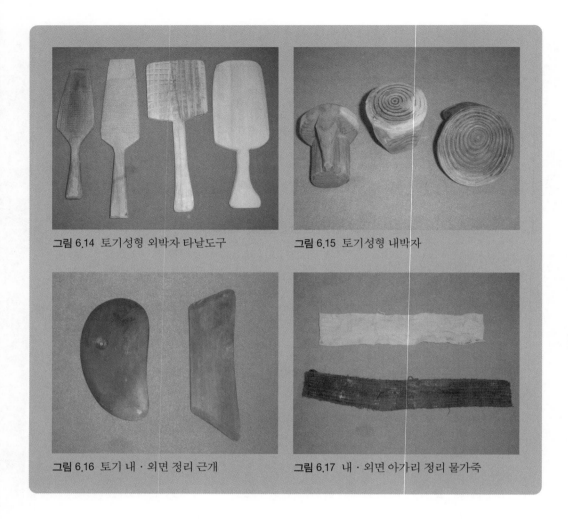

그림 6.14 토기성형 외박자 타날도구

그림 6.15 토기성형 내박자

그림 6.16 토기 내·외면 정리 근개

그림 6.17 내·외면 아가리 정리 물가죽

4.3 철기시대 단경호

서천 오석리유적 토기의 외형을 자세하게 관찰하면 여러 가지 도구를 사용하여 제작한 흔적이 나타나고 있다. 가장 중요한 단서는 토기의 하단부 전체에 타날문이 나타나고 있으며, 토기의 바깥 면은 물손질한 흔적이 보이는 것이다. 그리고 아가리에서는 빠른 회전력을 이용하여 물손질한 흔적들

도 나타나고 있다.

토기제작 공정에서 도구의 사용은 제작자의 시간과 노동력을 덜어주는 아주 중요한 역할을 한다. 즉, 서천 오석리유적 토기의 형태와 타날시문, 그리고 아가리에 나타나는 물손질기법은 기존의 토기제작 방법보다 더욱 발달된 도구를 사용한 것을 보여준다.

오석리유적 단경호를 복원하기 위한 도구를 제작하기 위해서 경남 함안 성산산성에서 출토된 자료들을 참고하여[38] 외박자, 내박자, 근개, 물가죽 등의 도구를 직접 제작하여 사용하였다. 토기 성형을 위한 외박자 타날도구 는 [그림 14]와 같이 몸체는 평평하고 넓은 편으로 바닥에 줄무늬를 새기고 손잡이를 만들어 토기의 바깥 면을 두드려 펴거나 정리할 때 사용한다. 또한 [그림 15]와 같은 내박자는 몸체의 바닥은 평평하고 홈이 있으며 반대쪽 은 잡기에 편하도록 홈을 두어 수레질할 때 안쪽에서 받쳐주는 역할을 한다. 그리고 토기 내·외면 정리를 위한 근개는 [그림 16]과 같이 안근개와 바깥근개의 2종류이고, 사다리꼴 모양의 내·외면을 정리하기 위한 도구로 수레질 후 기물의 안팎을 훑어 매끄럽게 하는데 사용한다. 특히 내·외면 아가리 정리를 위한 물가죽은 [그림 17]과 같으며 이는 구연을 잡거나 성형 된 토기의 바깥면을 정리할 때 사용하는 헝겊이나 가죽을 말한다.

38) 國立昌原文化財研究所, 1998 「咸安 成山山城」 學術調査報告書 第5輯

5
토기복원 제작과정

5.1 신석기시대 빗살무늬토기

1) 암사동유적 빗살무늬토기

복원토기를 성형할 때는 건조시 수축팽창율을 고려하여 대략 1.1배 더 크게 성형하였다. 먼저 토기의 받침대를 만들고 그 위에 손빚기 기법으로 만든 토기의 바닥 부분을 올려 놓은후 테쌓기기법으로 토기를 성형하였다.

바탕 흙은 옹기토에 부여사토를 섞어 반죽하여 사용하였다. 시문방법은 출토토기에 나타나는 단위문양의 수에 따라 3종류의 시문도구를 만들어 반건조 압날시문하였다.

토기의 바닥부분을 올려놓을 받침대를 준비한다.[그림 18] 토기의 저부를 손빚기 기법으로 만들어서 받침대에 올려 놓는다.[그림 19,20] 손가락 굵기의 흙가래를 만들에[그림 21] 테쌓기기법으로 쌓아 올리면서 [그림 22,23]쌓아 올린 기물의 기벽의 안쪽 면과 바깥 면을 나무로 만든 근개를 이용하여 정리한다.[그림 27,28] 이때 쌓아 올린 흙가래의 두께를 일정하게 하는 것이 중요하다. 기물의 두께가 일정하지 않으면 건조시 수축정도가 뒤틀려 갈라지거나 금이 가기 쉽다. 반복적인 테쌓기 기법과 서리기기법으로 출토토기의 형태에 알맞게 성형한다.[그림 29,30,31,32,33] 구연부로 올라 갈수록 흙가래를 길게 만들어 차츰 차츰 넓혀 토기 외형을 성형한다.[그림 34] 구연부로 올라 갈수록 흙의 수분과 습기를 인해 뒤틀리기 쉬우니 수시로 토기의 형태를 잡아 주는 것이 중요하다.[그림 35] 토기의 형태를 완성한 후 토기의 구연부를 정리하여 다듬어준다.[그림 38,39]토기의 형태가 완성되면 물가죽을 이용하여 기물 내외벽과 구연부를 물손질한다.[그림 40,41,42] 물손질하여 정리된 토기가 반전조된 상태가 되면 시문도구를 이용하여 반건조 압날시문을 하면[그림 44,46,48] 소성전 토기의 완성된 형태를 볼 수 있다.[그림 49]

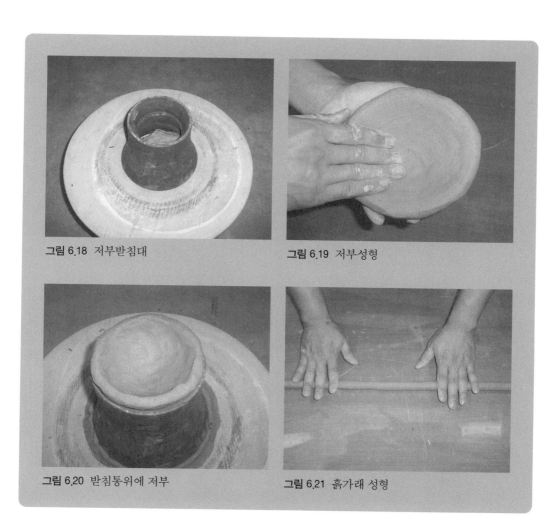

그림 6.18 저부받침대

그림 6.19 저부성형

그림 6.20 받침통위에 저부

그림 6.21 흙가래 성형

그림 6.22 흙가래 접합(외벽)

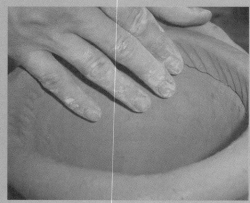

그림 6.23 흙가래 접합(내면)

그림 6.24 외면 정리

그림 6.25 저부 서리기성형

그림 6.26 흙가래접합

그림 6.27 저부외면 정리

그림 6.28 내면근개 정리

그림 6.29 몸체부분 서리기성형

그림 6.30 몸체형태잡기

그림 6.31 몸체외면근개 정리

그림 6.32 몸체내면 정리

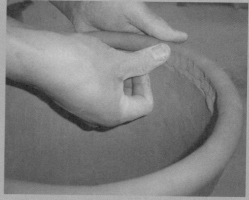

그림 6.33 몸체흙가래 접합

그림 6.34 몸체 흙가래 접합

그림 6.35 구연부 형태잡기

그림 6.36 구연부외면 근개정리

그림 6.37 구연부내면 근개정리

그림 6.38 구연부 근개정리

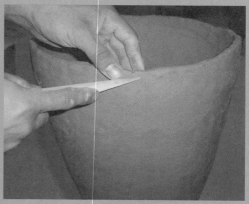

그림 6.39 구연부 정리

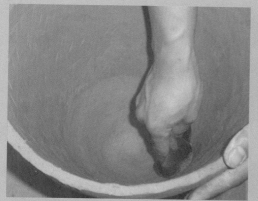

그림 6.40 내면전체물손질 정리

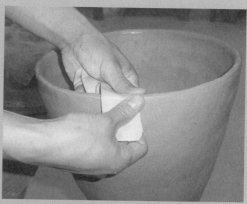

그림 6.41 구연부 물손질정리

그림 6.42 외면전체물손질 정리

그림 6.43 완성된 토기(시문전)

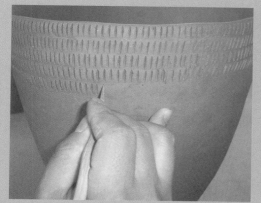

그림 6.44 구연부반건조 압날시문

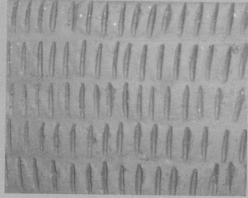

그림 6.45 구연부 압날시문

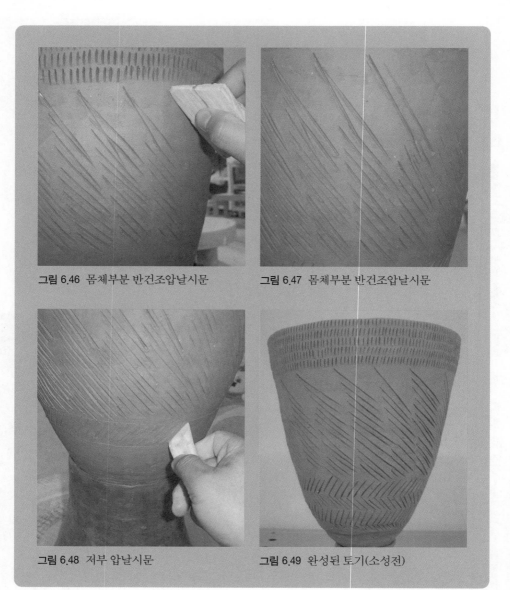

그림 6.46 몸체부분 반건조압날시문   그림 6.47 몸체부분 반건조압날시문

그림 6.48 저부 압날시문   그림 6.49 완성된 토기(소성전)

2) 둔산동유적 빗살무늬토기

빗살무늬토기는 바탕흙 자체의 점력이 약하기 때문에 성형이 쉽지 않고 성형시간도 꽤 걸렸을 것으로 보인다. 빗살무늬토기의 기형은 바닥이 뾰족하고 둥근 반란형 토기이다. 토기를 성형할 때 토기의 바닥부터 성형하는 것이 원칙이나 바닥이 둥글거나 뾰족하여 똑 바로 세울 수 없기 때문에 토기 자체를 거꾸로 성형하였다.

복원 토기의 성형방법은 토기의 동체부를 서리기기법으로 성형하였고 구연부를 테쌓기기법으로 성형하였다.

시문방법은 출토 토기의 문양규칙을 찾기가 어려웠으나 출토 토기문양에 충실하게 복원 토기에 시문하였다. 시문도구로는 대나무를 쪼개어 연필모양으로 만든 작은 대나무막대기를 이용하였다.

토기의 구연부를 테쌓기기법과 서리기기법으로 성형 한 후[그림 50,51], 쌓아 올린 흙가래와 흙가래 사이를 엄지손가락과 다른 손가락을 이용하여 문질러 토기의 두께가 일정하게 접합한다.[그림 52,53] 그 이유는 토기의 두께가 일정하지 않으면 건조시 수축정도가 달라져 금이 가거나 부서져는 경우가 생기기 때문이다.

토기의 구연부가 정리되면 서리기기법으로 토기의 동체부를 구연부와 마찬가지로 쌓아 올려 토기의 내외면을 정리하면서 토기의 형태를 잡아간다.[그림 55,56,57] 토기의 내외면을 정리할 때는 나무로 만든 도구 근개를 이용하면 편리하다.[그림 56,58] 둔산동빗살무늬 토기는 대형토기이기 때문에 제작기간이 오래 걸려 한꺼번에 내외면을 정리하기 어렵다. 이 때문에 서리기기법을 할 때마다 정리하는 것이 바람직하다.

서리기기법으로 몸통부분을 성형한 후 [그림 59] 바닥부분은 테쌓기기법으로 성형 한 다음 [그림 60] 토기의 바깥면을 손가락전체를 사용, 정리하여 [그림 61] 반건조시킨다. 그후 토기의 저부를 받침대 올려 놓고 줄긋기 시문하여 토기를 완성한다.[그림 62,63]

그림 6.50 구연부 테쌓기성형

그림 6.51 구연부 서리기성형

그림 6.52 구연부 흙가래 접합

그림 6.53 구연부 흙가래 정리

그림 6.54 접합 후 근개로 내외면정리

그림 6.55 동체부 성형

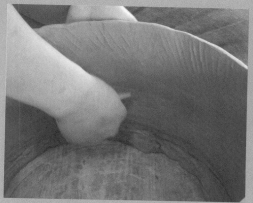

그림 6.56 내면 근개정리

그림 6.57 정리된 내면

그림 6.58 쌓아 올린 기벽 내면 정리

그림 6.59 동체부까지 성형 모습

그림 6.60 저부 테쌓기성형

그림 6.61 전체외면 정리

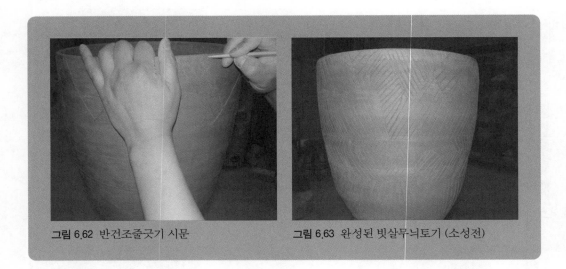

그림 6.62 반건조줄긋기 시문   그림 6.63 완성된 빗살무늬토기 (소성전)

5.2 부여 송국리유적 붉은간토기

　　복원 대상유물은 부여 송국리 유적에서 출토되어 부여 박물관에서 소장하고 있는 청동기시대 붉은간토기이다. 부여 송국리집터에서는 바리, 굽다리잔등 다양한 형태의 붉은간토기가 출토되었다. 출토된 붉은간토기의 특징은 바닥 부분이 편평하여 복원 제작된 다른 두 출토 토기와 달리 소성 후 다른 부가장치 없이 그대로 세울 수 있다.

　　붉은간토기의 복원제작방법은 손빚기 기법이다. 손빚기기법은 아주 간단하고도 가장 원시적인 기법으로 주로 잔이나 단지, 식기류와 같은 작은 토기를 제작할 때 사용되었다. 토기를 제작할 만큼의 흙을 준비하여 다른 도구 없이 주로 엄지손가락과 손으로 빚어 제작하는 방법이다[39].

　　먼저 한 덩어리의 흙으로 속이 빈 항아리 모양의 복원토기를 제작한다. 손빚기기법으로 만들어지는 복원토기성형제작 과정에는 손과 점토 외에는 아무런 도구가 필요없다. 그러나 복원토기가 성형되고 산화철이 함유된 흙

39) 임무근, 1992 『도예의 기초』 미진사

물을 바르고 난 후 반건조 상태후 표면을 매끄럽게 하는 과정에서는 작은 돌멩이나 나무조각을 사용하기도 한다.

복원토기를 만드는데 필요한 흙덩어리를 준비해서 완전히 반죽하여 기포를 제거한 다음 둥근모양의 형태를 만든다.[그림 64] 기포를 완전히 제거하지 않으면 건조시나 노천소성시 기물의 형태가 변하거나 터질 경우가 생긴다.

그리고 둥근 모양의 흙덩어리를 양손의 엄지손가락과 다른 손가락을 이용하여 복원토기의 형태를 만들어 간다.[그림 65] 복원토기기벽은 엄지손가락과 다른 손가락으로 기벽의 흙을 살살 누르고 돌려가면서 점차로 얇게 하면서 올린다. 주의해야 할 점은 손가락 사이의 누르는 힘을 균일하게 해야하고 누르는 간격이 일정해야 한다.[그림 66] 그렇지 않으면 기벽의 두께가 일정하지 않게되어 건조시 뒤틀려 금이 가거나 부서지기도 한다.

기물의 형태가 잡히고 나면 구연부를 정리한다.[그림 67] 구연부가 만들어지고 형태가 완성되면 기물을 편평한 바닥에 놓아 반건조 시킨다. 이때 복원토기의 바닥을 편평한 바닥에 놓아 바닥을 자연스럽게 편평하게 만든다.[그림 68]

산화철을 바르기 전에 토기의 기벽을 정리하여 토기의 완전한 형태를 마무리 한다.[그림 69] 기물이 완전히 마르기 전 산화철이 함유된 흙물을 발라 반건조시킨다.[그림 70] 기물 위에 입힌 산화철이 반건조되면 손가락이나 나무조각 대나무를 이용하여 기물의 표면을 매끄럽게 문지른다.[그림 71,72] 반건조된 산화철을 손이나 나무, 대나무 등을 이용하여 매끄럽게 문지른 후 완전히 말린다.[그림 73]

산화철(iron oxide)은 세가지 형태가 있는데, 산화제일철(FeO), 산화제이철 혹은 적철광(Fe_2O_3) 그리고 삼사산화철 혹은 자철광(Fe_3O_4)이다. 철은 밤색, 황갈색이나 갈색태토와 유약을 만드는데 가장 흔하게 사용되는 산화물이다. 소량의 철분이 들어간 유약은 대체로 밤색계열의 유약이 된다. 또 점토내에 함유된 철분은 두드러진 색깔만 아니면 용제로 사용 될 수 있을 것이다. 이것이 많은 토기점토가 저화도에서 소성되며 붉은 색을 띠게 하는 것의 원인이 된다. 핑크색은 소량의 철과 알루미나, 칼슘 그리고 실리카를 섞어서 만들어질 수 있다. 적합한 유약이 환원된다면 철은 청자처럼 회색녹조를 띠게 될 것이다. 흔히 고려청자의 푸른 빛은 청자태토에 섞여 있는 소량의 철분과 유약 속에 섞여있는 미세한 양의 철분이 환원소성을 하였을 때에 푸른 빛으로 변화되는 것이다. 이때에 산화철의 유약이 산화되면 색상은 누르스름한 갈색조를 띠게 된다.[40]

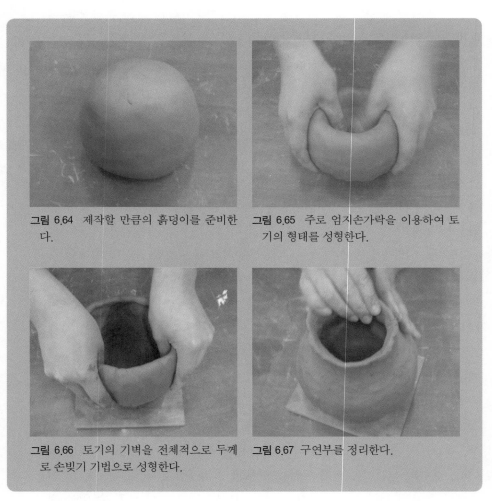

그림 6.64 제작할 만큼의 흙덩이를 준비한다.

그림 6.65 주로 엄지손가락을 이용하여 토기의 형태를 성형한다.

그림 6.66 토기의 기벽을 전체적으로 두께로 손빚기 기법으로 성형한다.

그림 6.67 구연부를 정리한다.

40) 정동훈, 1996 『도자예술용어사전』 월간세라믹스

그림 6.68 완성된 토기를 마무리 손질한다.

그림 6.69 완성된 토기를 반건조시킨다.

그림 6.70 반건조된 토기 위에 산화철을 바른다.

그림 6.71 반건조된 산화철표면을 손이나 도구를 이용하여 매끄럽게 문지른다.

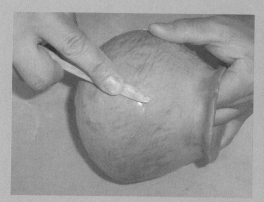

그림 6.72 반건조된 산화철표면을 손이나 도구를 이용하여 매끄럽게 문지른다.

그림 6.73 완성된 붉은간토기(소성전)

5.3 서천 오석리유적 단경호

오석리유적의 토기를 복원하기 위해서 태토를 서리기법으로 쌓아올린 후 외박자와 내박자를 이용하여 전체적인 기형을 만들었다. 토기의 저부는 편평하게 만든 후 반건조된 상태에서 내박자와 외박자를 두드려 타원형으로 성형하였다.

내박자와 외박자를 이용한 성형기법은 옹기성형시 자주 사용하는 기법으로 토기에 그 연원을 두고 있다. 토기와 오늘날 사용되는 옹기의 차이는 무유의 토기사 약토를 첨가한 잿물을 입힌 옹기이고, 망간과 광명단이 첨가된 잿물을 입힌 옹기로 발전된 것이라는 데 있을 뿐이다. 왜냐하면, 그 제작기법은 그대로 전승되었기 때문이다.[41]

오석리유적에서 출토된 단경호를 복원하기 위한 제작과정은 태토선정, 서리기법 성형, 건조, 타날시문 그리고 노천소성 과정으로 이루어졌다. 즉, 제일 먼저 태토(바탕흙, 질흙)는 일반적으로 사용되는 옹기 흙을 구입하고 부여지역 사토를 혼합하여 사용하였다[42]. 토기의 성형과정은 혼합된 태토를 이용하여 제일 먼저 토기의 바닥부분을 만들기 전에 바닥이 회전판에 달라붙지 않도록 적당한 양의 백토가루를 뿌려준다. 그리고 토기 바닥을 성형하기 위하여 [그림 74]와 같이 둥글게 만든 태토를 회전판에 올려 바닥의 크기를 정한 후 회전판을 돌려가면서 대나무 칼로 둥글게 잘라내어 바닥부분을 완성한다. 바닥이 완성되면 [그림 75]와 같이 흙가래를 차례 차례 서리기법으로 올리고, [그림 76]과 같이 흙가래와 흙가래 사이를 손바닥과 손가락을 이용하여 접합시킨다. 이러한 제작과정이 완료되면 [그림 77]과 같이 안쪽에 내박자를 대고 바깥쪽에 외박자로 기물의 벽을 두드려 가면서 토기의 형태를 만들어 간다. 대략 토기의 형태가 만들어 지면 [그림 78]과 같이 외박

---

41) 홍익대학교 도예연구소 편, 1990 『韓國甕器와 日本陶磁器의 製作技術 比較 硏究』홍익대학교 도예연구소

42) 김희찬, 1996, 주 28) 앞의 글

자와 내박자를 이용하여 토기의 바같면 물수레질을 통하여 표면을 매끄럽게 다듬어 정리한다. 표면정리 작업이 끝나면 서리기법으로 [그림 79]와 같이 토기의 몸통부분을 쌓아 올리고 [그림 80]과 같이 흙가래 사이를 손으로 접합한다. 그리고 [그림 81]과 [그림 82]와 같이 외박자와 내박자를 이용하여 토기의 몸통부분의 모양새를 만들고 바같면을 정리하기 위하여 내박자와 외박자를 사용하거나 물가죽으로 회전판의 회전력과 태토의 마찰력을 이용하여 토기표면을 더 쉽게 정리 할 수 있다. 이러한 제작과정을 반복하여 토기의 몸통이 완성되면 [그림 83]과 같이 테쌓기법으로 토기의 아가리를 쌓아 올린다. 그리고 토기의 형태가 전체적으로 만들어지면 [그림 84] [그림 85]와 같이 외박자와 내박자를 사용하여 토기의 완전한 형태를 만들어 간다. [그림 86] 및 [그림 87] 과 같이 토기의 아가리가 만들어 지면 [그림 88]과 같이 물가죽으로 토기의 아가리를 완성한다. 아가리가 완성되면 [그림 89]와 같이 근개를 이용하여 토기의 바같면을 정리하고, 최종적으로 [그림 90]과 같이 외박자와 내박자를 이용하여 토기의 완전한 형태를 만든다. 완벽하게 만들어진 토기를 분리하기 위하여 [그림 91]과 같이 회전판에서 토기의 바닥을 분리시킨다. 회전판에서 분리된 토기는 [그림 92]와 같이 토기의 바닥을 외박자로 타원형으로 두드려 [그림 93]과 같은 소성전의 완성된 단경호를 제작하였다.

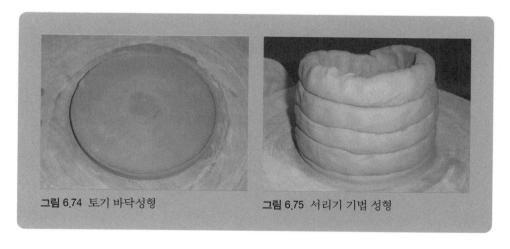

그림 6.74 토기 바닥성형　　　　　그림 6.75 서리기 기법 성형

그림 6.76 흙가래와 흙가래사이 접합

그림 6.77 외박자·내박자이용 토기성형

그림 6.78 외박자·내박자이용 바깥면 물수레질

그림 6.79 서리기법 흙가래를 쌓아 올림

그림 6.80 흙가래 사이 손 이용 접합

그림 6.81 외박자·내박자이용 토기성형

그림 6.82 외박자 · 내박자 이용 토기바깥면 정리

그림 6.83 토기 아가리제작

그림 6.84 외박자 · 내박자이용 토기성형

그림 6.85 외박자 · 내박자이용 바깥면 물수레질

그림 6.86 외박자 · 내박자이용 토기성형 (위)

그림 6.87 아가리 물가죽 정리

그림 6.88 물가죽으로 아가리 최종정리

그림 6.89 근개이용 외면 정리

그림 6.90 외박자·내박자 토기성형 마무리

그림 6.91 토기 바닥부분 정리

그림 6.92 외박자로 토기 바닥 최종정리

그림 6.93 완성된 토기(소성전)

6
노천소성

선사시대의 토기는 가마나 지붕이 없는 평지 또는 우묵하게 파인 곳에 토기를 쌓아 놓고 나무를 태워 노천요(露天窯)에서 소성하였을 것으로 추정되고 있다. 이는 굽는 과정에서 충분한 산소공급이 원활한 산화염(酸化焰) 상태로 소성되었기 때문에 진흙 속의 철분이 산소와 결합하면서 적갈색을 띠게 되므로 이를 반증하고 있다.[43]

일반적으로 토기는 소성과정에서 가마를 어떻게 설치하였느냐가 가장 중요한 문제이다. 그러나 아직까지 노천요(露天窯)가 발견되지 않고 있어 정확한 그 규모나 요(窯)의 성격을 제대로 파악할 수 없는 상태이다.

토기의 복원을 위한 소성방법은 가장 원시적인 노천소성 방법을 선택하였다. 개방형노천소성은 적당한 장소를 정한 후 바닥에 돌과 자갈을 깔아서 그 위에 소성될 기물을 올려놓고 노천 소성하였다. 바닥에 돌을 깔지 않을 경우 산소의 공급이 제대로 이뤄지지 않아 제대로 소성되지 않을 것이다.

덮개형 노천소성은 땅을 우묵하게 판 후 나무조각이나 부스러기를 밑에 깐 후 토기를 그 위에 올려 놓고 토기를 연료로 덮은 후 소성하였다.

일반적으로 토기는 성형 후 충분하게 건조한 다음에 소성해야 한다. 이는 건조하면서 일정부분 수축이 일어나 그 크기가 약간씩 줄어들게 된다. 그러므로 충분하게 건조되지 않은 토기는 소성 시 수축이 활발하게 일어나서 변

---

43) 김희찬, 1996, 주 28) 앞의 글

형되거나 깨지기 쉽다. 이에 따라 약 한달 정도 그늘에서 건조한 다음 노천
요에서 소성온도 800℃ 이내로 두 시간 정도 소성하였다. 일반적으로 토기
제작 공정 가운데 실패할 가능성이 가장 높은 단계가 소성이기 때문에, 선
조 단계까지 많은 노력을 투자해 온 토기를 가능한 한 파손시키지 않도록
최대한의 주의가 요구된다.

노천소성은 항구적인 상부구조를 가지지 않는 소성장에서 토기를 굽는
방식으로 크게 아무 시설이 없는 개방형 노천소성과 벼과식물 등으로 토기
와 연료를 덮어 소성하는 덮개형 노천소성의 두 가지로 나눌 수 있다.[44]

6.1 개방형 노천소성

개방형 노천소성이란 아무 시설을 사용하지 않은 토기소성방법으로, 연
료가 노출되어 있어서 열이 계속 방출되기 때문에 많은 연료를 필요로 한
다. 소성이 진행되면서 토기 온도가 내려가는 단계에서도 땔나무에서 많은
그을음이 나오기 때문에 땔나무 접촉 흑반이 형성되기가 쉽다. 또한, 토기
와 접촉한 땔나무나 숯에서 나오는 그을음의 양에 따라 '역U자형'이나 '2
개 1쌍'의 땔나무 접촉흑반, 숯 집적 흑반 등이 생성된다.

개방형 노천소성은 토기가 보이기 때문에 토기를 움직이는 조작, 연료의
추가, 예비가열 등이 가능하고 이에 따라 승온속도와 소성시간을 조정할 수
있어 조건을 조절하기 어렵다.[45]

노천요는 [그림 94]와 같이 직경 1.5m 되는 크기로 설치하였는데, 노천요
의 외곽은 25cm 되는 돌들로 설치하였으며, 바닥에는 15cm 내외의 잔자갈
을 깔아 만들었다. 이는 바닥에 돌을 깔지 않고 소성하였을 경우 땅바닥에
닿는 면이 제대로 구워지지 않기 때문이다. 예열은 [그림 95]와 같이 노천요

---

44) 한국고고환경연구소편, 2007 『토기소성의 고고학』 학술총서 3, 서경문화사
45) 한국고고환경연구소편, 2007, 주 44) 앞의 글

주변에서부터 연료를 놓고 서서히 가열하기 시작하였다. 건조된 토기 위에 예열 과정 없이 바로 연료를 올려놓고 소성시키면 대부분의 토기는 쉽게 깨지거나 변형되기 쉽다. 예열과정에서 [그림 96부터 그림 100]과 같이 토기 표면이 점차 검게 그을리게 되고 시간이 지날수록 온도가 더욱 높아지면서 표면의 그을림이 벗겨지는 순간까지를 1차적인 예열과정으로 본다. 1차적인 예열과정이 끝나면 [그림 100부터 그림 103]과 같이 토기전면에 연료를 충분하게 공급하여 2차적인 소성을 시작한다. 이때부터 [그림 104]와 같이 소성과정중 표면에 생기기 시작한 검은 그을림이 완전하게 없어지기 시작한다. 오석리유적의 단경호를 복원한 사진이 [그림 118]이고 단경호에 시문된 타날문의 세부사진이 [그림 119]이다.

그림 6.94 노천요 조성(자갈이용 산소공급 원활)

그림 6.95 주변부에서부터 서서히 예열

그림 6.96 예열과정에서 토기 표면 그을음

그림 6.97 토기표면이 점차 검게 그을음

그림 6.98 토기 표면이 심하게 그을음

그림 6.99 토기 표면이 가장 심하게 그을음

그림 6.100 연료로 토기를 덮은 상태

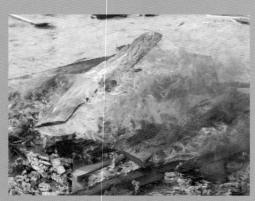

그림 6.101 소성중 연료 공급이 최대일 때

그림 6.102 소성과정

그림 6.103 소성과정

그림 6.104 소성과정중 그을림이 없어진 상태　　　그림 6.105 소성 막바지

그림 6.106 불이 완전히 꺼진 상태　　　　　　　그림 6.107 소성 종료 후 완성 토기들

6.2 덮개형

　　덮개형 노천소성이란 벼과식물 등의 초본식물 덮개를 이용하여 토기를 굽는 방법으로 현재 동남아시아의 도작농경민과 아프리카 일부에서 관찰된다. 개방형 야외소성에 비해 연료의 소비량이 적으며 안정적인 온도변화를 나타낸다. 이 방식으로 소성된 토기에서는 화색이나 줄 모양 흑반 등의 특징적인 흔적이 나타나는 경우가 많다.

　　덮개형 노천소성은 소성시 토기가 보이지 않기 때문에 토기를 움직이거나 연료를 추가할 수 없고, 덮개의 밀폐도와 연료의 양에 의하여 승온속도

와 소성시간을 자유롭게 조정할 수 있다.[46]

　　덮개형 노천소성은 직경 1m 되는 구덩이를 파고 그 위에 나무토막을 깔아서 설치하였다.[그림 108] 나무토막을 깔지 않고 토기를 올릴 경우 지면과 닿은 부분이 불완전연소하여 그을림이 생길수 있기 때문이다. 예열과 소성시 개방형야외요와는 달리 토기가 보이지 않으므로 토기를 야외요에 배치 할 때 신중을 기해야 한다.[그림 109] 토기를 야외요에 배치하고 나면 나무연료를 토기가 완전히 덮힐 만큼 충분히 쌓는다.[그림 110] 토기에 덮힌 연료에 불을 붙여 예열[그림 111] 후 소성한다.[그림 112,113,114] 소성과정중 보이는 토기들[그림 115,116]과 소성후 덮개형 노천요와 소성된 단경호[그림 117]이다.

그림 6.108 야외요 설치

그림 6.109 토기배치

그림 6.110 연료배치

그림 6.111 예열시작

46) 한국고고환경연구소편, 2007, 주 44) 앞의 글

그림 6.112 소성시작

그림 6.113 소성중

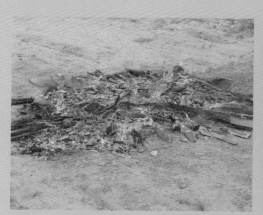

그림 6.114 소성마무리

그림 6.115 소성중 빗살무늬토기

그림 6.116 노천소성된 토기들

그림 6.117 노천소성된 단경호

7
노천소성후 복원된 토기

그림 6.118 완성된 빗살무늬 토기(암사동)

그림 6.119 완성된 빗살무늬 토기(둔산동)

그림 6.120 완성된 단경호

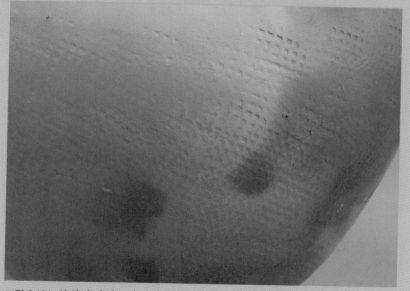

그림 6.121 복원된 단경호의 타날문

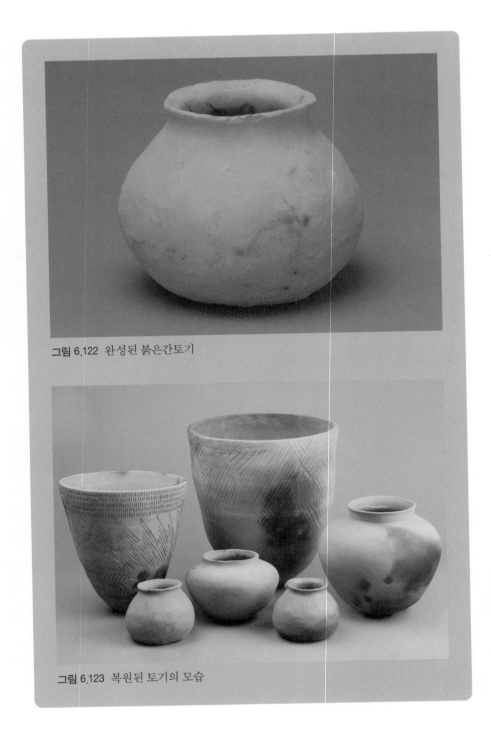

그림 6.122 완성된 붉은간토기

그림 6.123 복원된 토기의 모습

8
마무리

　서천 오석리유적에서 출토된 원삼국시대 토기를 모델로 그 당시에 사용
되었던 제작기법과 사용 도구 등을 추정하여 단경호를 복원하였다.

　토기 제작의 기본과정은 통시대적이며 보편적이지만, 시대와 지역에 따
라 세부 제작기법은 매우 다양하게 나타나고 있다. 그러므로 토기는 다른
재질의 유물과 비교하여 연대적인 변화가 풍부하고 지역에 따른 양식의 식
별이 용이하다. 그러나 그 양식을 만들어내는 모든 단계에 대한 제작기술의
세부 양상을 파악하기란 쉽지 않다. 왜냐하면 토기는 오랜 기간 동안 매장
상태였기 때문에 화학적인 변화과정을 거치게 되며, 그 본래의 기형이 파손
된 경우가 대다수이기 때문이다. 그러므로 현재 제작되는 자기나 토기, 옹
기 등을 통해서 제작과정을 유추해 나가는 작업도 필요하다.

　토기의 고고학적 형식 분류에 대한 연구를 바탕으로 기술사적 제작기법
을 규명해나가는 작업은 문화재의 복원이라는 개념뿐만 아니라 당시의 기
술력과 생산력을 포함한 생활문화사의 복원이라는 의미에서 필요한 과정이
라 생각된다. 토기의 제작기법은 시대에 따라 서로 다른 양상을 나타내므
로, 앞으로 선사시대 이후의 토기 및 자기의 제작기법에 관한 연구도 지속
적으로 이루어져야 할 것이다. 이와 더불어 전통기술 및 전통재료의 현대적
복원기술 개발에 대한 연구도 필요하다.

청동기 잔무늬거울의 복원제작기술

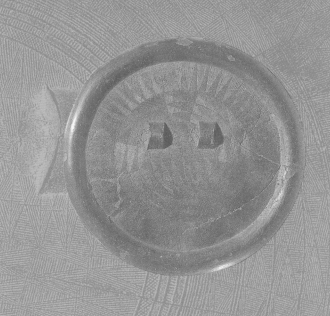

1 청동잔무늬거울의 과학

1
청동잔무늬거울의 과학

　청동기시대는 사람들이 청동을 이용하여 연모를 만들어 사용하던 시기를 가리킨다. 처음에는 구리에 다른 광물을 섞지 않은 순동을 그대로 두드려서 연모나 치레걸이를 만들다가 차츰 주석·납이나 아연 등을 섞어서 단단한 청동을 얻는 방법을 터득하게 되었다.

　광석에서 구리 등을 빼내려면 높은 온도를 오랫동안 유지해야 하는데 모래가 많이 든 질그릇은 광석을 넣어 가열할 수 있었다. 또한 불을 때서 오랜 시간 열을 지속시켜 주는 풀무가 필요하며, 부어내기 위한 거푸집의 발명도 필수적이었다. 더욱이 이러한 발명으로 인하여 청동기시대의 합금술은 금속을 녹이는 온도를 낮추면서 더욱 단단한 합금을 생산해 낼 수 있었다.

　이렇게 발달된 기술을 갖고 있는 청동기문화가 우리나라(기원전 1000~300년경)에도 있었다는 사실이 밝혀지게 된 것은 광복이후 우리 선사문화의 연구에서 얻은 값진 성과 가운데 하나이다[1]. 일제 시대에는 식민지 사관에 의하여 우리나라에는 청동기시대가 없었고, 석기와 금속으로 만든 연모가 함께 쓰였다는 금석병용기(金石倂用期) 또는 동석기시대(銅石器時代, Eneolithic Age)의 문화단계만이 있었다고 주장되어 왔다.

　구리에 다른 금속을 섞어 청동을 얻기까지 사람들은 순동을 사용하다가

---

1) 정백운, 1957 『조선금석문화 기원에 관한 고고학적자료』
　 김정배, 1971 「한국 청동기문화의 사적 고찰」『한국사연구』 6
　 이융조·하문식·윤용현, 1994 『우리의 선사문화(Ⅰ)』 지식산업사

제7장 청동기 잔무늬거울의 복원제작기술

269

차츰 보다 단단한 금속을 만들 수 있는 기술을 배워 청동기를 만들기 시작하였다. 청동은 구리에 비소나 주석 그리고 납을 섞어 만든다. 주석은 합금비율이 28%일 때가 구리의 경도를 가장 굳게 하며, 납은 주조한 다음 표면의 마감처리를 위하여 사용한다. 그런데 우리나라의 청동기에는 유동성을 좋게하여, 주조하기 쉽게 하는 역할을 하는 아연이 포함되어 있어 새로운 합금기술을 개발해 내었음을 알 수 있다.

농사의 발달에 따른 토기 제작기술의 발달은 자연스럽게 쇠붙이가 불에 녹아내린다는 것을 알게 된 계기가 되었다. 청동은 구리에 주석이나 아연이 섞인 쇠붙이인데 광석에서 빼내려면 높은 온도를 오랫동안 유지해야 하는데, 모래가 많이 든 질그릇은 높은 온도를 유지할 수 있기 때문에 광석을 넣어 끓일 수 있었다. 불을 때서 오랜 시간 열을 올리기 위해서는 풀무의 발명이 필수였을 뿐만 아니라 거푸집의 발명도 필요했다. 청동기시대의 합금술은 쇠를 녹이는 온도를 낮추면서 더욱 단단한 합금을 만들어 낼 수 있을 만큼 발전한다. 이와 더불어 정교한 놋쇠 거울, 치레걸이, 청동 칼은 권위와 권력을 나타내는 상징이 되었다.

이 시기에 만든 청동거울의 성분 분석결과 구리 42%, 주석 27%, 아연 7~9%의 합금으로 밝혀졌는데, 이는 표면이 곱고 매끄러우며 잘 비치도록 한 것이다. 도끼는 구리 41%, 주석 19%, 아연 25%를 합금하여 강도를 높인 것은 뛰어난 합금기술을 지녔음을 나타내는 것이며, 거푸집은 모래나 곱돌로 만든 것을 써서 기술상 우수했음을 나타내는 것이다. 이러한 청동기술은 뛰어난 조각술과 더불어 세공기술을 발달시켰음을 알려준다.

한국의 청동기 문화는 중국의 과학문명과는 다른 북방계 문화의 영향에 의하여 비교적 수준이 높은 기술을 이루어내었다. 청동기시대의 과학기술을 가늠하는 대표적인 것으로 '두 꼭지 청동잔무늬거울'을 들 수 있다. 거울을 비롯한 세형동검과 창, 도끼 등의 이기류, 오탁과 팔두령, 그밖의 각종 의기로 대표되는 이 시대의 청동기들은 제련기술, 용도에 적합한 다양한 합금기술, 완벽한 주조기술과 더불어 빼어난 조형미로 세계의 청동기문화 중에서 특출한 위치를 점하는 것들이라 할 수 있다. 이는 물론 신석기시대의 농업혁명으로 인한 생산의 잉여와 아울러 종교권력과 정치권력의 성장이 뒷받침된 결과일 것이다. 잔무늬 거울의 기하학적인 추상무늬는 신석기시대의 빗살무늬 토기와 번개무늬 토기의 전통을 이어받은 것으로 우리나라 역사의 일관된 흐름과 발전 과정을 보여주는 예라고 할 수 있다.

특히 청동거울은 거친무늬거울[粗文鏡]과 잔무늬거울[細文鏡]로 나누어진다. 크기가 비교적 작은 거친무늬거울은 기하학무늬 구성이 정밀하지 못하여 줄무늬가 굵고 거칠며, 만든 수법이 조잡하다. 잔무늬거울은 거친무늬거울을 따라 만든 것으로 우리나라의 청동기문화에서 세형(한국식동검)과 더불어 특징 있는 청동기유물이라고 할 수 있다.

가는 선으로 이루어진 삼각형을 기본무늬로 하여 만들어진 이 거울은 가운데 치우친 꼭지가 2개가 있어 1개가 있는 중국거울과 다르며, 함흥 이화동에서는 3개 있는 것이 나와 요녕지역과의 관련성을 보여 준다. 중국 거울과 다른 것은 꼭지 외에도 번개무늬 등 독특한 줄무늬가 있는 것과 거울의 가장자리의 테두리 단면이 반원형이라는 것이다.

거울의 면은 오목하게 되어 있어 햇빛을 한 곳에 모아 반사시킬 수 있으며, 물체를 거꾸로 비치게 하는 거울의 쓰임새로 보아 종교나 주술적인 의식에 쓰였을 가능성이 있다.

당시 세계 최고의 기술과 조형 수준을 보여주는 것으로 국보 141호인 두 꼭지 청동잔무늬거울을 들 수 있다[2]. 이 거울은 지름 21.2cm이며, 뒷면의 볼록한 둥근 테두리원 안 평면에 동심원을 기본 구도로 엇갈린 삼각형과 그 속을 채운 수많은 직선, 그리고 네 방위에 각각 두 개 씩 짝을 이루는 여덟 개의 동심원으로 구성되어 있다. 특히 약 1만3천개가 넘는 가는 새김줄이 0.3㎜간격으로 그었고, 선과 골의 굵기는 약 0.22㎜이며, 골의 깊이는 0.07㎜ 정도로 한 곳도 빈틈이 없이 절묘하게 시문 되어있다. 이는 현대의 기술로도 당시 사람이 가졌던 종교적 열정과 신념 아니고는 도저히 이루기 힘들 것으로 생각되는 최고 경지의 수공예 세공기술과 조형성을 보여주는 것이

2) 국립중앙박물관 · 국립광주박물관, 1992 『한국의 청동기문화』 범우사

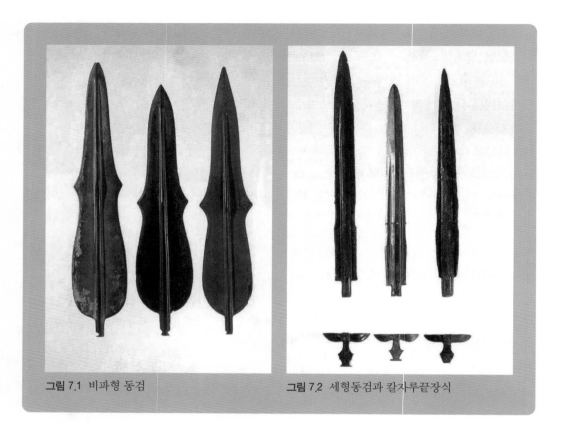

그림 7.1 비파형 동검

그림 7.2 세형동검과 칼자루끝장식

다. 이 거울 무늬의 뜻에 대해서는 방위, 천체의 운행, 계절을 계상하여 기록한 생산력 등의 가설이 있지만 아직은 결론을 내릴 만큼 자료가 충분하지 못한 상태이며 앞으로 많은 연구가 필요하다.

이 거울을 만든 기술을 분석하여 보면 다음과 같이 몇 가지로 나누어 볼 수 있다.

- 정밀한 청동 원료의 제련
- 표면이 매끄러워 반사가 잘 되는 특성을 갖는 합금비율에 대한 지식
- 정밀한 무늬를 새길 수 있는 어미거울 재료
- 극히 세밀한 기하무늬를 새긴 도구와 기술
- 거푸집 재료

그림 7.3 두꼭지 청동거친무늬거울(粗文
鏡, 전주 여의동)

그림 7.4 두꼭지 청동잔무늬거울
(숭실대박물관)

그림 7.5 두꼭지 청동잔무늬거울
세부모습

- 주조기술
- 거울 꼭지를 따로 만들어 붙인 용접기술
- 청동에 녹이 슬지 않도록 피복하는 도금기술

이 거울은 우선 밀랍으로 만들고자하는 물건의 모형을 만들고 그 위에 고운 진흙을 씌우고 열을 가하여 밀랍을 녹여내 진흙 거푸집을 만드는 실랍법(失蠟法)을 써서 만들었을 것이라는 추측이 유력하다. 그러나 현재의 기술수준으로도 이렇게 세밀한 무늬를 주물로 부어낸다는 것은 어려운 일로 보인다. 무늬가 간략한 기하무늬거울 중에는 납석에 거울 모양과 무늬를 새겨 만든 납석거푸집도 있지만 현대의 전문 도안사도 손으로는 그려내지도 못하는 이 거울의 무늬를 돌에 새겨 만든 것으로 보기는 어렵다. 당시에 이 무늬를 새겨 넣기 위해서는 현 시점에서 이것을 그린다고 해도 반드시 써야하는 현대 도안기구 체제를 이용했을 것으로 보인다.

이렇게 우리 선조들은 기술적인 어려움 때문에 세계의 어느 곳에서도 개발되지 않았던 합금기술과 거푸집 등을 개발·발전시켜 후기의 쇠 다루기 기술의 백미인 금속상감기술, 세계최고의 신라범종, 고려와 조선시대의 금속활자 등으로 면면히 이어져 끊이지 않는 우수한 과학기술을 발전시켰다[3].

1.1 청동기의 주조기술

1) 청동

청동은 동을 녹인 쇳물에 주석을 넣어 녹여 낸 것으로 이를 청동합금이라 한다. 청동기를 분석하면 주석 이외에 납이 들어 있는 경우가 대부분인데

3) 윤용현, 2001 「한국의 과학사 '청동기시대 과학기술의 결정체 −청동잔무늬거울−」『원우』 1,2, 한국원자력연구원

이것 역시 청동이라 부른다.

동의 녹는점은 1083℃이며, 주석을 10% 첨가하면 994℃에서, 20%이면 875℃에서 녹는다. 곧 주석의 함량이 높을수록 녹는점은 떨어진다.

주석의 함량이 다른 청동의 경도, 인장강도를 비교해 보면 주석의 함량이 높을수록 경도는 꾸준히 증가하지만 인장강도는 주석 22%일 때 최대치가 되었다가 주석의 함량이 이보다 높아지면 급격히 떨어지는 것을 알 수 있다.

한편 연신율은 수석 4%일 때 최대치를 나타내며 그 이상이면 갑자기 떨어진다. 강도가 가장 높은 22%일 때 연신율은 겨우 2%에 불과하다. 따라서 주석이 8% 이상이 되면 고온성형이 아니어도 주조가 가능하게 된다.

구리의 빛깔은 붉고 주석의 빛깔은 희다. 이 둘의 합금인 청동은 주석의 함량이 커질수록 그 빛깔도 바뀐다. 그 변화는 아래의 표 1과 같다.

표 1. 주석의 함량에 따른 청동의 빛깔

주석함량(%)	빛 깔
0 – 3	붉은빛
3 – 10	적황색
10 – 20	담황색
20 – 30	회백색
30 – 40	은백색

청동의 표면 빛을 보고 주석의 함량을 짐작할 수 있으며, 청동 공예품을 만들 때 의도한 대로 표면 빛을 내려면 주석의 함량을 조절하여야 한다.

우리나라 청동기에는 거의 예외 없이 청동 속에 납이 들어 있으며 시대가 내려올수록 납의 함량도 증가하고 있다.

청동에 납을 첨가하면 청동의 녹는점이 낮아지고, 쇳물의 유동성이 좋아져 주조하기 쉽다. 이밖에도 주물의 표면을 매끈하게 해주며, 연신율을 높여주지만 주물의 경도는 떨어지게 된다.

2) 청동 제련과 용해

산화물 광석인 적동석이나 탄산염광물인 동광석과 황화광물인 방연광은 숯을 섞어 불을 피워 송풍하면 숯에서 나오는 일산화탄소(CO)로 환원되어 쉽게 금속을 얻을 수 있다. 한편, 황동석은 유황을 배소하여 제거시키거나 또는 2차에 걸쳐 제련하여야 한다.

청동은 처음에는 동광석과 주석광석 및 납광석을 숯과 교대로 쌓아 송풍하며 녹이고, 그 후 금속 동, 주석 및 납을 저울질하여 도가니에 넣어 청동을 제조하였다. 그러나 광석을 사용하면 조성의 성분조정이 어려우며, 또한 주석이나 납의 다량 첨가가 어렵다. 한국의 청동기 조성을 보면 성분이 조정되었고, 주요원소가 다량 첨가된 것으로 보아 금속을 써서 합금시킨 것이 확실하다.

동은 녹는점이 고온이어서 용해하기가 어려우며, 주조성도 나쁜 반면 청동은 주조성이 좋을 뿐만 아니라 주석의 함량이 높을수록 녹는점이 낮아져 용해하기가 쉽다. 즉 동에 주석을 10% 첨가하면 994℃에서 녹고, 20%이면 875℃로 낮아진다.

납을 첨가하면 합금의 녹는점이 더욱 낮아지고, 쇳물의 유동성이 좋아져 주조성이 좋아지며, 그 위에 절삭성이 좋아진다. 무엇보다 값비싼 주석을 대체할 수 있어서 후기에 내려올수록 납의 첨가량이 증가하는 경향이 있다.

3) 주조 기술

(1) 거푸집

우리나라 여러지역에서 청동기시대의 비파형동모, 동부, 동과, 동경, 세형동검 등의 거푸집이 출토되었는데, 그 재료는 활석(滑石)이다. 다만 송국리(松菊里) 출토의 동부 용범은 편암이다.

활석은 다른 석재보다 연하여 동검과 같은 단순한 형태의 모양을 새기기가 쉽다. 쇳물이 거푸집 속에서 굳을 때 쇳물에서 발생하는 가스가 빠져나

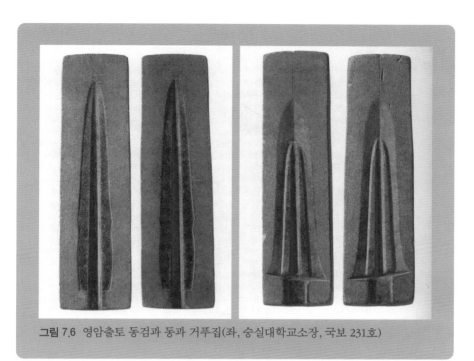

그림 7.6 영암출토 동검과 동과 거푸집(좌, 숭실대학교소장, 국보 231호)

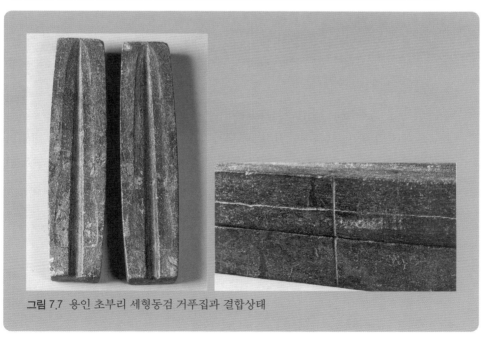

그림 7.7 용인 초부리 세형동검 거푸집과 결합상태

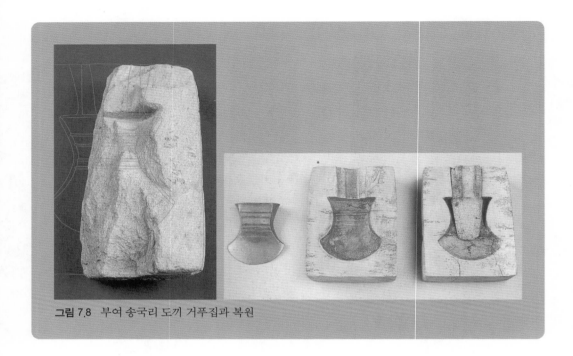

그림 7.8 부여 송국리 도끼 거푸집과 복원

가기가 어려워 두 짝을 합쳐 그 틈 사이로 가스가 빠져나가게 하거나 또는 단범을 사용하였다.

(2) 도가니

금속을 용해하는 과정에서 도가니가 반드시 필요한데 백제 사비기의 왕궁리유적의 공방터에서 발견된 동 도가니[4]를 보면 대체로 13~15㎝ 내외의 크기를 보인다. 또한 통일신라시대 유적인 경주 황남동 376호유적과 동천동 681-1유적 청동 공방유적에서 출토된 도가니로 추정해 볼 때 청동기시대에도 기벽이 두터운 토제로 50~60㏄정도의 청동용액을 담을 수 있는 소형 도가니를 사용한 것으로 추정된다.

4) 국립부여문화재연구소, 2006 『왕국의 공방-금속편-』

그림 7.9 백제 사비기의 도가니(익산 왕궁리)

그림 7.10 통일신라 도가니(경주 황남동과 동천동)

1.2 청동잔무늬거울의 복원제작기술

1) 청동잔무늬거울의 주조법

청동잔무늬거울의 주조법은 크게 2가지로 구분되는데, 실랍법과 석제거푸집 주조법을 들 수 있다.

먼저 실랍법(失蠟法)이란 밀랍(蜜蠟)으로 만들고자하는 물건의 모형을 만들고 그 위를 고운 진흙으로 씌운 후 열을 가하여 밀랍을 녹여내 진흙 거푸집을 만든 다음 청동 쇳물을 부어 주조하는 방법을 말한다. 밀랍을 사용하여 밀랍주조법이라 통칭되며, 거푸집의 최종 형태는 진흙거푸집[土範]이다.

석제거푸집 주조법이란 기름 같은 광택이 있고 만지면 양초처럼 매끈매끈한 암석인 활석(滑石) 등으로 만들고자 하는 물건의 모양에 맞게 문양을 새기어 암·수거푸집을 만들고 청동 쇳물을 부어 주조하는 방법을 말한다. 우리나라에서 출토되는 청동 거푸집 대부분의 소재가 활석이어서 활석거푸집이라 통칭되며, 최종형태는 석제거푸집이 된다.

잔무늬거울의 주조법으로 실랍법(失蠟法)을 써서 만들었을 것이라는 주장이 유력하다[5]. 특히 밀랍은 문양을 잘 나타낼 수 있다는 장점이 있어 청동기시대의 잔무늬거울, 의기류와 삼국시대의 섬세하고도 화려한 금동용봉대향로, 통일신라시대부터 고려후기에 이르기까지 거의 대부분의 범종과 같이 섬세한 조각을 주조하는 데에도 바로 이러한 방식이 이용되었을 것으로 주장되고 있다.

이번에 시도된 청동잔무늬 거울의 복원제작기술에는 실랍법을 사용하였다. 다만 현재까지 주장되고 있는 실랍법의 방법과는 다르게 납석거푸집을 함께 사용하였다. 실랍법을 사용하기 위해서는 밀랍으로 어미거울을 만들

---

5) 이건무, 1992 「한국청동기의 제작기술」『특별전 한국의 청동기문화』 범우사
   조진선, 2005 「한반도 출토 청동기시대 용범」『한국의 청동기 제작과 용범』 숭실대학교 한국기독교 박물관

그림 7.11 두꼭지 청동거친무늬거울[粗文鏡,] · 거푸집[鎔范] 복제
품(전 맹산, 국립광주박물관)

그림 7.12 영암출토와 거울거푸
집 (숭실대학교, 국보 231호)

어야 하는데, 밀랍에 직접 문양을 새기는 방법이 아니라 납석거푸집에 선각
으로 문양을 새긴 다음 녹인 밀랍을 부어 굳힌 다음 떼어내는 방법을 사용
하였다. 말하자면 납석거푸집은 밀랍어미거울을 만드는 거푸집의 역할을
하는 것이다.

이러한 의견을 제시하는 이유는, 먼저 우리나라에서 발견 된 전(傳) 맹산
출토, 영암출토(숭실대학교소장, 국보 231호) 2점의 거울거푸집 모두 합범(合
范)이 아닌 단범(單范)이라는 점이다. 이러한 사실은 청동쇳물을 부어내는
용도가 아님을 단적으로 말해주는 것으로 생각된다.

두 번째 이유는 잔무늬거울의 새김이 모두 양각으로 도드라져 있다는 점
이다. 이러한 점은 밀랍에 문양을 직접 새길 때 양각으로 새겨야 청동거울
주조품의 문양이 양각으로 도드라지기 때문이다. 이러한 방법은 음각으로
새기는 것에 비해 매우 어려운 공정이며, 시간 또한 많이 배려해야 하는 단
점이 있다. 이렇기 때문에 밀랍의 문양을 양각으로 도드라지게 하기 위해서
는 석제거푸집에 밀랍을 부어내는 방법이 사용되었을 것으로 생각된다.

이러한 두 가지의 이유에서 이번의 청동잔무늬거울 복원제작기술은 석제
거푸집을 이용한 실랍법을 활용하였다.

오늘날 이러한 실랍법은 청동종과 금속활자 그리고 불상 주조 등에서 그 명맥을 잇고 있으나, 중국 명대의 산업기술서인『天工開物』에 간단히 소개되고 있어 주조 방식을 이해하는데 도움이 되고 있다[6] .

• 『천공개물(天工開物)』에 보이는 실랍법(밀랍주조법)

《天工開物》卷八 治鑄, 鐘

▷ 만 근[7] 이상의 종과 정(鼎)의 주조법은 서로 같다. 깊이 한 장여의 움을 파서 그 속을 말려서 방처럼 꾸민다. 석회(石灰)와 진흙과 고운 모래를 섞어서 내형(內型)의 조형 재료로 쓰고, 내형에는 실털만큼의 틈도 없도록 한다.[8] 내형을 건조시킨 후 쇠기름[9]과 황랍(黃蠟)[10]을 섞어 그 표면에 두께가 수치 되도록 바르며, 그 비율은 기름이 10분의 8, 황랍이 10분의 2이다. 거푸집 위에 차양을 쳐서 햇빛이나 비가 들지 않도록 한다[여름철에는 기름이 굳지 않아서 일을 할 수 없다].[11] 기름과 황랍을 섞은 것을 잘 바르고 그 위에다 여러 가지

---

6)《천공개물(天工開物)》: 명나라 말기의 학자 송응성(宋應星:1587~1648)이 지은 경험론적 산업기술서. 3권. 1637년 간행. 상권은 천산(天産)에 관하여, 중권은 인공으로 행하는 제조에 관하여, 하권은 물품의 공용(功用)에 관하여 서술하고 있다. 방적(紡績)·제지(製紙)·조선(造船) 등 여러 가지 제조기술을 그림을 곁들여 해설하고 있어, 명나라 말엽 농·공업사를 살피는 데 중요한 자료이다. 원본은 전하지 않고 근래 중국에서 영인된 활판본이 있다.
宋應星 지음 崔炷 주역, 1997『天工開物』傳統文化社
7) 고대의 한 근은 현재의 30근이며, 따라서 만 근은 30만 근이다. 당시의 종 무게를 정확하게 알 수 없으나 좀 과장된 말을 사용하였다.
8) 내형의 표면은 매끄럽고 틈이 없어야 하며, 강도와 통기성이 있어야 한다. 그래야 많은 쇳물이 흘러 들어와 부딪쳐도 버틸 수 있고, 또 쇳물이 굳을 때 생기는 수축력도 견뎌 낼 수 있다. 생석회에 물을 넣으면 소석회인 수산화칼슘 $Ca(OH)_2$이 되어 화학성분이 안정되고, 흙과 모래와 단단히 결합하여 주물과 붙지 않는다. 쇳물이 거푸집의 벽으로 스며들지 않는다.
9) 소 내장의 지방을 삶아서 얻는 유지이다. 주요 성분은 올레인산, 스테아린산의 글리셀라이드이다.
10) 벌집을 100℃ 정도에서 녹여 비단으로 걸려 짜면 연한 황색의 액체가 나온다. 이것을 굳힌 것을 황랍 또는 밀랍이라 부른다. 쇠기름에 20%의 황랍을 섞으면 녹는점이 높아지고, 가소성(可塑性)이 좋아진다. 쇠기름의 양이 많을수록 더 굳으며, 흔히 쇠기름 대신에 송진을 쓴다.
11) 여름철에는 기름이 굳지 않을뿐더러 습도가 높고, 기압이 낮아 액체 금속의 온도가 빨리 내려가 유동성(流動性)이 떨어진다. 따라서 넓은 면적이나 정밀한 무늬가 있는 거푸집에 주입하면 쇳물이 구석구석까지 차지 않아 버릴 때도 있다.

섬세한 문자나 무늬를 새긴다. 흙과 숯가루[12]를 빻아 체로 쳐서 얻은 매우 고운 가루로 반죽한 질흙을 그 위에다 한 층씩 차례로 겹겹이 발라 그 두께가 여러 치가 되도록 한다. 안팎을 속까지 말려서 굳어지면 밖에서 불을 지펴 데우면 그 사이의 기름과 황랍이 녹아 거푸집 밑의 틈으로 흘러서 깨끗이 빠진다. 이렇게 기름과 황랍이 빠져나간 빈 공간이 종이나 정의 형체가 된다. 기름과 황랍 한 근이 차지하였던 빈 공간을 채우자면 구리 10근이 필요하다. 따라서 거푸집을 만들 때 기름과 황랍 10근을 썼으면 구리 100근을 마련해 두어야 한다.

2) 청동잔무늬거울 재료

(1) 거푸집 재료

① 밀랍(蜜蠟, beeswax)

벌집의 주성분을 이루는 동물성 고체 납으로, 꿀벌은 복부 납샘[蠟腺, 납선]에서 밀랍을 분비하여 육각의 대롱모양의 배열된 집을 만드는데, 집안에 꽃에서 채취한 벌꿀을 저장한다. 이 벌집에 들어있는 꿀을 짜낸 다음 남은 거친 밀랍을 정제한 것이 바로 밀랍이다.

적갈색을 띠고 있으므로 일광표백으로 탈색하는데, 꿀벌의 벌집을 가열·압착·여과·정제하여 얻어지는 것이 황밀랍(yellow beeswax, yellow wax)이고, 정제한 왁스를 표백하여 얻은 것이 백밀랍(white beeswax, white wax)이다.

백납은 황백색의 고체로서 약간의 특이한 냄새가 있으며, 황납은 황갈-회갈색의 고체로서 벌꿀 특유의 냄새가 있다.

꿀벌에는 크게 서양꿀벌과 동양꿀벌로 나누어지는데, 동양꿀벌은 사육 및 관리가 어렵기 때문에 서양꿀벌이 양봉업에서 많이 이용되고 있으며 보

---

12) 숯가루는 쇠로 만든 숯가마에서 불을 끈 후 가마에 남은 숯이다. 이 숯가루는 조형재(造型材)로서 내화(耐火) 및 보온 작용이 있다.

통 시중에 판매되고 있는 밀랍은 서양밀랍이다. 국산품도 판매되고 있으나 대부분이 중국, 남미, 오스트레일리아, 아프리카 등에서 거친 밀랍의 상태로 수입되어 국내에서 정제되는 경우가 많다.

밀랍의 녹는점은 61~65℃, 요오드값 5~14, 비누화값 80~103이다. 주성분은 세로틴산 및 팔미틴산미리실(에스테르의 일종)의 혼합물로서, 접착성이 있는 비결정성 물질이다.

이러한 밀랍은 천연 양초의 주원료뿐만 아니라 각종 약제의 기초제, 화장품 등에 사용되며,전기절연체 · 광택제 · 방수제 · 양초 등의 원료로 쓰인다.

② 활석(滑石)

활석은 마그네슘으로 이루어진 규산염 광물로 흰색, 엷은 녹색, 회색 따위를 띤다. 활석은 매우 연질이며 촉감이 매끄러워 비누와 같은 감촉이 있으며, 굳기 1, 비중 2.7~2.8로 칼로 자를 수 있을 정도이다.

활석은 낮은 경도 등의 광물학적 특성 때문에 조각품 재료로 이용되며, 이러한 특성으로 우리나라에서는 청동기 시대부터 청동기의 주조를 위해 거푸집으로 만들어 사용하였다.

또한 활석은 가장 부드러운 광물의 하나로 오늘날에는 전기 절연재, 도료, 도자기, 제지, 내화(耐火) · 보온재 따위로 쓰인다.

이러한 활석은 생성 기원에 따라 크게 두 가지로 나뉘는데 초염기성암의 열수변질작용에 의해 만들어진 것과 백운암과 같은 마그네슘 탄산염암의 열변성작용에 의해 생성된 것으로 나눈다. 이중 초염기성암 기원의 활석인 경우 많은 유색광물들, 특히 녹니석이 불순물로 다량 포함되므로 전체적인 백색도는 마그네슘 탄산염암 기원의 활석에 비해 매우 좋지 않다. 그러나 활석질로 알려진 암석도 실제로는 활석이 거의 포함되어 있지 않은 경우도 있으며 단지 물리적 특성이 활석과 유사할 경우 활석질 암석으로 구분되는 경우가 많다. 따라서 상품명으로, 혹은 산업 현장에서 불리는 명칭도 여러 가지가 있으며 이 중 스테타이트(steatite) 혹은 솝스톤(soapstone) 등이 '활석' 이라는 명칭과 혼용되고 있다. 우리나라에서는 흔히 '곱돌' 이라는 명칭으로 활석질 암석이 통용되고 있다.

③ 기타

위의 재료 외에 밀랍어미거울을 감싸는 매몰재료(埋沒材料)로 석비례, 황토, 모래, 숯가루, 왕겨가루 등을 적정한 비율로 혼합한 재료를 사용하였다.

(2) 주조 재료[13]

① 구리(銅, copper)

주기율표 제1B족의 구리족원소에 속하는 금속으로 동(銅)이라고도 하며 동의 원자번호 29, 밀도 8.93으로 금·은과 함께 널리 쓰였다. 구리는 천연으로도 금속으로 산출되고, 제련법도 비교적 간단한 금속이므로 어떤 금속보다도 먼저 이용되었다.

천연으로는 드물게 홑원소물질(자연구리)로서 산출되기도 하지만 주로 황화물·산화물 또는 탄산염으로 산출되며, 이것을 제련하여 구리를 얻는다. 구리광물은 황동석($CuFeS_2$), 휘동석(Cu_2S), 적동석(Cu_2O) 등 현재 165종 정도가 알려져 있다. 그 중에서 우리나라에서는 황동석이 주요광물로 산출되며, 보통 맥상(脈狀)·각력상(角礫狀)·기공충전상·망상 등의 광체(鑛體)를 이루고 있는데, 경북 영양 지구의 현무암 속에 자연구리가 현무암의 기공을 충전하여 형성되어 있다. 지역적으로는 경남 마산·함안·고성 지역이 구리광 지대로 알려져 있다.

적색 광택을 가진 금속으로 전성(展性)·연성(延性)·가공성이 뛰어날 뿐만 아니라 강도도 있다. 가열하면 어두운 빛깔의 산화제이구리(CuO)가 되고, 1000℃ 이상으로 가열하면 적자색인 산화제일구리(Cu_2O)가 된다. 순수한 건조공기 중에서는 산화하지 않으나, 보통의 공기 중에서는 습기로 인해

---

13) 정동찬·윤용현, 2005 『겨레과학기술조사연구(XII) −청동종주물기술−』국립중앙과학관
   정동찬·윤용현, 2005 「겨레과학인 우리종」『충북사학』15
   정동찬·윤용현, 2006 『주철장』도서출판 피아

서 녹이 슬어, 주로 염기성탄산구리 ($CuCO_3 \cdot Cu(OH)$)로 이루어지는 녹청
(綠靑)을 생성한다.

홑원소물질인 구리는 전성 및 연성이 있으며, 이 밖에도 철과 같은 부식
성이 없는 이점이 있다. 그러나 유연성(柔軟性)이 결점이므로, 옛날부터 강
화할 필요를 느끼고 있었다. 구리에 주석이 들어 있는 합금은 매우 강하고,
그 강도가 주석의 양에 따라 변한다는 것을 알게 되어 인류는 주석을 구리
에 첨가해서 합금을 만들었는데, 이 합금을 청동(靑銅)이라 한다. 또한 아연
을 가해서 황동(黃銅:놋쇠)을 제조하여 널리 사용하였다.

② 주석(朱錫, tin)

주기율표 제4B족의 탄소족 원소에 속하는 금속으로 고대부터 사용된 금
속으로 원자번호는 50, 원자량은 118.69로서 원소기호 Sn으로 표시되는 금
속원소이다. 주석의 녹은 점은 231.9℃이며, 20℃에서의 비중은 백색주석
이 7.285, 회색주석이 5.8이다.

주석은 인류가 처음으로 사용한 금속의 하나로서 구리와 합금하여 청동
기 문화를 형성한 바 있다. 주석이라는 명칭의 기원은 확실하지 않으나 중
국에서는 주(周)나라 때인 서기전 1000년경 이미 주석 석(錫)자를 사용하였
고, 주석야금(朱錫冶金) · 청동제조법 등에 대하여도 기록되어 있다. 원소기
호 Sn의 원명인 stannum이라는 라틴어는 처음에 은과 납의 합금을 가리켰
으나, 4세기경부터는 주석을 가리키게 되었다.

주석의 동소체(同素體)에는 α주석과 β주석의 두가지가 있는데, α주석은
등축정계(等軸晶系)에 속하며 일명 회색주석이라고도 하고, β주석은 정방정
계(正方晶系)에 속하며 일명 백색주석이라고도 한다. 흔히 볼 수 있는 것은
은백색의 광택이 나는 β-주석이며, 막대 또는 판자 모양의 것을 구부리면
표면에는 아무 변화가 없는데도 맑은 소리가 난다. 이것을 틴크라이(tin cry)
라고 한다.

α주석과 β주석 사이의 전이 온도는 180℃이며, 백색주석은 전성이 풍부
하고 100℃ 부근에서 두드러지게 연해진다. β-주석, 즉 보통의 주석을 -30

℃ 또는 그 이하의 저온에 방치하면 α-주석이 된다.

따라서 주석으로 만든 그릇이 한랭한 지대에서는 α-주석이 되어, 그릇의 일부에 종기 같은 돌기가 생긴 다음 그 돌기가 차차 부서지는 경우가 있다. 이 현상은 19세기 러시아의 박물관에서 발견되었으나, 그 당시에는 원인을 밝혀내지 못해서 '주석페스트' 또는 '주석의 박물관병'이라고 하였다.

주석은 공기 속에서는 안정하나, 고온에서는 연소하여 산화주석 (SnO_2)이 된다. 산에는 수소를 방출하며 녹아 염류(鹽類)를 만들고, 가성(苛性)알칼리 용액과 가열하면 아(亞)주석산염이 된다.

주석은 공기 중이나 수중에서 안정하고 잘 부식되지 않으며 인체에도 해롭지 않고, 녹는점이 낮고 전성·연성이 커서 압연하여 얇은 판을 만들기 쉽다. 이와 같은 성질 때문에 철·강철·구리 표면의 도금에 가장 많이 사용되는데 그 중 철판 표면에 도금한 것을 특히 함석이라 한다. 또한 감마합금·활자합금·청동·땜납·이용합금 등에 사용되고 있으며, 식료품공업 장치에도 널리 사용되고 있다.

③ 납(lead, 鉛)

주기율표 제4B족의 탄소족원소에 속하는 청회색의 금속으로 한자어로는 연(鉛)이라고 한다. 원소기호 Pb로서 비중 11.34나 되는 무거운 금속이지만, 자르거나 압연(壓延)이 쉬워 가공이 용이하다. 용융점은 327℃로 낮기 때문에 다른 금속과 합금이 쉬우며, 내산성이 있고 화학적으로 안정된 성질이 있다.

BC 1500년경부터 인류가 사용해왔으며, 앗시리아의 유적 등에서 발견되고 있다. 유럽에서는 옛날부터 납과 주석을 구별하지 않았으나 후에는 납을 흑연(黑鉛), 주석을 백연(白鉛)이라 하였다는 기록이 있다. 또 포에니전쟁 당시 에스파냐에는 많은 납 광산이 있었는데, 이 광산들은 로마인(人)에게 정복되어, 로마에서는 수도관에 납을 사용하였다고 한다. 그리고 그리스·로마 시대부터 밀타승(密陀僧) (PbO), 연단(鉛丹) (Pb_3O_4), 또는 연백(鉛白) ($PbCO_3$, $Pb(OH)_2$) 등의 납 화합물도 의약이나 안료로서 알려져 있었다. 고대 중국에서는 황금(금)·백금(은)·흑금(철)·적금(구리)·청금(납)의 5색금 중 하나로 여겼다.

납은 유리원소상태로는 거의 산출되지 않는다. 납을 함유한 광석으로는 여러 가지가 있으나 산출량이 가장 많은 것은 방연석(方鉛石, PbS)이다.

납은 비교적 부드러우며 파쇄시키면 입방체를 이룬다. 또한 금속재료로서는 녹는점이 낮고 무르므로 가공하기가 쉽다. 납은 축전지 재료, 건물이나 공장시설의 배관용 연관 등의 재료, 통신장비용의 피복선전 재료, 탄환제조의 군수품원료, 핵물질포장 재료, 활자주조재료, 고급유리의 유약 재료 등 여러 곳에 사용되고 있다.

그러나 납은 그 자체는 말할 것도 없고, 가용성 납 등 체내에서 녹아 납이온을 생성하는 것은 모두 유독하다. 현재도 납이나 납을 함유하는 제품을 다룰 때 직업병이 발생할 우려가 있다.

④ 아연(亞鉛, zinc)

주기율표 제2B족의 아연족원소에 속하는 청색을 띄는 은백색이 나는 금속으로 원소기호 Zn, 한자어로 아연(亞鉛)이라 한다. 유리(遊離)된 금속으로는 존재하지 않지만 지각 속에 널리 분포하는데, 아연의 광석은 섬아연광(ZnS)·능아연광(ZnCO₃)·홍아연광(ZnO)등이 있으나 현재 제련용의 주축이 되는 광석은 황화철이다.

아연은 금속아연으로 알려지기 이전 아연과 구리의 합금인 청동과 황동 등으로 옛날부터 알려져 있었으며, 우리나라에서는 《세종실록 지리지》에 의하면 황해도 황산군은 노감석(爐甘石)의 산지로 알려져 왔다.

이규경은 《오주연문장전산고》의 〈오주서종박물고변〉에 적동 6근 마다 아연 4근을 서로 선후하여 오지항아리에 넣고 녹인 뒤 완전히 냉각하여 굳어졌을 때 꺼내면 가장 좋은 황동을 얻을 수 있다고 기술하고 있다.

그런데 아연은 420℃라는 낮은 온도에서 녹고 900℃에서는 끓어서 증기(ZnO)로 달아나기 때문에 1000℃이상으로 가열해야만 하는 청동의 주조과정에서 아연을 넣어 합금을 만드는 일은 매우 어려웠을 것으로 보인다.

이러한 점에서 우리나라의 아연을 포함한 비철금속 제련기술은 삼국 이래 조선중기에 이르는 동안 상당한 수준에 있었음을 《오주서종박물고변(五洲書種博物考辨)》에 기술된 황동 및 청동의 합금·제련기술 및 열처리기술로 미루어 알 수 있다.

3) 청동잔무늬거울 복원 제작[14)

(1) 어미거울 거푸집 만들기

　밀랍어미거울 거푸집의 재료로 활석을 이용하였다. 송국리 출토 거푸집의 재료인 편암과 주변에서 쉽게 구할 수 있는 사암은 입도 크기가 굵고 고르지 못한 반면, 우리나라 청동기시대 청동거푸집의 재료인 납석과 활석은 입도가 미세하고 조밀한 특징을 갖고 있다.

그림7.13 활석 원석

---

14) 청동잔무늬거울복원제작은 국립중앙과학관 윤용현, 문화재복원전문가 윤석빈, 금속활자장전수조교 임인호가 함께 진행하였다.

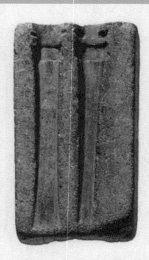

그림 7.14 송곳과 끌 거푸집 (영암 숭실대학교, 국보231호)

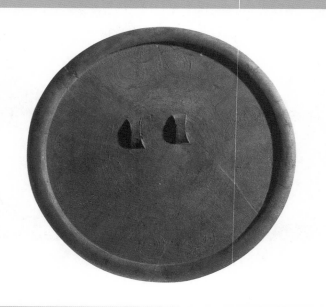

그림 7.15 화순 대곡리 출토 잔무늬거울(국보 143호)

열전도율에서도 빠른 순서로 보면 활석 〉 납석 〉 편암 〉 사암 순으로 나타나는데, 활석은 타 암석에 비해 조직이 치밀하고 입도가 고를 뿐만 아니라 열전도율이 빨라서 거푸집으로 많이 사용되었을 것으로 추측된다.

특히 활석은 표면이 매끄럽고 약한 경도 때문에 청동송곳 등으로 활석에 선각 할 때 아주 용이했을 것으로 생각된다. 청동송곳을 사용하였을 개연성은 상당히 클 것으로 생각되는데, 영암출토(국보 231호) 도끼와 끌 거푸집 가장자리에 선각되어 있는 송곳거푸집이 그 이유이다.

본 연구의 밀랍어미거울 거푸집 복원에서도 이러한 활석을 사용하여 문양을 도안하고 선각하였다. 복원 대상유물로는 전 논산출토 잔무늬거울(국보 141호)과 화순 대곡리 출토 잔무늬거울(국보 143호) 소장 잔무늬거울이다.

활석을 다듬고 도안과 선각하는데 걸린 시간은 각기 30일 정도이다.

그림 7.16 도안하기

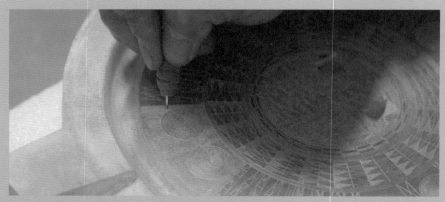

그림 7.17 도안하기

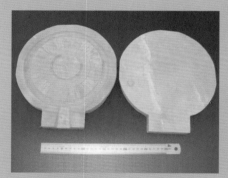

그림 7.18 청동잔무늬거울 어미거울 거푸집
복원완성(재질-활석, 국보 141호)

그림 7.19 청동잔무늬거울 활석거푸집(복
원) 문양 모습

그림 7.20 청동잔무늬거울 활석거푸집(복
원) 문양 세부모습 (국보141호)

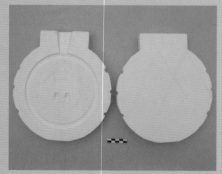

그림 7.21 화순대곡리 청동잔무늬거울 어미 거
울 거푸집 복원 완성(재질-니암, 국보 143호)

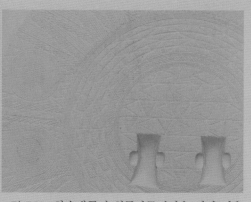

그림 7.22 화순 대곡리 청동잔무늬거울 어미 거울 거푸집 문양 세부모습

그림 7.23 화순대곡리 청동잔무늬거울 어미 거울 거푸집 세부모습

그림 7.24 청동잔무늬거울 활석거푸집

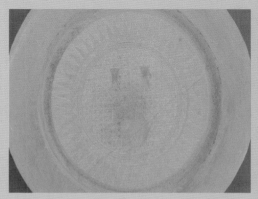

그림 7.25 청동잔무늬거울 활석거푸집 세부모습

그림 7.26 청동잔무늬거울 활석거푸집 세부모습

그림 7.27 어미거울 밀랍 떠내기

그림 7.28 청동잔무늬거울(국보141호) 어미거울
(밀랍)

그림 7.29 화순 대곡리 청동잔무늬거울 어미 거
푸집 진흙으로 떠낸 모습

그림 7.30 화순대곡리 청동잔무늬거울 어미거
울 떠낸 모습(밀랍)

(2) 어미거울만들기

어미거울용 밀랍은 백밀랍을 사용하였다. 중탕으로 녹인 밀랍 용액을 활
석거푸집에 부은 다음 굳은 뒤 떼어내어 어미거울을 완성하였다. 완성된 밀
랍어미거울을 살펴보면, 활석거푸집의 거울 두께와 달리 가운데 부분이 얇
고 가장자리로 가면서 두텁게 측정되었다. 이러한 현상은 밀랍이 굳으면서
일부 미세한 수축이 이루어지는데 기인한 것으로 생각된다.

실제 청동잔무늬거울에서도 거울면이 평면이 아니고 가운데 면에 조금
들어가 보이는 오목한 형태로 관찰되는데, 이러한 점에서 당시의 잔무늬 거

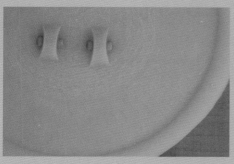

그림 7.31 화순 대곡리 청동잔무늬거울 어미거울 세부모습

그림 7.32 청동잔무늬거울 활석거푸집 어미거울(밀랍)

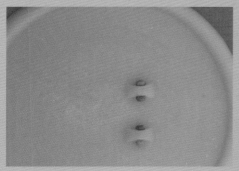

그림 7.33 청동잔무늬거울 활석거푸집 어미거울(밀랍)

그림 7.34 청동잔무늬거울 활석거푸집 어미거울 세부모습

울 제작이 석제거푸집에 쇳물을 직접 부어 주조한 것이 아니라 밀랍어미거울을 만들어 사용한 실랍법 주조에서 나타나는 특징으로 생각된다.

(3) 진흙거푸집 만들기

준비된 어미거울에 고운 석비례, 황토, 고운모래 배합토를 두툼하게 바른 뒤 통풍이 잘되는 음지에서 말린다. 그 뒤 약한 불로 구워 밀랍을 흘러나오게 하고 다시 이 거푸집을 고온에서 구워 진흙거푸집을 완성하였다.

특히 진흙거푸집을 만들 때 균열이 없는 상태로 완전히 건조시키지 않거나 적절한 온도로 굽지 않을 경우에는 주입된 고온의 쇳물이 거푸집 밖으로 흘러나와 거울의 형성이 제대로 되지 않는다. 또한 거푸집이 파손되기 때문에 청동거울의 주조가 불가능하므로 거푸집의 건조와 굽기는 반드시 필요하다.

복원 실험 결과 거푸집의 건조는 20일 정도 이상의 자연건조가 적당하였으며, 거푸집 굽기 조건은 800°에서 1,000°에 이르기까지의 온도가 적절한 소성온도인 것으로 나타났다.

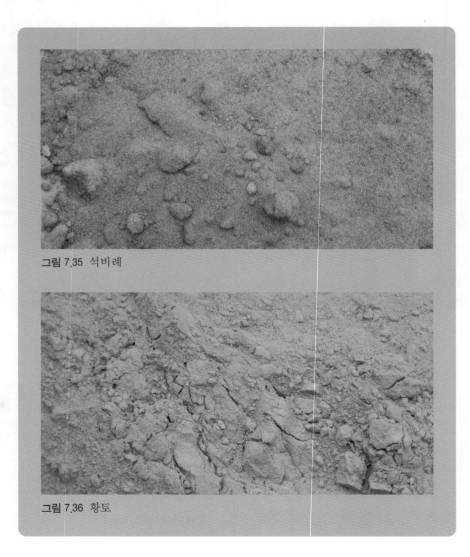

그림 7.35 석비례

그림 7.36 황토

그림 7.37 어미거울에 주물사 바르기

그림 7.38 주물사 바른 모습

그림 7.39 청동밀랍거푸집 만들기

그림 7.40 청동밀랍거푸집 만들기

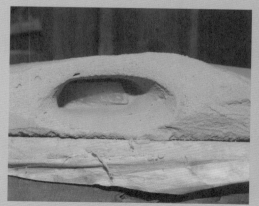

그림 7.41 탕구모습

그림 7.42 밀랍 녹여내기와 거푸집 굽기

(4) 청동주조

진흙거푸집을 구울 때 동시에 쇠를 녹여야 하는데, 청동거울의 주조에 사용되는 금속재료는 동(銅), 주석(朱錫), 납(鉛), 아연(亞鉛) 등이다. 이들 재료는 단독으로 사용되지 않고 주로 합금(合金)으로 사용되었다.

동의 녹는점은 1083℃이며, 먼저 구리, 주석, 납의 비율을 정하여 저울로 정확히 계측한 다음 도가니에 넣고 가열을 하였다. 녹이는 순서는 먼저 동을 녹인 다음 주석을 녹이고 납은 가장 뒤의 순으로 하였다.

그림 7.43 구리

그림 7.44 주석

그림 7.45 도가니

그림 7.46 숯

그림 7.47 ① 도가니, ② 구리, ③ 주석, ④ 납

그림 7.48 녹이기

(5) 청동쇳물 붓기

먼저 고온에서 구워진 진흙거푸집을 갯토 등이 담긴 네모난 나무상자에 넣고, 탕구가 하늘로 향하도록 세운 뒤 갯토를 단단히 눌러 다졌다.

주조법에 있어서 쇳물을 주입하는 방법은 원심법(遠心法), 진공법(眞空法), 압박법(壓迫法), 자연법(自然法) 등 여러 가지가 있으며, 청동 쇳물을 주입하는 위치와 각도와 높이도 다양하다. 이번 복원 실험연구에서는 자연주입법으로 청동 쇳물을 주입하였다.

청동쇳물의 주입 시 온도는 1,100℃전후가 적정하였다.

그림 7.49 거푸집 고정 및 다지기

그림 7.50 청동 쇳물

그림 7.51 청동쇳물 붓기

그림 7.52 청동쇳물 부은 뒤

그림 7.53 청동잔무늬거울 복원 모습

그림 7.54 청동잔무늬거울 복원 모습

그림 7.55 복원된 청동잔무늬거울(국보 141 호) 세부모습

이번 청동거울 복원을 통하여 알 수 있는 점은 청동거울 주조 후 거울을 꺼내기 위해서는 진흙거푸집을 부숴야만 한다. 이러한 이유 때문에 진흙거푸집이 유적에서 출토되는 경우가 매우 낮은 것으로 생각된다. 만약 선각된 문양의 진흙거푸집이 발견 된다면 그것은 완성된 주조품의 거푸집이 아니라 실패하여 쇳물 주입시 파괴된 거푸집의 잔여물일 것이다. 우리나라에서 이러한 진흙거푸집이 발견된 사례는 없으나 일본의 경우 8세기 나라시대 동전[和同開珎] 거푸집이 발견 된 사례가 있는데 이 유물은 앞서 언급한 바와 같이 쇳물 주조시 실패한 거푸집의 잔여물로 보아야 할 것이다.

그림 7.56 거푸집 부수기

그림 7.57 거푸집의 문양모습(주조 실패 거푸집)

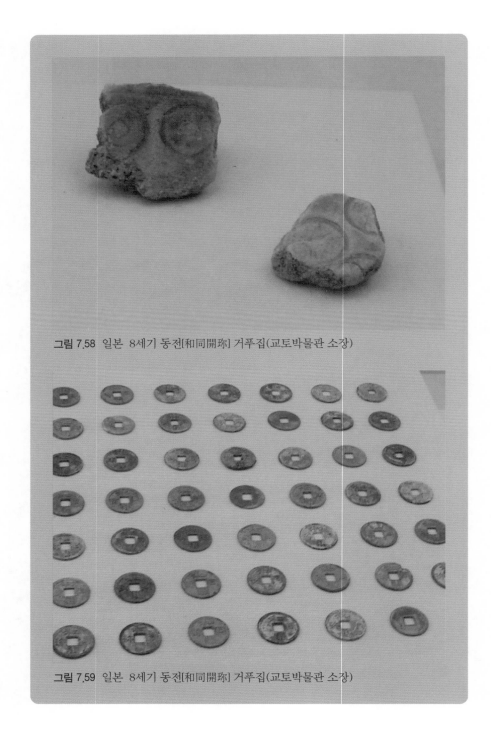

그림 7.58 일본 8세기 동전[和同開珎] 거푸집(교토박물관 소장)

그림 7.59 일본 8세기 동전[和同開珎] 거푸집(교토박물관 소장)

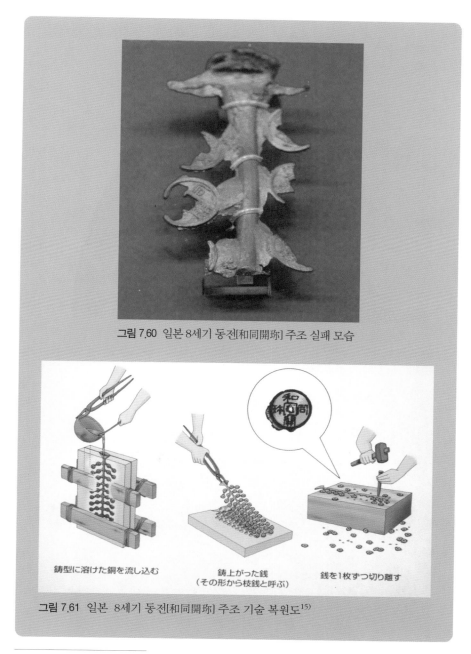

그림 7.60 일본 8세기 동전[和同開珎] 주조 실패 모습

| 鋳型に溶けた銅を流し込む | 鋳上がった銭
（その形から枝銭と呼ぶ） | 銭を1枚ずつ切り離す |

그림 7.61 일본 8세기 동전[和同開珎] 주조 기술 복원도[15]

---

15) 복원도에 암수 합범으로 되어 있으나 필자(윤용현)의 견해로는 진흙거푸집으로 주조하였을
    것으로 생각된다.

그림 7.62 청동 잔무늬거울 (국보 141호) 세부 모습

그림 7.63 청동잔무늬거울(국보 141호) 복원 유물의 세부 모습

청동기 세형동검 · 동부 · 동경의 복원제작기술

1
머리말

　한국 청동기 시대의 상한에 대하여 논란이 있다. 한반도 북부와 만주지역의 경우 기원전 2000년기까지 소급되는 것으로 이해하기도 한다. 한반도 중남부지역의 경우 청동기 문화가 개시된다. 기원전 10세기를 전후한 시기에 본격적인 청동기 시대를 나타내는 정련(精鍊)은 B.C. 4세기 말~B. C. 2세기 중엽에 시작되었고, 주조(鑄造)는 현재까지 확인된 바에 의하면 석제주형의 경우 B. C. 5세기로 보고 있다[1].

　청동기 제작을 위해서는 선광(選鑛), 제련(製鍊), 주조(鑄造), 보수(補修), 뒤처리 등 여러 가지 복잡한 공정을 거치게 되지만, 그 중에서도 주조과정은 제품의 질과 형태를 결정짓는 요소이므로 청동기 제작에 있어서 가장 핵심적이고 중요한 작업이라고 할 수 있다. 그럼에도 불구하고 그동안 우리나라 선사시대의 청동기 연구는 주로 그 형식과 편년 중점이었으며, 기술적인 규명에 대해서는 소홀하였다고 할 수 있다. 특히 주조과정에 대한 연구 성과는 극히 미미하여 거의 전무하다고 할 정도이다.[2]

　고대의 청동기 제작 기술은 문헌자료도 없이 전해지는 경우가 많기 때문에 관련 유적에서 출토되는 광물 찌꺼기나 도가니, 제련 기구 등의 유물이 중요한 단서로 작용한다. 청동기 시대가 전개되는 가장 큰 배경은 야금술

---

1) 정광용, 2004 『전통과학 유물 복원 · 보존처리 기술개발 기초연구(1)』 과학기술부
2) 李健茂, 2005 「한국 선사시대 청동기 제작과 거푸집」『한국의 청동기 제작과 용범』 숭실대학교박물관

(冶金術)의 출현이라 할 수 있다. 야금술이 출현하기 이전에는 자연에서 그대로 얻어진 자연동(自然銅)을 두드려 펴서 핀이나 송곳 같은 작고 간단한 장신구나 도구를 만들었다. 그 후 점차 광석에서 금속을 뽑아내는 제련법과 금속을 녹여 거푸집에 부어 물건을 만드는 주조법 등의 제조방법과 기술수단, 즉 야금술이 개발되면서 새로운 세계가 열리게 되었다. 이 기술혁명을 주도한 것이 바로 구리와 주석의 합금인 청동의 제작인 것이다. 우리나라에서도 청동기와 함께 청동기를 주조할 때 사용하였던 거푸집들이 발견, 발굴되고 있어 청동야금술의 존재를 알 수 있다.[3]

또한 이는 채광(採鑛), 정련(精鍊), 거푸집 제작, 합금, 고온 용융(高溫 熔融), 마감처리, 보수 등의 복잡하고도 전문적인 공정(工程)으로 전문기술의 존재를 고려해야 확인할 수 있는 부분이다. 청동기시대의 청동은 동과 주석의 합금에 아연과 납 등을 더해 700~800℃ 정도의 비교적 낮은 온도에서 녹여 도구로 사용하였다. 철광석은 구리광석보다 손쉽게 구할 수 있지만, 1200℃ 이상의 높은 온도로 가열해야 제대로 녹아 도구를 만들기 어렵기 때문에 인류가 청동, 즉 합금용 광물을 구하기가 어려우면서도 다른 어느 금속보다 먼저 도구로 만들어 사용하게 된 것이다. 이러한 청동기의 사용은 우리나라에 수공업의 발달과 사회 구성원의 전문화를 가져오고, 나아가 평등사회에서 불평등사회로의 변화를 가져온 촉매제 역할을 하였다.

국내에서 가장 일찍 한국 청동기를 제작하는 지역으로, 한반도에서는 경주지방·평양지방·전남(영암)과 더불어 금강유역에서 청동기가 집중적으로 나와 한반도 청동기 연구에 중요한 자료를 제공하고 있다.

여기에서는 금강유역을 중심으로 유적에서 출토된 청동기를 대상으로 하여, 선사시대 거푸집과 청동기 제작과정을 복원하였다. 청동기시대의 대표적인 청동제품에 대한 과학기술적 연구를 통하여 전통기술의 핵심을 분석하였고, 전통과학유물의 전시 및 교육 자료로 활용하는 데 큰 도움을 줄 것이다.

3) 이건무, 2005, 주2) 앞의 글

2
고대 청동기의 주조

2.1 광석의 제련

산화물 광석인 적동석이나 탄산염 광물인 동광석과 황화광물인 방연광은 숯과 섞어 불을 피워 송풍하면 숯에서 나오는 일산화탄소(CO)로 환원되어 쉽게 금속을 얻을 수 있다. 한편, 황동석은 유황을 배소하여 제거시키거나 또는 2차에 걸쳐 제련하여야 한다.

경주시 황남동 376유적에서 기원후 6세기 중엽의 것으로 추정되는 동제련 도가니가 발굴되었다. 그림 8.1과 같이 토기의 내경 12cm, 깊이 4cm인 그릇 안에 동광석 분말과 숯을 넣어 그릇 안에서 숯불로 동을 제련하였다. 한편 기원후 8세기의 경주시 동천동 791유적에서는 내경 13cm, 노벽 두께 3~4cm, 높이 15cm의 동제련로가 출토되었다. 이 노 안에서는 좁쌀 만한 동입자가 흙과 섞여 나왔으며 노 아래쪽에는 풀무 구멍이 있었다.

청동기시대에도 이와 같은 질흙 도가니나 움에서 동광석과 숯을 섞어 풀무질을 하여 동을 제련하였다. 이런 예는 유럽이나 중국에서도 볼 수 있다. 동의 녹는 점이 1083℃나 되는 고온이어서 작은 도가니나 움에서 제련된 동은 일부만 동입자가 되므로 체로 쳐서 골라내어 다시 도가니에 넣고 녹여서 덩어리를 얻었다. 이것은 소규모의 동제련 방법이며, 그 후 질흙으로 노를 쌓아 제련하였다.

우리나라의 문헌으로는 1834년 이규경(李奎景)의 『오주서종박불고변(五

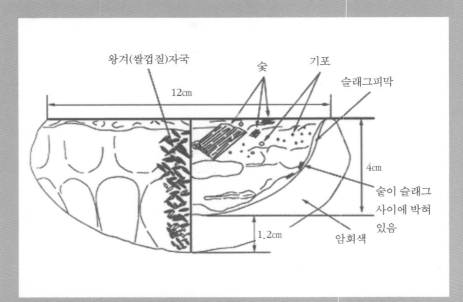

왕겨(쌀껍질)자국

12cm

숯

기포

슬래그피막

4cm

숯이 슬래그
사이에 박혀
있음

1.2cm

암회색

그림 8.1 경주 황남동 출토 동제련 도가니

그림 8.2 경주 동천동 출토 동제련로

문화재 복원제작기술

洲書種(博物考辨)』에 '네모의 담을 쌓고, 가운데가 움푹한 바닥에 재를 깔고 그 위에 얇게 질흙을 발라 풀무질하여 대량으로 동광석을 녹이면 동이 바닥에 괴게 된다' 라고 적혀 있다.

2.2 청동의 용해

우리나라 최초의 청동기는 기원전 2000년기의 평북 용천군 신암리에서 출토된 청동칼과 청동단추 및 평양 금탄리의 청동끌이다. 청동은 처음에는 동광석과 주석광석 및 납광석을 숯과 교대로 쌓아 송풍하면서 녹이고, 그 후 금속, 동, 주석 및 납을 저울질하여 도가니에 넣어 청동을 제조하였다. 그러나 광석을 사용하면 조성의 조정이 어려우며, 또한 주석이나 납의 다량 첨가가 어렵다. 우리나라의 청동기 조성을 보면 성분이 조정되었고, 주요 원소의 다량 첨가로 보아 금속을 써서 합금시킨 것이 확실하다. 동은 녹는 점이 고온이어서 용해하기가 어려우며, 주조성도 나쁜 반면, 청동은 주조성이 좋을 뿐만 아니라 주석의 함량이 높을수록 녹는 점이 낮아져 용해하기가 쉽다. 즉 동에다 주석을 10% 첨가하면 994℃에서 녹고, 20% 첨가하면 875℃로 낮아진다. 납을 첨가하면 합금의 녹는 점이 더욱 낮아지고, 쇳물의 유동성이 좋아져 주조성이 좋아지며, 그 위에 절삭성이 좋다. 무엇보다 값비싼 주석을 대체할 수 있어서 후기로 내려올수록 납의 첨가량이 증가하는 경향이 있다.

2.3 주조기술

주조기술에서 중요한 것은 거푸집이다. 주형 또는 용범이라고도 불려오던 거푸집은 청동기의 주조물을 만들어내는 데 결정적인 기술이기 때문이다. 어떤 거푸집으로 어떻게 청동기를 부어 내느냐에 따라서 그 제품의 정밀함과 아름다움이 판가름났던 것이다.

물론 처음에는 돌이나 진흙에 만들려는 모양을 새겨서 그것을 바로 거푸집⁴⁾으로 썼다. 그리고 그런 틀을 두 개 맞붙여서 녹인 청동을 부어 넣는 방법을 쓰면 어떤 형태라도 만들어낼 수 있었다. 이것이 이른바 직접법이다. 이런 거푸집으로도 만들지 못하는 청동기가 거의 없었다. 모양이 간단한 무기류는 물론이고 매우 정교하고 형태와 무늬가 복잡한 청동기까지도 만들수 있었다.

기술자들은 보다 섬세하고 예술적 감각이 뛰어난 주조물을 만들기 위해더 좋은 거푸집을 개발해 냈다. 그것은 납형⁵⁾이라고 부르는 밀랍 거푸집이다. 밀랍 거푸집은 꿀찌끼로 만든 밀랍에 송진을 녹여 섞은 것으로 방법은간단하다. 일단 표면에 문양을 새겨서 원형을 만들고, 그 위에 곱게 빻은 주형토 가루를 뿌린다. 이어 진흙물을 칠해 외형을 만들고 잘 말린 후에 불로구워서 밀랍을 녹이면 완성된다. 여기에 청동기의 용융액을 부어 넣으면 밀랍으로 만든 원형과 똑같은 청동기가 되는 것이다. 이 방법을 간접법이라고

---

4) 토범은 점토를 물에 녹여 진흙의 즙과 모래를 섞어서 만든 틀로서, 암틀과 수틀로 구성되는데, 무늬는 암틀의 안쪽에 새기고 수틀을 암틀 사이에 끼워 두 개의 틀이 합쳐진 빈공간에 녹은 금속액을 흘려 붓는다. 토범은 외범과 내범으로 조성되는데 '子母口'에서 접합하는 것을 합범이라 부른다. 일본에서는 소오가다라 부르며 같은 방법이지만 주조물을 만들 경우에는안틀 깎기와 안틀 끼우기 방법이 있는데, 안틀 깎기는 원형을 주물토로 만들고 여기서 암틀을 떠낸 후, 틀의 표면을 원하는 금속의 두께만큼 깎아 내서 그것을 안틀로 이용하며, 이 안틀의 외면에 먼저 떠낸 암틀을 덧대서 생긴 공간에 용동을 흘려 붓는다. 안틀 끼우기는 종이나 짚을 섞은 흙을 나무나 토제의 원형에 직접 대서 틀을 뜬 후 그것을 암틀로 하여 그 안에안틀을 넣어 주조한다. 원형의 세부를 뜨기가 쉽고 원형을 망가뜨리지 않는 것이 특징이며,이는 후대에 성행하는데, 漢 대에 있었다고 한다. 납형 주조 대신에 나무틀을 사용하여 끼워넣는 식으로 하기도 한다.

5) 밀랍형은 밀랍을 반죽하여 원형을 주물러 만들어 그것을 주물흙으로 둘러싸 가열한다. 밀랍이녹아 내리면 그 빈 공간에 녹인 금속을 흘러 부어내는 방법이다. 부피가 큰 것은 밀랍과 송진을 섞은 다음 점토의 안틀에 발라서 조각한 후 그 바깥쪽에 흙과 점토즙을 섞은 진흙을 발라건조시킨 후 가열하면 안틀에 발랐던 밀랍이 녹아 내리게 되는데 그 빈 공간에 녹인 금속을 흘려 붓는다. 안틀을 고정시키기 위해 틀잡이를 끼운다. 나중에 틀잡이가 있었던 자리의 빈 구멍은 쇳물을 흘려 부어 때우는 방법을 쓴다. 이 방법은 고대 오리엔트에서 시작되어 고대 이집트신왕조시대에 발전을 거듭하면서 고대 그리스를 거쳐 르네상스시기에 완성되었으며, 중국은전국시대의 청동기에서 볼 수가 있다. 밀랍은 송지와 종류를 섞어서 융점은 70도가 된다.

부른다.

직접법보다는 훨씬 복잡하고 까다로운 과정을 거치지만 밀랍 위에 조각했기 때문에 떠낸 무늬와 주조물의 표면이 아주 정교하고 매끄럽게 잘 빠져 나온다. 한국의 옛 청동기 제조 기술자들은 이 방법들을 필요에 따라 적절하게 써가면서 훌륭한 청동기를 만들어 냈다.[6]

한국인은 거푸집 중에서 돌 거푸집을 잘 썼다. 이것은 중국의 경우와 다른 점이다. 중국에서는 거의 대부분 진흙 거푸집을 사용했다. 중국에서 수없이 발견된 거푸집 중에서 돌 거푸집은 5개에 불과하다. 중국인이 진흙 거푸집으로 만든 청동기도 한국인은 돌거푸집을 써서 만들었다. 특히 활석제 거푸집이 가장 훌륭했다. 석제의 틀은 직접 용동을 흘려 부어 제작한 것도 있으나, 어떤 것은 이 틀에서 밀랍이나 금속제의 틀을 떠서 사용했으리라 짐작하기도 한다. 우리나라에서 현재 알려진 석제 용범으로는 용인, 완주, 전 영암 출토품이 있다.

다음으로 한국인은 모래 거푸집[7]을 개발했다. 중국 기술서인 『천공개물』에 보면 주조하는데 모래 거푸집이 썼다는 기록이 있는데 서양에서도 기원 후 14~15세기 이전에는 알려지지 않았었다. 하지만 한국인은 그 모래 거푸집을 12세기 이전에 개발했고, 한국의 야금술에 큰 발전을 가져왔다.[8]

한국의 거푸집 발전은 위와 같이 흘러 왔고, 이 연구에서 다루어질 청동기 시대의 청동기 거푸집은 한국 거푸집 발달사의 바탕이 되었다.

청동기시대의 비파형동모, 선형동부, 동촉, 동탁, 동과, 조문경, 동착, 동시, 날이 좁은 동부, 세형동검 등의 거푸집이 출토되었는데, 그 재료는 활석이며, 단지 송국리 출토의 선형동부만이 편암이다.

이런 석형은 청동기 초기에 유럽이나 중국에서도 공통적으로 사용하였으며, 그 후 泥范과 銅范이 등장하지만 우리나라에서는 아직도 이범 등이 발

---

6) 전상운, 2000 『한국과학사』 사이언스북스
7) 모래틀은 목제나 금속제의 테두리 안에 주물흙을 채워 원형을 눌러 찍어 틀을 사용하는데, 간단한 형태의 금속품을 다량으로 생산할 때 주로 많이 쓰인다.
8) 전상운, 2000, 주 6) 앞의 글

그림 8.3 맹산 출토 조문경 거푸집(왼쪽)

그림 8.4 세형동검 거푸집, 왼쪽-장천리, 오른쪽-초부리

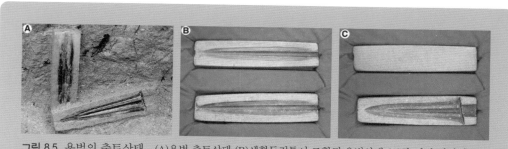

그림 8.5 용범의 출토상태. (A)용범 출토상태 (B)세형동검틀이 조형된 용범상태 (C)한 점의 배면에 동과 틀이 조형됨

견되지 않고 있다.

우리나라는 세계적인 활석의 자원국으로서, 활석은 다른 석재보다 연하여 동검과 같은 단순한 형태의 모양을 새기기가 쉽다. 쇳물이 거푸집 속에서 굳을 때 쇳물에서 발생하는 가스가 빠져나가기가 어려워 두 짝을 합쳐 그 틈 사이로 가스가 빠져나가게 하거나 또는 단범을 사용하였다. 그러나 몇 번 쓰고 나면 변형이 일어나고 또한 복잡한 형태의 기물은 거푸집을 만들 수 없어서 현재는 자취를 감추었다.

최근에 전북 완주군 이서면 반교리 갈동유적(청동기에서 초기철기 시대)에서 토광묘 유구의 묘광 바닥에서 세형동검 용범 1조가 출토되었다. 갈동유적에서 출토된 세형동검 용범은 조립의 등립질 입상조직을 갖는 심성화성암으로서 녹회색의 지방광택을 띠고 있다.

3
청동기의 복원제작기술

금속이라는 물체를 얻기 위해서는 금속을 담아서 모양을 만들 수 있는 형틀 즉 거푸집이 필요하다. 거푸집은 단조라는 작업이 나오기 전까지 주형의 모양을 만들어 주었으며, 이로 인해 연마과정의 일부를 줄여주었다. 이렇게 시간과 노동력의 절약이라는 거푸집의 편리함 때문에 현재에도 사용하고 있다.

현재의 거푸집 만드는 방법은 다양하고 세분화되어 있으나, 큰 맥락에서는 청동기시대의 방법과 다르지 않다. 거푸집의 조건으로 주물을 견딜 수 있어야하고, 주물을 부었을 시에는 변형이 있으면 안 된다. 이러한 두 가지 조건에 부합되는 거푸집의 재료로 청동기시대인들이 고른 것은 돌이다. 즉 그 당시에는 이미 돌로 공구와 무기를 만들고, 생활에 사용하고 있었기에 돌의 연마와 열에 관한 견딤에 관한 지식이 있었을 것이다.

3.1 거푸집 제조과정

1) 암석채취

바위에서 돌을 분리하는 작업은 바위에 구멍을 뚫고, 뚫은 곳에 나무 쐐기를 박는다. 그리고 나무 쐐기 위에 물을 부어 나무 팽창에 의해 돌을 분리시킨다. 분리된 돌은 홈을 판 후에 쪼갬 날을 이용해서 분리한다.

2) 두 돌 간의 접합에 필요한 수평 작업

거푸집에는 윗 판과 아래 판이 수직 수평으로 만나야 하기 때문에 수평작업을 한다. 수평 작업은 평평한 곳에서 거푸집보다 강한 경도의 돌을 문지르면서 한다.

3) 청동기 형태 모양 제도

수평 작업이 완료된 돌은 원하는 청동 검을 제도하며, 이때 특히 유의할 점은 상하의 결합이다. 상하가 결합하기 위해서는 중심축을 중심으로 선대칭 방법을 이용한다. 한쪽 중심에서 날까지의 거리를 선대칭, 상하를 선대칭 하면 완벽한 주물을 얻을 수 있다.

4) 조각(형태, 문양)

제도가 끝나면 조각에 들어가는데 우선 혈도부터 파낸다. 이유는 날부터 파낼 경우 날 부분의 파손 위험이 있기 때문이다. 혈도를 파낸 후에 날 부분을 파내는데 거푸집보다 강한 경도의 돌을 이용하여 밀어가면서 파낸다. 쓰이는 조각 날로는 평날과 둥근날이 필요하다.

그림 8.6 동검 형틀 제작과정

3.2 용해작업

금속을 녹이는 방법은 저온에서 천천히 온도를 올려주면서 용융한다. 즉 고온에서 바로 용해했을 시에는 금속에 변화를 주어 금속이 약해지기 때문에 서서히 온도를 올려주어야 한다. 용해방법은 구리(용융점 1083℃)를 먼저 녹인 후 일정시간이 지나면 납(용융점 327℃)을 넣고, 그 다음 주석(용융점 231℃)을 녹인다. 용융점에 따라 녹이지 않을 경우 용융점을 넘겨 버린 금속은 타서 결함을 만들므로, 용융점이 높은 순으로 녹여야 한다.

3.3 주입작업(거푸집에 쇳물 붓기)

최종 마무리가 끝난 거푸집은 상하의 이음선을 잘 맞춘 후에 밧줄을 이용해서 완벽하게 묶는다. 묶은 거푸집을 땅에 고정시킨 후 쇳물 부을 구멍에 흙을 이용한 탕구(주입구, 압탕)를 만들어 준다. 용해하는 그릇은 내화석고로 만들어진 용기를 이용하였다. 용기를 불로 서서히 달군 다음 붕사를 뿌려준다. 붕사를 뿌려주는 이유는 산화피막이 형성되는 것을 방지하고, 금속과 거푸집의 분리를 용이하게 해주기 때문이다.

용해작업이 끝나면, 주입구에 청동 쇳물을 주입한다. 그리고 주형이 식으면 거푸집에서 청동제품을 떼어 낸다.

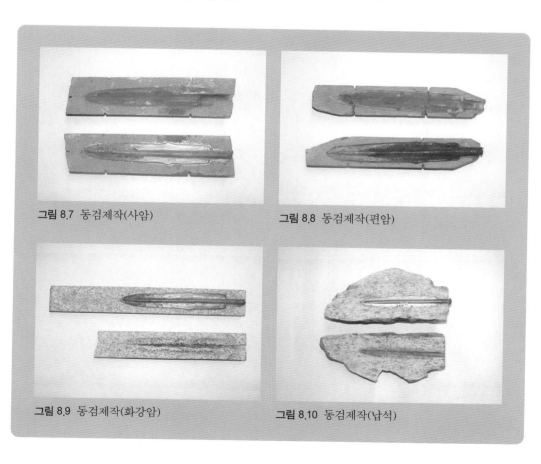

그림 8.7 동검제작(사암)

그림 8.8 동검제작(편암)

그림 8.9 동검제작(화강암)

그림 8.10 동검제작(납석)

3.4 연마 과정

주물제품이 완성되면 주입구 및 이물질을 정리하고 연마를 실시한다. 연마는 원 재질보다 강한 경도를 가진 재료를 이용하여 연마한다. 연마방법은 강한 연마제에서 미세한 연마제로 갈수록 많은 광을 낼수 있다. 현재의 연마제로는 금강 지석, 사포, 연탄, 산화크롬 등이 쓰이는데, 청동기 시대에는 경도가 높고 미세한 바위, 또는 숫돌에 문질러서 연마를 했을 것으로 추정된다.

4
청동기 복원

4.1 세형동검과 거푸집

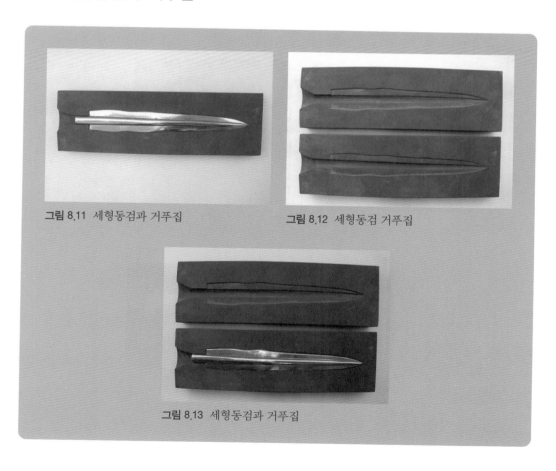

그림 8.11 세형동검과 거푸집

그림 8.12 세형동검 거푸집

그림 8.13 세형동검과 거푸집

4.2 동부와 거푸집

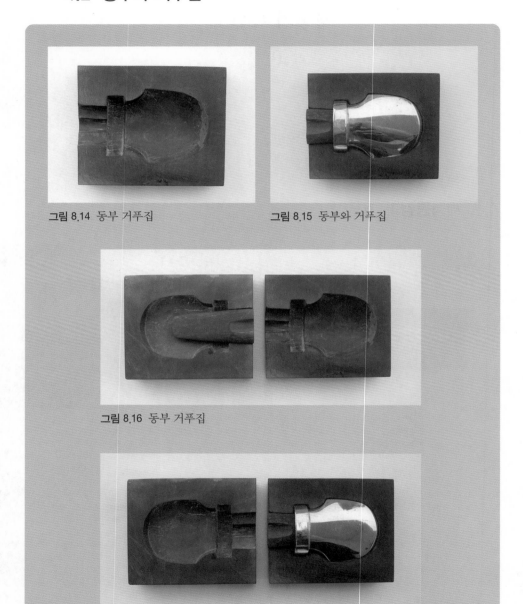

그림 8.14 동부 거푸집

그림 8.15 동부와 거푸집

그림 8.16 동부 거푸집

그림 8.17 동부와 거푸집

4.3 동경과 거푸집

그림 8.18 동경 후면 거푸집

그림 8.19 동경과 거푸집

그림 8.20 동경과 거푸집

그림 8.21 동경과 거푸집

그림 8.22 동서리 동경 - 前面

그림 8.23 동서리 동경 - 後面

그림 8.24 구봉리 동부 - 전면

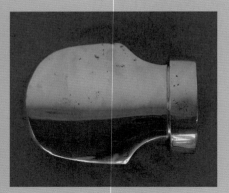

그림 8.25 구봉리 동부 - 후면

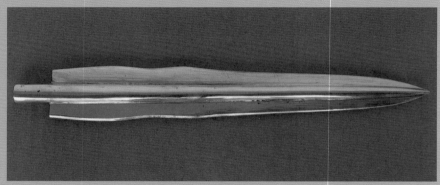

그림 8.26 세형동검 - 전면

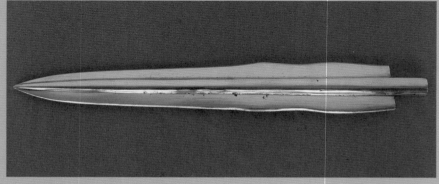

그림 8.27 세형동검 - 후면

4.4 비파형동검의 제작과정

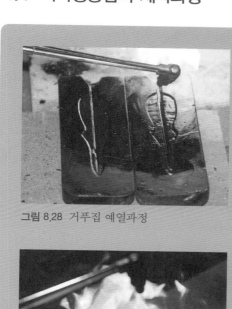
그림 8.28 거푸집 예열과정

그림 8.29 거푸집 주조 대기상태

그림 8.30 도가니 예열과정

그림 8.31 유약층막 소성

그림 8.32 구리 소성과정

그림 8.33 주석합금

그림 8.34 주조과정

그림 8.35 주조완료

5
맺음말

기원전 1천 년경부터 있었던 청동기 문화도 중국의 과학 문명과는 다른 북방계 문화의 영향으로 발전한 비교적 수준이 높은 기술을 바탕으로 한 것이었다. 대표적인 청동기로는 동검과 동경을 들 수 있다. 한국만의 독특한 형식의 동검과 동경은 청동기시대 지배자들의 권력을 상징하거나 종교적인 의식에서 의기로 사용되었을 것이다. 기원전 4세기경에 출현한 청동기들은 돌 거푸집을 써서 대량으로 생산이 가능하게 되었다. 그리고 한국 청동기들은 디자인이 독특하고 세련되며 뛰어난 주조기술 덕분에 한국 고대 금속공예는 높은 수준에 도달하였다. 더불어 청동의 합금 기술도 높은 수준에서 전개되었다.

경기도 용인 초부리 유적 출토 세형동검과 충남 예산 동서리 유적 출토 동경을 전통기술에 입각하여 복원하였고, 이와 더불어 충남 부여군 구봉리 유적에서 발견된 동부도 함께 복원하였다. 청동기시대 유물인 세형동검, 동경, 동부는 한국만의 독특한 청동기 문화 안에서 생성된 유물로, 본 연구에서 이를 복원·전시함에 따라 현대인에게 고대 금속기술을 자세히 알리게 되는 계기가 될 것이며 나아가 고대의 전통기술을 현대에 적용하는 모티브를 제공하게 될 것이다.

청동기 복원에는 한국 고대 청동기에 대한 기본 자료를 정리하고, 복원에 임하였는데 복원에는 활석, 청석, 화강암, 납석(곱돌) 등을 이용하여 돌 거푸집(주형)을 만들었고, 대상 청동기의 실물 크기로 제도한 다음, 전문가(석물조각가)에 의하여 조각하였다. 청동기의 성분원료 배합은 1단계 연구 결과를 반영하여, 평균치인 구리 70%, 주석 20%, 납 10%의 배합비를 사용하였고, 거푸집에 주조하여 세형동검, 동부, 동경을 복원하였다. 순도 높은 구리의 경우 표면장력이 크므로 금속의 원활한 흐름성이 떨어져 주조성이 떨어지며 동검과 같은 제품을 제작할 때 경도가 떨어져 도구로써의 기능을 할 수 없었다. 상대적으로 청동의 경우 융점도 낮아지고 흐름성이 좋아 주조가 원활이 되었고 경도가 높아 그 기능을 충족할 수 있었다. 거푸집의 경우 활석이 성형성(成形性), 내열성(耐熱性), 통기성(通氣性), 강력성(強力性), 보온성(保溫性), 복용성(復用性) 등이 여러 면에서 우수하였음을 알 수 있었다.

청동기시대 원개형 동기의 제작기술 복원

1
머리말

1978년 4월 충남 예산군 대흥면 동서리에서는 석관묘 1기가 발굴되었다. 내부에서는 동검 9점, 검파형동기 3점, 나팔형동기 2점, 청동거울 9점, 원개형동기 1점이 일괄로 출토되었다. 이러한 유물조합상은 대전 괴정동, 부여 합송리 등 한국식동검문화기 유적에서 공통적인 양상을 보인다.[1]

이 유적 출토품 가운데 직경 20.5cm, 외면높이 1.2cm 크기의 볼록한 뚜껑 모양 청동기, 즉 원개형 동기는 특히 주목된다. 오목한 내면은 무늬가 없으며 거울과 같이 연마되어 있고 외면은 주조 흔적이 남아있으며 가공을 하지 않았다. 그리고 외면 상단에 꼭지가 달려있어 가죽 끈 등으로 묶는 기능을 가졌을 것으로 추정된다. 이러한 특징 가운데 내면이 가공된 것을 주목하여 거울 또는 빛을 반사하는 용도[2] 로 사용되었을 것으로 추정되고 있고, 외면은 징처럼 때려서 음을 울리는 용도로 사용되었을 것으로 추정[3]되기도 한다.

그간 원개형 동기가 출토된 유적은 위의 예산 동서리유적을 비롯하여 대전 괴정동유적, 부여 합송리유적, 대구 평리동유적에서 출토된 바 있다.[4]

---

1) 池健吉, 1978 「禮山 東西里 石棺墓 出土 靑銅一括遺物」 『百濟研究』 9, 忠南大學校 百濟研究所
2) 스미즈 야스지, 2006 「원개형동기의 앞뒷면」 『文化財』 39, 국립문화재연구소
3) 李健茂, 1990 「扶餘 合松里遺蹟 出土 一括遺物」 『考古學誌』 2, 韓國考古美術研究所
   김성혜, 2004 『삼국시대 신라음악문화사 연구』 동아대학교 철학박사학위논문
4) 李殷昌, 1968 「大田 槐亭洞 靑銅器文化의 硏究」 『亞細亞硏究』 30, 高麗大學校 亞細亞問題硏

대전 괴정동 출토품은 내면과 외면의 양상이 동서리의 원개형 동기와 유사하나 합송리 출토품은 전면의 표면 가공흔적이 없고 주조 후의 이물질은 제거 된 상태이다. 현재 뉴는 복원되어져 있지만 1/3 정도가 유실된 상태이기 때문에 뉴의 존재 여부는 알 수 없다.

또한 최근 이 원개형 동기를 비롯한 우리나라 청동기의 제작기법에 대한 상세한 연구가 속속 제시되고 있어 우리 청동기문화의 기원과 발전과정을 이해하는데 매우 중요한 기여를 하고 있다.

본 연구에서는 기존의 연구성과를 적극적으로 수용하는 한편 그러한 연구에 일조하고자 동서리 출토 원개형 동기의 제작과정을 복원하여 보고자 한다. 이러한 작업이 한국 청동기문화의 우수성을 밝혀내고 향후 전통문화를 현대적으로 활용하는데 도움이 될 수 있기를 기대한다.

究所
국립중앙박물관 · 국립광주박물관, 1991 『특별전 한국의 청동기문화』 범우사
李健茂, 1992 「韓國 靑銅儀器의 硏究 - 異形銅器를 中心으로-」『韓國考古學報』 28, 韓國考古學會
이건무, 2003 「한국식동검문화의 연구」 고려대학교 박사학위논문

2
연구방법

주조기법을 이용하여 유물의 원형을 복원제작하는 방법으로 접촉식방법과 비접촉식방법이 있다. 이중 접촉식방법을 사용할 경우 유물을 적극적으로 보호하기가 어려운 약점이 있는 반면, 유물이 가진 원형을 최대한 충실히 복원할 수 있는 장점을 가지고 있다. 그러나 현실적으로 유물의 보존에 우선을 두어야 하기 때문에 차선책인 비접촉식방법을 사용하곤 한다. 대표적인 방법으로는 실측, 사진, 3D 스캔을 이용하여 형태를 가공하거나 RP(Rapid Prototyping)를 이용하여 원형을 만들고 그 후에 가공을 통해 복원하는 경우가 있다.

주조로 만들어진 유물의 경우 볼륨감이 있거나 정교한 문양이 베풀어진 예가 많아 수작업을 통한 복원 복제는 한계가 있다. 따라서 유물표면을 보호하면서도 그 표면질감 등의 특징을 비교적 충실히 반영할 수 있도록 하여야 한다. 이에 주석박, 알루미늄호일, 실리콘 등을 이용하여 1차 형틀을 제작하고 석고, 우레탄폼, 에폭시계 수지 등을 이용하여 2차로 보강 틀을 제작하여 복제형틀을 완성하는 방법이 활용되고 있다.

현재로서는 유물의 원형을 충실히 복원 및 복제하기 위해서는 이러한 접촉식 방법이 가장 합리적이다. 이 방법으로 형틀을 만들 때는 전문가의 자문을 구할 필요가 있다. 고대의 금속제 문화재의 경우 제작기법이나 소지금속의 특성 등에 따라 상태가 다르기 때문에 표면을 보호조치하여 형틀을 분리시켜주는 기술이 필요하다. 그리고 유물의 소지금속이 너무 얇은 경우,

부식으로 인하여 접촉이 곤란한 경우도 다수 있으므로 이를 보완하는 기술도 필요하다.

비접촉식 방법에 의한 복제는 RP기술력이 현재로써는 완전하지 않아 표면의 질감 등이 원형과 같이 표현되지 않고 주재료의 제한이 있다. 비접촉식방법에 의한 복제방법은 향후 지속적으로 개발되어져 원형과 같은 수준의 복제가 가능하도록 입자가 치밀해 진다면 문화재 복제의 기본방향이 바뀔 수 있을 것이다. 현재 비접촉식에 의한 유물의 기록과 복제방법은 실험고고학, 문화재의 기록 전산화에 크게 기여할 수 있는 방법이다.

본 연구는 크게 4단계로 구분하여 진행하였으며, 각 단계마다 다시 세분되는 과정을 거쳐 복원품을 완성하였다.

1단계는 유물관찰을 통하여 제작기법을 추정하는 단계이다. 육안, 사진, 실체현미경으로 각종 제작 흔적, 투과 X선 촬영으로 내부의 상태와 파손 및 결손 부위 등을 확인하였다.

2단계는 복제형틀 및 1차 복원품 제작과정이다. 수지나 소석고 등을 이용하여 원형을 만들고 유실된 부분과 형태가 틀어진 부분을 수정하여 원형으로 복원하였다.

3단계는 소지금속의 재질을 분석하여 청동합금의 비율을 조사하고 합금비율에 따라 주조상태가 달라질 수 있으므로 그 기준을 알아보고자 하였다. 분석결과에 따라 재료를 각각 준비하여 일정비율의 청동합금을 제작하였다.

4단계는 청동주조기술에 의한 복원품 제작과정이다. 소석고와 수지에 의해 복원되어진 형태를 이용하여 토제 거푸집을 제작하고, 분석결과에 맞추어 합금된 청동을 녹여 부어 원형을 주조하였다. 주조 후 외형의 거푸집을 제거한 다음 내면을 가공하고 유물에서의 정면흔을 만들기 위하여 숫돌로 다듬어 주어 최종 완성하였다.

3
제작기술 복원

3.1 유물관찰 및 제작기법 추정(1단계)

　본 유물은 전체적으로 형태가 잘 남아 있으나 중앙부위가 압력 내지는 충격에 의해 여러 편으로 파손되어져 있고 소지금속이 부식되어 보존처리를 실시한 상태이다.

　X선 촬영으로 보면 주조에 의해 생긴 기공흔적이 앞면 가장자리를 중심으로 넓게 분포하고 있음을 알 수 있다. 외면에서 관찰되어지는 기공은 거푸집과 쇳물의 온도차이로 생기는 금속의 표면 장력 현상으로 금속이 급격히 식으면서 생기는 흔적일 가능성과 주조후 쇳물 내부의 가스가 외부로 빠져나가지 못하면서 생긴 흔적임을 알 수 있다.

　부여 합송리 출토 원개형 동기의 경우 주조 이전에 원형(原型)을 만들면서 생긴 표면가공 흔적이 뚜렷하게 남아 있다. 이는 거푸집을 예열하여 적정 주조 대기온도에 맞게 열을 가한 후 쇳물을 부어 넣음으로써 정밀한 주조가 가능하였던 것으로 판단된다. 거푸집의 예열은 주조의 성공률과 정밀함을 더해주는데, 청동기시대 후기에 들어서면 다뉴세문경과 같은 정교한 주조기술을 가능하게 하는 방법이라 판단된다.

　고대 금속유물의 주조기술은 다음과 같은 다섯 가지 방법으로 정리할 수 있다. 첫째, 석제거푸집에 직접 쇳물을 부어 주조하는 기술이다. 둘째, 석제거푸집을 이용하여 정교한 형틀을 만들고 밀랍으로 본을 떠서 토제거푸집

그림 9.1 원개형동기 외면

그림 9.2 원개형동기 내면

그림 9.3 외면 외연부

그림 9.4 내면 세부

그림 9.5 외면 고리부분

그림 9.6 외면 양감

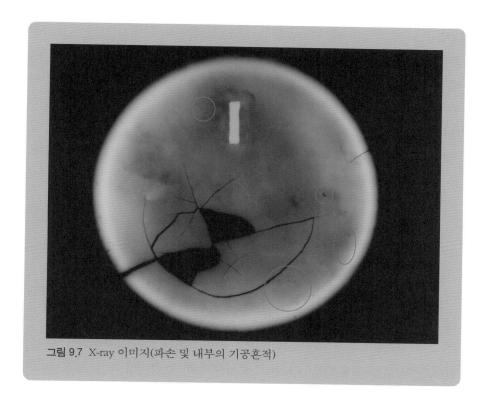

그림 9.7 X-ray 이미지(파손 및 내부의 기공흔적)

을 만들어 주조하는 기술이다. 셋째, 밀랍원형을 만들고 표면에 흙을 발라 토제거푸집을 만들고 열을 가하여 밀납을 녹여낸 다음 그 속에 주조하는 기술이다. 넷째, 목형을 만들어 토제거푸집을 찍어내는 기술이다. 다섯째, 목형을 만들고 모래를 이용한 거푸집을 만들어 주조하는 기술이다.

하나의 거푸집을 이용하여 대량으로 제품을 생산할 수 있는 기술로는 첫번째 방법이 가장 좋고, 하나의 원형 내지는 형틀을 제작하여 대량생산할 수 있는 방법은 둘째와 넷째, 그리고 다섯째 방법이 있다. 하나의 원형으로 하나의 원형을 생산하는 것으로는 세 번째 방법이 있겠다.

첫번째 방법은 석제거푸집에 의한 주조기술은 청동을 처음 발견하여 주조하였던 방법이며 비파형동검, 세형동검, 거친무늬거울, 잔무늬거울 등의 주조에 활용된 기술이다. 두 번째 방법은 다뉴세문경, 동종 문양, 대쪽모양 동기 등 표면이 정교하고 세밀한 형태 제작에 이용하였을 것이다. 세 번째 방법은 부여 능산리 출토 금동향로, 불상 등 환조의 형태로 세밀한 문양을 표현하는데 적용되는 기술로써 고대 주조기법 중 가장 수준 높은 기술이라 평가할 수 있을 것이다. 네 번째 방법은 주조철부를 대량으로 생산하거나 환두대도의 환두부를 주조하는 방법이었을 것으로 추정된다. 주조철부의 대량 생산 형틀은 경주 황성동 유적 출토 토제거푸집을 예로들 수 있는데, 하나의 원형을 가지고 여러 형틀을 제작해 주조 후 폐기한 것을 볼 수 있다. 다섯 번째 방법은 철제솥, 청동제 향로나 주병 등의 제작에 쓰이는 방법으로써 현대에도 대형의 조각품 주조방법으로 활용되고 있다.

고대 주조의 특징은 석제나 토제 거푸집에 중력의 힘과 재료의 적정합금을 통해서 쇳물을 주입하여 원하는 형태를 제작하였고, 현대의 주조기술에서는 압력과 원심력 등의 방법을 이용하여 주조하는 정밀주조, 압박주조, 원심주조 방법 등이 개발되어 사용되고 있다. 현대의 주조는 크게 일반주조와 정밀주조로 나뉘는데, 일반주조란 중력을 이용하여 토제거푸집이나 주물사 거푸집에 쇳물을 주입하는 것이고 정밀주조란 진공 압력이나 압박, 원심력 등의 힘을 이용하여 정교한 주조가 가능한 방법이나 주조 기계장비의 크기제한으로 인해 작은 형태를 주조할 때 사용되고 있다.

3.2 복제형틀 및 1차 복원품 제작(2단계)

주조로 제작되어진 금속유물의 복제과정은 고화소의 디지털 카메라와 실체현미경 등으로 유물의 각 부분을 촬영하여 기록하고 실측을 통하여 유물의 특징을 파악하는 과정이 선행되어야 한다. 형틀을 제작하기 위해서는 유물의 상태와 형틀 분리선을 이해하고 작업 과정을 결정한다. 1차 형틀이 되는 재료는 실리콘과 같이 유연성이 있는 재료가 적합하다. 금속유물은 일반적으로 보존처리가 완료된 유물일지라도 표면의 부식화합물에 의한 굴곡과 부식으로 인해 편이 떠있거나 갈라져 깊은 틈이 있는 것이 많기 때문에 유연성이 좋아 표면의 자세한 표현이 가능하면서도 수축률이 적은 재료가 좋다.

그림 9.8 유물표면 보호조치

그림 9.9 외곽형틀 제작

그림 9.10 1차 사출된 원형−외면

그림 9.11 1차 사출된 원형−내면

그림 9.12 내면−세부

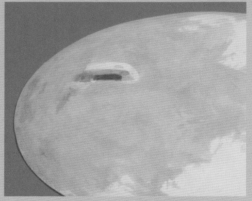

그림 9.13 원형복원−고리부분

그림 9.14 1차 원형복원 – 외면   그림 9.15 1차 원형복원 – 내면

　형틀을 제작하기 이전에 유물에 표면 보호조치를 하여 이물질의 접촉을 방지하고 금속 층이 얇거나 굴곡이 깊은 부분은 가역성이 있는 보강제로 충진하여 형틀분리 시 유물의 표면 파손을 예방해 주어야 한다. 실리콘 재료는 사용목적에 따라 다양한 성질의 제품이 개발되어 있는데, 용도에 맞게 선택하여 사용할 수 있겠다.

　1차 형틀을 유동성이 좋은 실리콘으로 제작하면 그 형틀만으로는 원형의 모양을 유지하기 어렵기 때문에 외곽에 1차 형틀의 모양을 보정하고 사출받은 재료의 유출을 방지하고자 나무나 석고, 폴리코트 등의 재료로 2차 보강형틀을 제작한다. 형틀 제작이 완료되면 주입구(탕구)와 기포제거용 물주를 조각하여 원형 사출시 내부에 기공이 생기지 않도록 탕구와 기포줄기를 적절히 배치하는 것이 중요하다.

　원형과 모양이 똑같은 복제품을 만들 때 사용되는 재료로는 소석고, 에폭시계 수지, 아크릴계 수지, Po-rock 등이 사용되며, 필요에 따라 마이크로바룬이나 탈크, 무기안료 등을 혼합하여 가공성 내지는 강도를 높이고 고색을 비슷하게 하여 사출하게 된다. 사출되어진 형은 형틀의 이음새 부분이나 기포 흔적 등이 생기게 되는데, 이는 각종 조각도구 등을 이용하여 제거하고 충진제로 보강하여 완성하게 된다.

3.3 소지금속의 재질분석(3단계)

　소지금속의 성분을 알아내기 위해 비파괴 분석법인 형광X−선분석기 (XRF; RONTEC, Germany)를 활용하였다.

　분석결과 성분원소는 Cu>Sn>Pb을 이용하여 합금하였다. 본 분석의 비 파괴 분석은 소지금속의 표면층을 분석함으로써 정확한 성분함량을 알 수 없기 때문에 본 연구진의 선행연구 결과를 참고로 하였다. 청동기시대 청동 제품의 합금비율은 Cu(구리) 55~70%, Sn(주석) 15~20%, Pb(납) 5~10% 성 분함량을 이용하여 합금되었음을 알 수 있다[6].

　선행연구 결과 청동기시대의 평균 청동합금 비율을 근거로 하여, Cu 70%, Sn 20%, Pb 10% 성분의 재료를 이용하여 합금하였다.

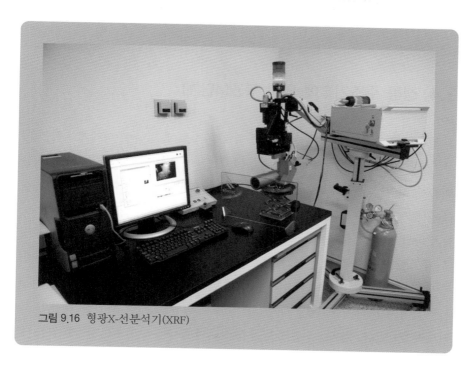

그림 9.16 형광X-선분석기(XRF)

---

6) 정광용, 2004 『전통과학 유물 복원 · 보존처리 기술개발 연구(1)』 과학기술부

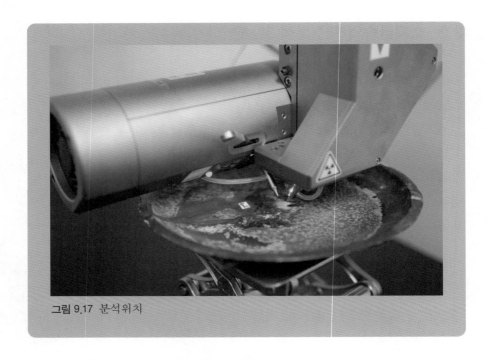

그림 9.17 분석위치

3.4 청동 주조기술에 의한 복원(4단계)

청동기시대 주조기술은 현재까지 출토된 자료에 의하면 석제거푸집을 이용한 비파형동검, 세형동검, 거친무늬 거울 등을 주조하는 방법과 활석을 이용한 다뉴세문경 주조기술이 있고 이후 검파두식, 마형대구, 다뉴세문경 등은 토제거푸집에 의한 밀랍주조 방법으로 제작되어진 것으로 보인다. 다뉴세문경은 석제 틀을 조각하여 밀랍을 녹여 모양을 만들고 토제로 거푸집을 제작하여 거울면의 전체가 탕구로써 주조되었다는 설과 합범으로 외연부에 탕구를 만들어 주조되었다는 설이 있다. 현재 활설을 거푸집으로 석제거푸집에 주조하여 복원한 사례[7]와 밀랍에 의한 토제 거푸집을 활용한 복원사례[8]가 있다. 검파두식은 3차원 형태로써 두 개나 하나의 형틀로써는 주

7) 이완규, 2008 『다뉴세문경 제조방법』 장인미술
8) 정광용 · 윤용현 · 이현상, 2007 『문화재복원제작기술』 한국전통문화연구소

조가 불가능 하므로 원형을 밀랍으로 조각하여 외범과 내범의 거푸집을 제작한 다음 주조한 것으로 판단된다. 이른 시기의 것은 내범 없이 주조하였기 때문에 속이 금속으로 차있어 하나의 덩어리로 제작되어지다가 차츰 속을 비우면서 금속의 양과 무게감이 줄어들고 표면의 장식기법도 발전하였다. 토제 거푸집에 의한 주조기술은 초기에는 거푸집의 예열온도가 높지 않아 표면의 기공흔적 등이 관찰되며, 거푸집의 주조대기온도와 합금기술 등이 발전됨으로 인해 원형의 문양이나 원본 가공흔적 등이 선명하게 드러나게 된다.

백제시대에 들어서는 주조기술과 조형미가 절정에 도달한 부여 능산리 출토 금동대향로 등의 유물을 볼 수 있다. 삼국시대에 들어서는 작은 불상에서 시작하여 점점 대형화 되어 큰 불상, 범종에 이르기까지 청동주조기술이 비약적으로 발전하게 된다.

예산 동서리, 대전 괴정동 출토 원개형 동기는 공반 유물이나 주조특징 등을 미루어 봤을 때 청동기시대 유물로 토제거푸집에 높은 예열을 하지 않은 상태에서 주조하여 제작하였음을 알 수 있다. 제작과정으로는 토기와 같은 재질이나 나무 등을 이용하여 원형을 만들고 거푸집이 되는 흙을 원형에 떠서 거푸집을 제작하고 쇳물을 녹여 주조하는 방법이나, 밀랍과 송진을 섞은 재료로 형태를 가공하여 원형을 만들고 외면에 흙을 발라 형틀을 제작하고 화덕이나 노에서 밀랍을 녹여내고 거푸집을 예열한 후 주조하는 방법도 생각해볼 수 있겠다.

동서리 출토 원개형동기 복원품 제작과정을 정리하면 다음과 같다. 유물을 복제하고 원형을 복원한 후 소지금속을 분석하여 얻어낸 데이터에 맞추어 금속재료를 준비하였다. 다음은 복원된 1차원형을 주조하고자 토제 거푸집을 상형과 하형으로 나누어지도록 만들었다. 도가니에 구리를 먼저 용해한 후 주석을 넣고 환원불꽃으로 금속이 섞이도록 열을 가해주고 주조 이전에 납을 넣어 재차 합금이 되도록 하였다. 금속의 융점과 양을 고려하여 합금된 금속을 거푸집에 주조하여 원형을 제작하였다. 주조된 원형은 형틀의 분리선을 따라 청동이 스며든 바, 후 가공을 통해서 제거하고 내면은 숫

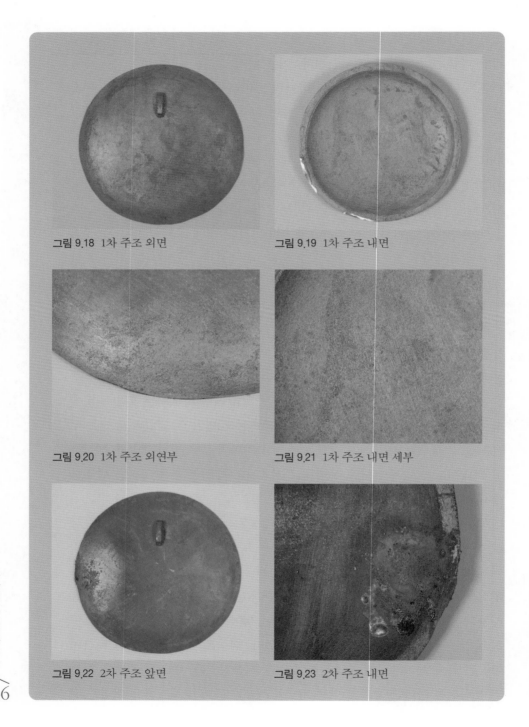

그림 9.18 1차 주조 외면

그림 9.19 1차 주조 내면

그림 9.20 1차 주조 외연부

그림 9.21 1차 주조 내면 세부

그림 9.22 2차 주조 앞면

그림 9.23 2차 주조 내면

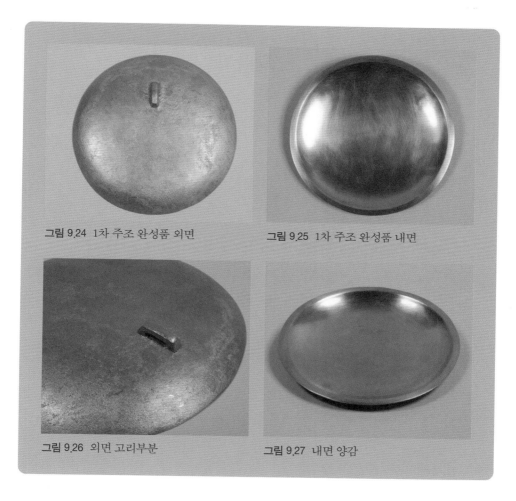

그림 9.24 1차 주조 완성품 외면

그림 9.25 1차 주조 완성품 내면

그림 9.26 외면 고리부분

그림 9.27 내면 양감

돌과 금강사 가루 등을 이용하여 거울과 같이 빛을 반사하도록 연마하여 최종 완성하였다.

4
맺음말

　예산 동서리, 대전 괴정동 출토 원개형 동기는 외면을 두드려 소리를 낼 수 있었을 뿐만 아니라 내면은 거울이나 빛을 반사하는 용도로 사용되었을 것으로 추정된다. 부여 합송리 출토 원개형 동기는 내면에 가공흔적이 없으므로 빛을 반사하는 기능은 없어졌다고 생각된다. 주조기법의 차이로 볼 때 동서리나 괴정동 출토 동기가 합송리 출토 동기보다도 이전시기의 유물로 판단된다.

　유물의 특성상 파괴분석을 할 수 없어 아쉬움이 있지만, 향후 소지금속의 정량·정성분석이 가능하다면, 청동 합금비의 함량을 보다 정확하게 파악한 다음 주조과정의 변화를 살펴보고자 한다. 특히 합금비율에 따라 소리가 달라지므로 청동제 범종, 징 등의 합금비와 소리변화 등을 비교 조사하고, 원개형 동기와의 차이점을 분석하여 악기로써의 기능적 측면을 검토할 필요성이 제기된다.

　이상에서 간략히 검토한 것처럼 이미 기원전 4~3세기경 우리나라는 금속의 합금과 주조기술이 고도로 발달해 있었음을 알 수 있었고 역사가 진전됨에 따라 그러한 기술의 진보는 실로 눈부셨음을 추정할 수 있었다. 앞으로 이러한 연구가 축적된다면 우리 전통문화의 우수성에 대한 깊은 이해가 가능해질 뿐만 아니라 그러한 기술 혹은 예술의 흐름을 현대적으로 재창조하는데도 크게 기여할 수 있을 것으로 기대된다.

백제시대 금동관모의 복원제작기술

1
금동관모

　근래 백제의 지방 수장묘에서 금동관모가 여러 점 출토되었다. 지역적으로 보면 천안, 공주, 서산, 익산, 고흥에 걸쳐 있다. 이러한 백제의 금동관모는 대부분 고깔모양弁形의 관모에 몇 가지 장식을 부가한 것이다. 이 가운데 유존상태가 좋은 수촌리와 부장리의 모관에는 끈을 부착하였던 흔적이 확인되지 않아 어떻게 착장하였는지 아직 알기 어렵다. 출토현황을 표로 정리하면 다음과 같다. 본 연구는 이 가운데 공주 수촌리 4호분 출토 금동관모를 대상으로 하였다.

표 10.1 백제지역 금동관모의 출토 현황

시기	지역	유구명	묘제	주요 공반유물
한성	천안	용원리9호석곽묘	수혈식석곽	계수호(동진제),흑도,이식
한성	공주	수촌리1호분	목곽	사이호(동진), 이식, 대도
한성	공주	수촌리4호분	횡혈식석실	계수호(동진제), 살포
한성	서산	부장리5호분	목곽(주구묘)	철제초두, 대도
한성	익산	입점리1호분	횡혈식석실	청자사이호(남조), 이식
한성	고흥	안동고분	수혈식석곽	갑주, 대도, 금동신발
웅진	나주	신촌리9호분을관	옹관묘	장식대도, 이식, 금동신발

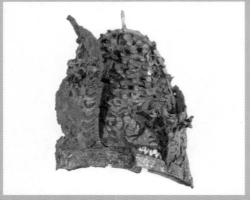

그림 10.1 공주 수촌리1호분 관모

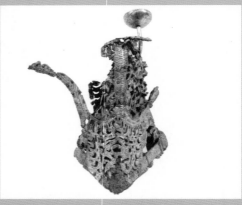

그림 10.2 공주 수촌리4호분 관모

그림 10.3 일본 에다후나야마고분 관모

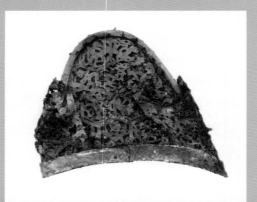

그림 10.4 서산 부장리5호분 관모

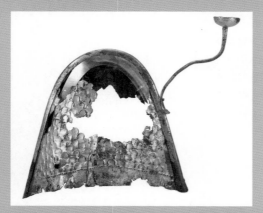

그림 10.5 익산 입점리 1호분 관모

그림 10.6 나주 신촌리9호분 금동관

2
금동관모의 복원제작과정[1]

　본 연구는 다음과 같이 크게 보아 3단계로 구분하여 진행하였으며, 각 단계마다 다시 세분되는 단계를 거쳐 복원품을 완성하였다.

　1단계는 문양의 복원과 모형품의 제작이다. 우선 실체현미경과 확대경, 매크로 촬영을 통하여 유물의 표면에 남아 있는 각종 흔적을 확인하였다. 이 과정에서 금속판을 어떤 도구로 뚫어내고[透彫], 세부무늬를 조각하였는지[彫金], 또 전체 문양의 구성은 어떠하며 문양은 어떠한 방향으로 베풀어졌는지를 살펴보았다. 그 다음으로 현재 남아 있는 문양을 실측하여 잔존도면을 만들었고 훼손으로 결실된 문양을 복원하는 작업을 진행하였다. 물론 결실부분이 많은 경우 금동관 전체문양의 구성을 고려하면서 새롭게 만들어 보충한 부분도 생겨났다. 이렇게 완성된 문양을 토대로 금동관의 모형품을 제작하여 보았다. 제작의 편의상 두꺼운 종이에 문양을 붙여 만들어보았다. 이 작업을 통하여 금동관의 너비나 수발장식의 각도, 뒷판의 꺾임 등 전체 구성요소의 밸런스가 조화로운지를 검토하여 부분적으로 수정작업을 진행하였다.

　2단계는 소지금속의 재질을 분석하고 고대의 기법을 복원하여 보았다. 소지금속의 재질분석의 결과 데이터에 맞추어 소지금속을 준비하였으며 투조와 타출, 조금, 도금을 하기 위한 각종 도구와 금, 수은, 감탕 등의 재료를

---

1) 이현상, 2006 「수촌리Ⅱ-4호분 출토 백제 금동관의 복원제작」『충청학과 충청문화』5권 2호 충청남도역사문화원

준비하였다. 이 과정에서 많은 시간이 투입된 부분은 기법의 복원이었다. 투조와 조금에 이용된 끌이 몇 가지가 있음을 확인하였고 소지금속판에 여러 차례 문양을 시문하여 보면서 크기와 형태를 조절하였다. 아울러 끌의 각도에 따라서 다양한 문양이 나오는 바 끌의 각도에도 유의하였다.

3단계는 본격적으로 복원품을 제작하는 단계이다. 1, 2단계를 통하여 만들어진 도면과 도구를 이용하여 각 부품을 만들고 표면에 도금하고 영락을 부착한 다음 조립하여 완성하였다. 금동관을 구성하는 부품은 좌우 문양판과 앞뒤 문양판 등 모두 4개의 큰 판이며, 좌우판을 결합하는데 필요한 ∩자 형태의 금속테[覆輪], 뒤쪽에 부착한 수발(受鉢)과 수발대롱[전체적으로 꽃봉오리모양] 등도 함께 제작하였다. 또한 금동관 중상부에 빼곡히 매달아 화려하게 꾸미는 영락이 200개 이상으로 많았는데, 영락과 각 부품은 순금 아말감으로 도금하였으며 최종적으로 조립하였다. 조립시 손과 나무망치로 형태를 보정하여 완성하였다.

2.1 1단계 : 문양복원(文樣復原)과 모형품 제작

1) 유물관찰

육안관찰을 통해 금동관의 생김새와 구조, 파손 및 결손부위 등을 정리하였으며, x-ray필름을 통해 내부 문양과 구조, 접합부 설계와 가공기법을 이해함으로써 기초적인 데이터의 확보에 주력하였다.

육안에서 확인이 어려운 부분은 사진촬영을 통하여 보완하였다. 사진촬영은 정면, 측면, 후면, 윗면, 결손부, 파손부, 제작기법상의 흔적, 접합부, 각 부분의 문양, 부식층, 도금층 등을 상세하게 촬영하여 유물에서 보여지는 각종 정보를 사진으로 기록하였다.

촬영장비는 CANON 1DS(ff, 12,600,000picture element) 및 AF 24-70L F2.8 / AF 100 MACRO F2.8 장비와 3개의 스포트라이트(max3000w)를 사

그림 10.7 수촌리4호분 금동관모 정면

그림 10.8 좌측면

그림 10.9 우측면

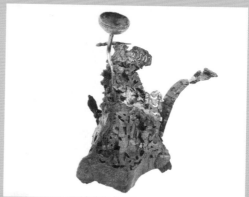

그림 10.10 뒷면

그림 10.11 윗면

그림 10.12 정면 세부

그림 10.13 정면-우측

그림 10.14 정면-좌측

그림 10.15 정면 세움 장식- 우측

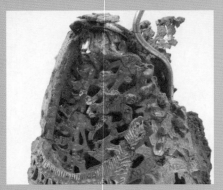

그림 10.16 좌측 상단

그림 10.17 수발-측면

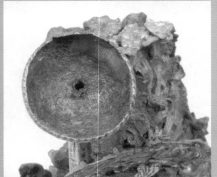

그림 10.18 수발-평면

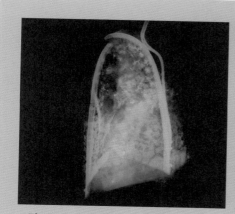

그림 10.19 X-ray 사진

그림 10.20 출토모습

용하였고, 현미경은 LEICA와 OLIMPUS를 사용하여 미접합된 편을 부분별로 확대하여 촬영함으로써 문양의 생김새나 사용된 도구, 제작기법의 양상 등을 파악할 수 있었다.

2) 실측과 문양복원

(1) 실측

앞면을 제외한 측면과 뒷면의 경우 여러 개의 편으로 파손되고 유실된 부분이 많아 전체형상과 문양을 정확히 이해하기 어려웠다. 실측하고자 하는 대상물이 소지금속의 부식으로 인해 취약해진 상태라 최대한 접촉을 피하는 방법으로 사진[2]을 이용하기로 했다. 각 부분별 편을 평면 상태로 촬영하여 가로, 세로 치수를 측정하여 사진이미지를 두 배로 배율을 높여 편을 맞추어 보았고 실제 비율로 출력한 다음 원본과 대조하여 치수오차를 보정하였다. 유물의 각 편들을 위와 같이 디지털 평면 이미지로 만들고 위치에 맞지 않는 부분들을 보정하여 문양과 형태를 맞추었다. 이렇게 작업되어진 평

2) 투시도를 줄이고 접사하여 촬영하고자 af-100macro f2.8 사용

그림 10.21 실측편집사진-정면

그림 10.22 실측편집사진-뒷면

그림 10.23 실측편집사진-우측면

그림 10.24 실측편집사진-좌측면

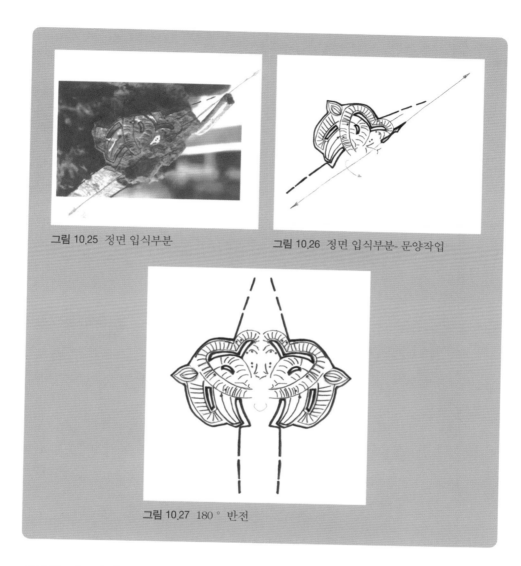

그림 10.25 정면 입식부분

그림 10.26 정면 입식부분- 문양작업

그림 10.27 180° 반전

면도를 정교하게 작업하고자 다시 두 배로 출력하여 유물과 비교하며 관모에 표현되어진 문양을 그려 넣어 실측하여 정확도를 기하였다.

두 배로 그려진 전개도면을 scan하여 illustrator cs로 치수보정을 하고 전개도 위에 새로운 Layer를 올리고 문양을 그려 디지털 데이터로 저장하였다. 앞면과 뒷면은 외형을 알 수 있었으나 측면의 경우 도면편집을 통해 외형을 파악 할 수 있었다. 좌측면의 관테 부분이 잘 남아 있어 너비를 측정

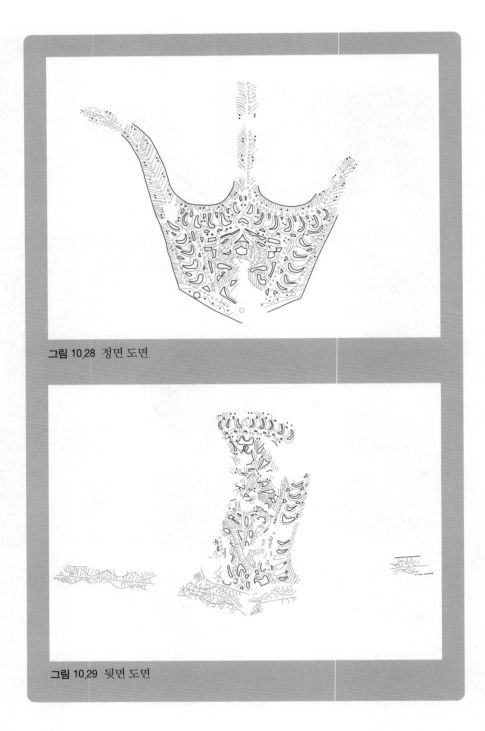

그림 10.28 정면 도면

그림 10.29 뒷면 도면

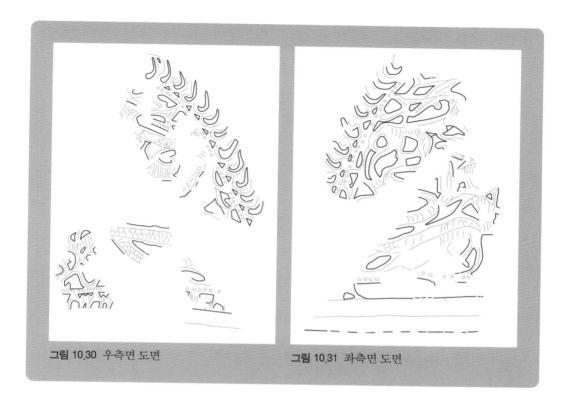

그림 10.30 우측면 도면

그림 10.31 좌측면 도면

하였고, 전개도를 통해 높이 값을 알 수 있었다. 최대크기의 사각형 안에서 외곽에 투조되어진 화염문은 아래 또는 위로 복사하여 일정간격으로 넣어 주고 180 ° 반전 시켜 반대면을 채워주었다. 그 결과 측판의 외형을 짐작할 수 있었고 우측판과 좌측판을 이어주는 관테에 숨은 부분이 5㎜ 내외인 것으로 확인된 결과 일정간격으로 외형을 그려 주어 측판의 전체 형태를 가늠할 수 있었다. 정면은 비교적 잘 남아 있는 편인데, 왼쪽의 세움 장식이 유실된 부분을 오른쪽에서 복사하여 반전시켰다. 정면 가운데 세움장식 끝의 문양은 중간 일부분만 남아 있고 외형이 유실되어 형태를 알 수 없었으나 수습당시의 사진자료를 토대로 외형을 그려 주었다. 뒷면의 경우 좌측 상단 부분이 유실된 상태로 우측문양과 외곽선을 반전시켜 복사하여 외형을 표현하였다. 앞면과 뒷면의 경우 외형은 가운데를 중심으로 대칭되는 형태이나 측면의 경우 곡률 값이 달랐다.

그림 10.32 정면 도면

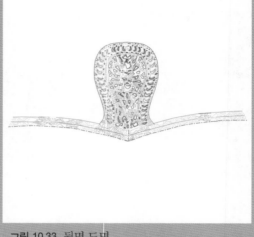

그림 10.33 뒷면 도면

(2) 문양복원

남아있는 부위의 실측을 통하여 개략적인 형태파악은 가능하였지만 측면
과 뒷면의 결실된 부분의 문양표현이 문제가 되었다. 좌측판의 경우 육안으
로 두 마리의 용이 관찰되었는데 한 마리의 용이 더 들어갈 정도의 공간이
있어, 한 면에 세 마리의 용이 배치되도록 문양을 복원하였고 빈공간은 운
문으로 채워 넣었다.

복원도면을 만들어본 결과 우측면과 좌측면의 문양은 대칭이 아니며
각각의 용 모양과 움직임이 달랐으므로 문양이 결실된 부분에 대하여 다
른 면의 도안을 직접적으로 반전시켜 사용할 수는 없었다. 다만 부분적으
로 참조하여 도안화함으로써 복원도면을 완성하였다. 하부의 관테 직상
부에 베풀어진 인동초문양은 1호분 출토 관모의 문양을 참조하여 복원하
였다.

그림 10.34 우측면 도면   그림 10.35 좌측면 도면

3) 모형품 제작

종이를 이용하여 2회에 걸쳐 모형품을 만들어 보았다. 먼저 1차로 잔존문양의 도면을 토대로 모형품을 제작하였다. 전체적인 비례미와 실제 착용감 등을 고려하여 수정사항을 살폈는데, 정면의 세움장식 끝부분의 조형이 유물과 차이가 있고 관테 하단부의 곡선이 급경사인 점을 감안하여 관테 내부의 거리를 줄여주었다.

다음으로 복원도면을 토대로 라이싱보드지를 이용하여 모형을 제작하였다. 금속을 이용한 복원제작시 예상되는 문제점을 사전에 체크해 보기위한 목적이었다. 재질상의 한계 때문에 뒷면의 곡선이 부드럽게 표현되지 못하여 실제 복원품과는 다소차이가 생겼지만 결합순서나 전체적인 이미지 등을 한눈에 파악할 수 있었다.

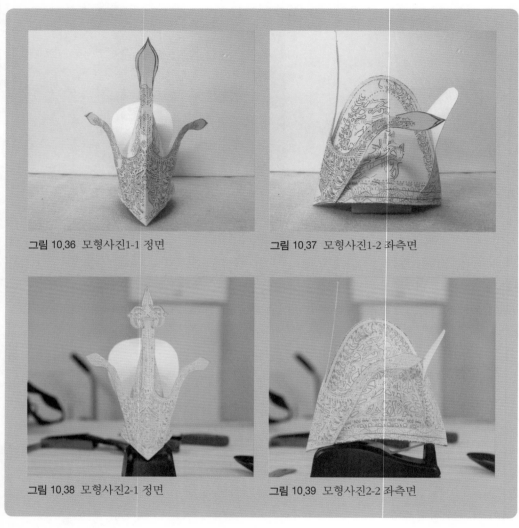

그림 10.36 모형사진1-1 정면

그림 10.37 모형사진1-2 좌측면

그림 10.38 모형사진2-1 정면

그림 10.39 모형사진2-2 좌측면

2.2 2단계 : 재질분석과 기법 복원

1) 소지금속의 재질분석

소지금속의 성분을 알아내기 위하여 비파괴 분석법인 X선형광원소분석(XGT: X-ray Guide Tube)법을 활용하였다. 이 분석은 시료의 X-ray 이미지, 형광 X-ray, X-ray 스펙트럼을 이용하여 시료를 관찰하고 그 원소를 정성·정량분석하는 비파괴 분석방법이다. X-ray가 X-ray guide tube에 집중됨으로써 직경 10㎛ 또는 100㎛ 분석이 가능하며, 나트륨(11Na)에서 우라늄(92U)까지의 원소 동정이 가능하다. X-ray를 조사하면 CCD카메라와 detector가 작동되어 시각적인 관찰과 원소분석 기능을 함께 수행할 수 있

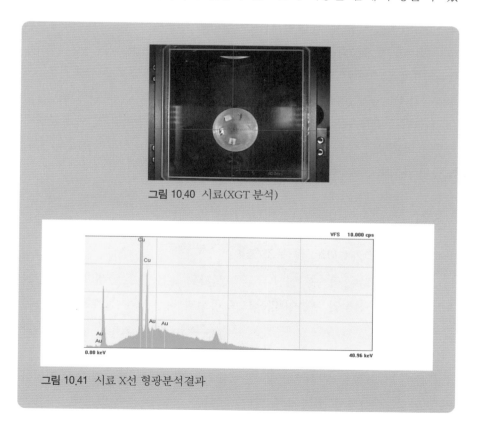

그림 10.40 시료(XGT 분석)

그림 10.41 시료 X선 형광분석결과

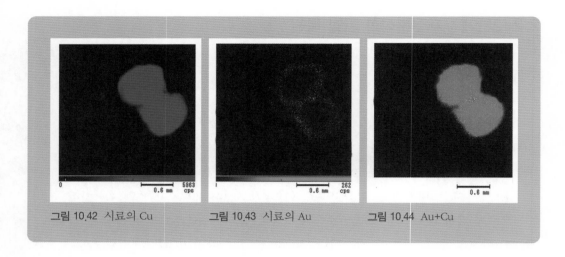

그림 10.42 시료의 Cu　　　　그림 10.43 시료의 Au　　　　그림 10.44 Au+Cu

다. 시료의 손상이 없고, 무기물 뿐 만이 아니라 유기물 분석, 의학, 생물학에서도 이용이 가능하다. 또한 시료에 원하는 부분의 원소를 RGB합성으로 mapping하여 원소의 분포도를 작성할 수 있는 장점이 있다. XGT(X-ray Guide Tube, Model : HORIBA Ltd. XGT-5000)를 사용하였고 분석조건은 X-ray 직경 10㎛, 전압 50kV, 전류 1,000mA, 측정시간 100초로 하였다.

그 결과 소지금속은 구리(Cu)가 주원소인 동판으로 만들어졌고, 매장환경의 영향으로 미량의 철(Fe)이 검출되었다. 동판 위에는 금(Au) 성분이 검출되었고, 도금된 금 성분은 Au 95%에 Ag 5%가 포함되어 있었다.

2) 제작기법의 추정과 실험

(1) 외형절단(外形切斷) 및 투조(透彫)

일반적으로 얇은 금속판 절단시 금속용 가위 혹은 작두로 재단하는데, 관모의 외형이 곡선적인 부분이 많으므로 곡선과 직선 모두에 효용성이 높은 가위로 절단하였다. 절단 후 나무망치로 두드린 다음 줄질로 절단면을 다듬어 주었을 것으로 추정된다.

유물에 남아 있는 투조 부분을 현미경으로 관찰하여 제작기법을 복원하여 보았다. 관찰결과 정면에서 2가지의 다른 pattern을 찾았는데, 하나는

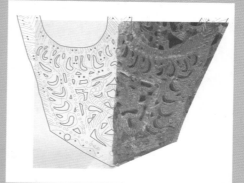

그림 10.45 투조 사진- 정면 세부 | 그림 10.46 투조 끝의 간격- 정면

직선적이고 다른 하나는 곡선적이다. 즉, 나무판 위에 금속판을 올려놓고 두 종류의 끌로 투조한 것으로 추정하였다. 투조 이전에 금속판은 열풀림을 가하지 않은 상태여야 강도를 유지하며 정확한 투조가 가능하다. 만일 열풀림을 하면 절단면이 끌과 함께 나무판에 박히며 이 상태로 두드려 펴더라도 금속판이 갈라지는 문제가 생길 수 있다.

(2) 조금기법(彫金技法)

문양이 새겨진 부분을 고배율 현미경으로 촬영하여 사용한 새김정의 모양과 크기를 알아보고 끌을 사용한 방향을 실측도면에 표시, 시문된 문양의 선후관계를 알 수 있었으며 그 결과 제작 시, 금속판을 여러 방향으로 돌려가면서 제작하였을 것으로 추정하였다.

새김정의 형태를 1차 가공하여 시편에 두드려 보고 현미경으로 촬영 후 유물 표면과 비교하여 문제점을 알아보았다. 같은 과정을 2-3차에 걸쳐 반복함으로써 유물 복원에 필요한 끌의 크기와 시문순서를 결정하였다. 새김정의 너비는 0.5~0.7㎜의 이등변 삼각형으로, 두께는 날 윗부분이 1~2㎜ 내·외였다. 무늬는 장인의 몸에서 먼 곳으로부터 가까운 곳으로 진행하면서 새겼는데 전체적으로 보면 다양한 양상이었다.

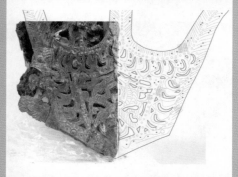

그림 10.47 조금 세부사진　　　　　그림 10.48 조금 문양의 간격

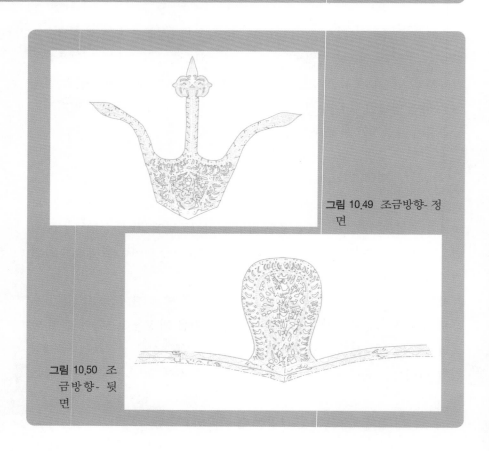

그림 10.49 조금방향- 정면

그림 10.50 조금방향- 뒷면

그림 10.51 조금방향- 우측면

그림 10.52 조금방향- 좌측면

그림 10.53 실체현미경사진- 조금 세부1

그림 10.54 실체현미경사진- 조금 세부2

　　문양 시문과 관련하여 금속판 바닥의 모루가 나무였는지 아니면 철판이 었는지, 혹은 감탕이었는지를 알아보기 위하여 실험을 진행하였다. 나무판과 철판, 감탕에 각각 고정시켜서 작업하고 그 결과를 현미경사진으로 남겨 비교하여 보았다. 첫째, 나무판의 경우 작업 중에 소지금속이 휘어지며 바닥면과 금속판의 밀착이 어려워서 작업시간이 많이 걸리고 정교함이 떨어지는 문제가 있었다. 둘째, 철판의 경우 소지금속이 늘어나며 동시에 판이 휘어지는 문제가 생겼다. 셋째, 감탕의 경우 금속판이 휘어지거나 늘어나지 않았고 금속판을 평면상태로 잘 잡아줌에 따라 시문과정에서 별다른 문제가 없었다. 백제장인 역시 이러한 방법으로 조금하였을 것으로 추정된다.

그림 10.55 새김 정1-정면

그림 10.56 새김 정1-측면

그림 10.57 새김 정1-앞면질감

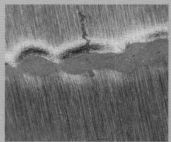
그림 10.58 새김 정1-뒷면질감

그림 10.59 새김 정2-정면

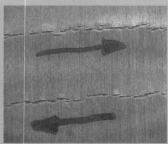
그림 10.60 새김 정2-연속무늬

그림 10.61 새김 정2-앞면질감

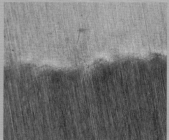
그림 10.62 새김 정2-뒷면질감

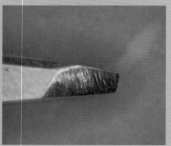
그림 10.63 새김 정3-정면

그림 10.64 새김 정3-측면

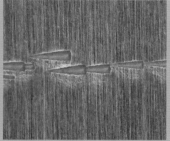
그림 10.65 새김 정3-앞면질감

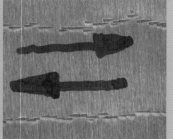
그림 10.66 새김 정3-연속무늬

(3) 타출기법(打出技法)

문양판의 가장자리에는 중심문양의 범위를 구획하기 위하여 이면에서 타출한 점문을 빼곡하게 시문하였다. 현미경과 고화소의 사진을 이용하여 단위문양의 크기를 알아보고 끌을 제작하여 시편에 두드려 보았다.

처음 만든 끌은 크기가 작았기 때문에 재차 1.1mm 크기의 반구 정을 2차로 제작하여 시편과 대조하여 크기를 맞추었고, 타출 시 바닥판의 재질을 알아보고자 나무판과 감탕에 붙여 각각 실험하였다.

첫째, 나무판에 올려놓고 타출한 다음 뒤집어 철정[쇠끌]으로 두드려 면을 펴보았고 다시 나무망치로 펴보았다. 둘째, 감탕에 붙여서 타출한 후 나무망치로 두드려서 면을 펴보았는데 각각의 시편을 현미경으로 유물과 대조한 결과 나무판 위에서 타출하고 뒤집어 나무망치로 편 것과 유사도가 높음을 알 수 있었다.

(4) 영락

유물실측을 통해 영락이 달리는 부분도 일정한 pattern이 있음을 알 수 있었는데, 정면에서는 가장자리의 깃털문양에는 화염문양의 아래쪽에서 3번째부터 일정간격으로 진행하였고, 내부에서는 화염문양 2개의 여백을 단위로 달았다. 측면에서는 가장자리 앞쪽 아래에서 7번째 화염문양 위 여백에서부터 반대쪽 아래에서 7번째 위까지 달려있고 내부에서는 정면과 뒷면이 겹치지 않는 상단부분에만 달아주었다. 뒷면의 경우도 정면과 같이 가장자리 깃털문양에 아래서 7번째 화염문양 옆에서부터 달려있고, 판의 내부는 윗쪽에서만 영락이 확인된다.

영락의 줄기와 판이 잘 남아 있는 정면을 현미경 촬영으로 확인한 결과 시계방향으로 3번 꼬아 매달았음을 알 수 있다.

그림 10.67 macro 촬영사진- 타출 세부1

그림 10.68 실체현미경사진- 타출 세부2

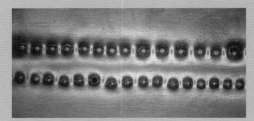

그림 10.69 감탕타출- 연속무늬

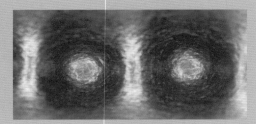

그림 10.70 감탕타출-앞면

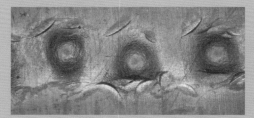

그림 10.71 나무판타출 후 철정다듬질-앞면

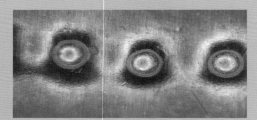

그림 10.72 나무판타출 후 철정다듬질-뒷면

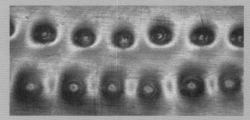

그림 10.73 나무판타출- 앞면

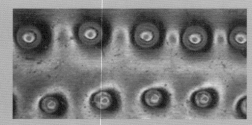

그림 10.74 나무판타출- 뒷면

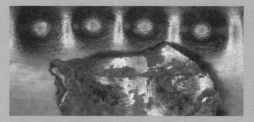

그림 10.75 나무판타출 후 나무망치 다듬질- 시편 대조

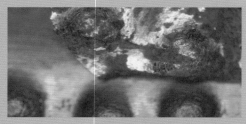

그림 10.76 나무판타출 후 나무망치 다듬질- 세부

 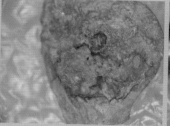 

그림 10.77 macro 촬영사진 - 영락 그림 10.78 실체현미경사진 - 영락 그림 10.79 정- 세부사진
세부1 세부2

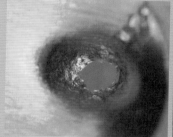 

그림 10.80 앞에서 정질 그림 10.81 송곳 정 사용- 세부

그림 10.82 앞에서 정질- 시편대조 그림 10.83 앞/뒤로 정질

그림 10.84 앞/뒤로 정질- 시편 대조 그림 10.85 시계방향으로3번-감은 예

2.3 3단계 : 복원품의 제작

1) 외형절단과 투조

금속절단용 가위로 재단한 다음 나무망치질로 면을 펴주고 줄질을 통해 절단면을 다듬어 주면 외형이 만들어진다. 내부의 문양을 투조하기 위해 2종류의 끌을 사용하였다. 끌의 끝이 곡선을 이루는 것과 직선인 것을 택하였는데 끝 부분을 두드려 열처리 후 사용하였다. 날의 한쪽 부분은 비스듬히 연마하고 반대쪽은 평면이 되도록 하였다. 각 부분의 문양에 적당한 크기의 끌을 사용하는데, 비철금속의 경우 바탕금속이 단단한 상태에서 투조하여야 하고, 철은 열을 가하여 달구어진 상태에서 가공한다. 투조 후 줄질로 다듬어 주면 가공이 완료된다.

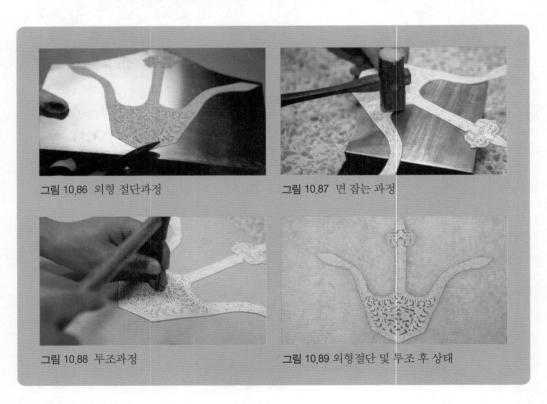

그림 10.86 외형 절단과정

그림 10.87 면 잡는 과정

그림 10.88 투조과정

그림 10.89 외형절단 및 투조 후 상태

2) 조금(彫金)과 타출(打出)

조금에 사용하는 끌의 길이는 7~8cm가 적당한데, 날 끝부분은 담금질하고 날 윗부분에는 뜨임질을 하는 등 금속조직을 열처리하여 사용한다. 오른손잡이의 경우 정질을 우측에서 좌측방향으로 하며, 왼손잡이의 경우 반대방향으로 진행하면 연속점무늬를 정교하게 새김질하기에 좋다. 나무판 위에 감탕[3]을 모양에 맞게 붙인 후 금속판을 고정시켜주고 판을 돌려가며 문양을 축조한다.

조금이 끝난 후 뒤집어 고정시킨 다음 반구형의 끌로 타출한다. 타출 시 금속판이 단단해진 상태에서 지나치게 강한 힘을 주면 문양이 깊어질 수 있으므로 주의하여야 한다. 타출이 완료되면 소지금속이 단단해져서 고깔 모양의 형태로 만들 수 없으므로 열풀림을 한 다음 금속판이 늘어나지 않도록 나무망치로 두드린다. 열풀림 후 표면은 산화막이 형성되므로 15%의 질산 용액에 세척하여 주었다.

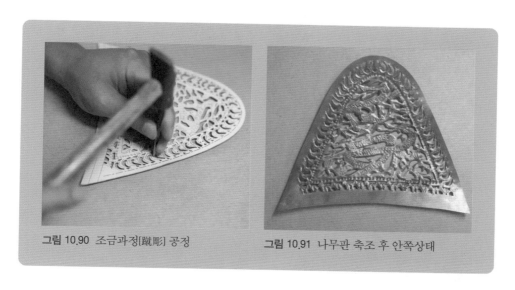

그림 10.90 조금과정[蹴彫] 공정   그림 10.91 나무판 축조 후 안쪽상태

---

3) 송진과 토분을 1:1 혹은 6:4, 7:3의 비율로 섞어서 끓여주고 3~5%의 식용유 혹은 참기름을 섞어서 만든다.

그림 10.92 감탕에 고정한 모습

그림 10.93 축조 후 외형

그림 10.94 타출과정

그림 10.95 우측면 타출 완성모습

그림 10.96 열풀림 후 상태

그림 10.97 뒷판 내면

3) 수발[반구형장식]과 상부복륜[윗테두리]

수발과 같은 반구형태의 전개도 지름은 원형의 지름+높이의 2분의1이 되는데, 먼저 금속가위로 형태를 오리고 줄질로 잔면을 다듬은 다음 나무둥치나 모래주머니 등에 내리기를 하고 적당한 크기의 원형 모루에 각도 올리기를 해서 기본 형태를 만든다. 각도 올리기용 망치의 질감을 없애기 위해 평망치를 같은 모루 쇠에 대고 판이 늘어나지 않도록 면을 펴준 후 줄질로 형태를 마무리한다. 상단부의 문양을 새겨 넣기 위하여 감탕을 채운 다음 끝부분에 49개의 수직선과 1개의 수평선을 조금하였다. 수발 하부에 부착한 대롱은 지름이 4㎜ 이므로 4 × 3.14㎜ 에 1㎜를 더하여 금속판을 재단하여 만들었다. 둥근모양의 골판에 큰 구멍에서 작은 구멍으로 뽑아주고 줄질과 톱질로 접합부를 가공하였다. 수발대롱은 곡선적으로 휘어서 상부 복륜[윗테두리]에 접합하여야 하므로 열풀림을 하였고 각 부재가 완성된 후 결합하였다.

측판을 결합하는 상부 복륜의 횡단면을 실측하여 제작에 필요한 모루 쇠를 만들었다. 금속판을 절단한 다음 열풀림하여 1차로 내리기 성형을 통해 각도올리기를 할 수 있는 상태로 두드리고 다시 열풀림하여 모루 쇠에 맞추어 기본 형태를 갖추었다. 측판과 자연스럽게 접합하기 위하여 접점은 나무망치로 두드려주고 줄질로 다듬어 완성하였다.

그림 10.98 수발 각도 올리기

그림 10.99 수발대롱 접합부 가공

그림 10.100 수발 조금과정

그림 10.101 수발부와 상부복륜의 결합

그림 10.102 상부복륜제작에 필요한 모루 쇠

그림 10.103 상부복륜을 완성하여 측판을 결합한 모습

4) 영락

탄소강으로 제작한 봉을 이용하여 둥근모양의 끌을 제작한 다음 나무판 위에 올려진 금속판을 찍어서 둥근 영락판을 만들었다. 그리고 각 판의 가장자리를 줄질하여 매끈하게 다듬었다. 영락을 매다는데 필요한 선은 골판을 이용하여 만들었다. 1차 주조 후 재차 단조하여 가는 선으로 만든 다음 골판에 넣고 뽑아낸 다음 적당한 크기로 잘라주었다. 원판의 한쪽에 치우쳐 구멍을 내고 고리를 시계방향으로 3번 꼬아 완성하였다.

그림 10.104 영락 프레스   **그림 10.105** 영락 및 연결고리

5) 도금-순금아말감과 조립

이상의 공정을 마친 다음 순금을 이용하여 도금을 진행하였다. 도금방법은 삼국시대의 순금아말감도금법을 재현하여 보았다. 순금가루와 수은을 섞어 아말감을 만든 다음 금속판의 표면에 바르고 열을 가하여 도금을 진행하였다. 도금은 3회 이상 실시한 결과 금속판의 전면에 고른 금빛이 나게 되었고 고대의 금관이나 금동관에서 볼 수 있는 금빛의 무게감을 느낄 수 있었다.

도금된 판은 약간의 형태 가공을 거친 다음 조립하였다. 앞판은 각진 모루 쇠, 뒤판은 특수 모루 쇠에 대고 나무망치로 두드려 형태를 잡았고 측판과 수발대롱은 손으로 1차 형태를 잡은 다음 모루 쇠에 대고 두드려 미세한 곡선분위기를 내었다.

조립의 순서는 먼저 좌우 측판을 세운 다음 상부복륜으로 윗부분을 고정하였으며 복륜의 뒤쪽 중하위에 수발대롱을 못 2개로 고정하였다. 다음은 뒷판을 붙였는데 뒷판의 좌우에는 금동관의 하부를 구성하는 관테가 날개처럼 돌출되어 있으므로, 두 팔을 벌려 감싸듯이 측판하부와 겹치면서 금동관의 전면에서 연접하였다. 이렇게 기본형이 거의 갖추어진 상태에서 가장 화려한 문양판 1매를 전면에 부착하여 금동관을 완성하였다.

그림 10.106 접합부 가공- 영락 연결부위

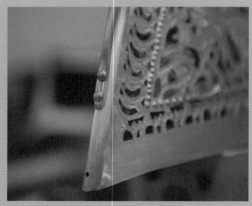

그림 10.107 접합부 가공- 수발대 연결부위

그림 10.108 순금가루와 수은을 섞는 과정

그림 10.109 한지로 수은을 짜는 모습

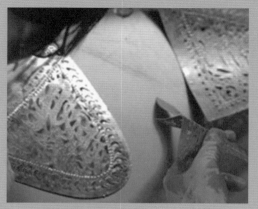

그림 10.110 아말감 도금 과정

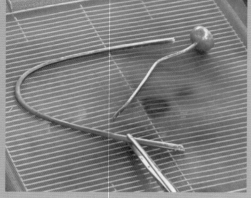

그림 10.111 수은증발 과정

그림 10.112 아말감 도금 모습

그림 10.113 광쇠질

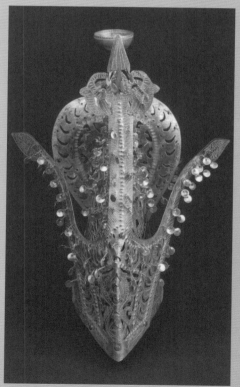

그림 10.114 정 면

그림 10.115 우측면

그림 10.116 좌측면

그림 10.117 뒷면

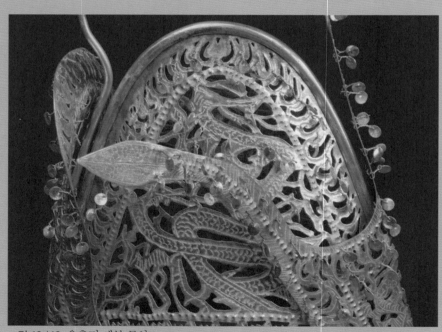

그림 10.118 우측면 세부 문양

문 화 재 복 원 제 작 기 술 제**11**장

백제시대 은제관식의 복원제작기술

1
머리말

중국역사책 『수서』에 "(백제의) 나솔(奈率) 이상은 은꽃으로 (관을) 장식한 다."라는 기록이 있다. 실제 백제의 6~7세기대 석실분을 발굴하면 은으로 만든 꽃장식이 출토되곤 하는데, 바로 은제관식이다.

이 관식은 좌우 대칭이며, 좌우를 조금 접어 단면을 ∧자 모양이 되도록 각지게 만들었다. 가운데에 줄기가 있고 줄기의 좌우에는 곁가지를 내었다. 줄기의 아래쪽은 모자의 테두리에 꽂는 부분이고 꼭대기는 꽃봉오리모양으로 장식하였다. 좌우의 곁가지와 줄기 위의 장식은 같은 도안이며, 꽃봉오리 아래쪽에 작은 이파리모양을 표현하기도 한다. 꽃봉오리장식의 가운데에는 마름모나 상하로 뒤집힌 하트(♡)형 구멍을 뚫었다.[1] 그간 부여 하황리, 부여 능산리 능안골고분, 논산 육곡리, 남원 척문리, 나주 흥덕리, 나주 복암리3호분 등지에서 8점 가량 출토되었는데, 같은 형태는 없으나 모두 비슷한 형태로써 총 4가지의 형식으로 구분된다. 첫째, 세움 장식 중앙상단부 위의 꽃봉오리를 중심으로 양옆에 두 개씩의 꽃봉오리를 투각하고 곁가지를 표현한 형식으로써 가장 화려한 도안이다. 둘째, 첫 번째 형식에서 곁가지가 표현되지 않은 꽃봉오리만 5개 표현된 것이다. 셋째, 세움장식 위의 꽃봉오리 하나와 양옆에 각각 하나씩을 더하여 총3개의 꽃봉오리를 표현한 형식이다. 넷째, 중앙의 세움장식 상단부에 하나만의 꽃봉오리를 표현한 형

---

1) 이한상, 2006 『KOREAN Art Book 공예 I 』 -고분미술- 예경

식이다. 이처럼 백제시대 은제관식은 사비시기 백제관료의 복식차이를 나타내는 상징물로 여겨진다.

　여기에서는 이 가운데 그 형태가 비교적 잘 남아 있는 부여 능산리 능안골 36호분 출토품을 대상으로 제작기법을 복원하여 보고자 한다.

2
연구대상 유물

능안골 고분군은 백제왕릉으로 추정되는 부여 능산리 고분군의 동쪽 2km 지점에 위치한다. 공설운동장 건설을 추진하는 과정에서 모두 58기의 백제 귀족의 무덤이 발굴 조사되었는데, 다양한 형식의 고분에서 금귀걸이, 은제 관장식과 요대장식등 많은 유물이 출토되었다.[2] 능안골 58기의 고분중 36호 분에서는 은제관식이 동편과 서편에서 각각 출토되었는데 동편은 남성, 서편은 여성의 무덤으로 추정하고 있다.

본 연구에서는 백제시대 은제관식에 대해 살펴보고 복원대상 유물은 부여 능안골 36호분 동편 출토품을 대상으로 하고자 한다.

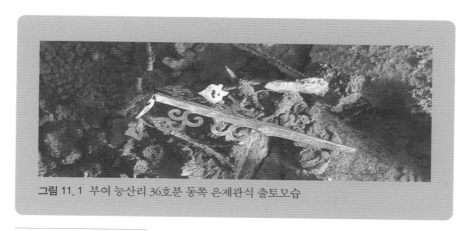

그림 11.1 부여 능산리 36호분 동쪽 은제관식 출토모습

2) 국립부여문화재연구소, 1998 『부여능산리공설운동장 신축예정부지 백제고분 1·2차 긴급 발굴조사보고서』

그림 11.2 부여 능산리 36호분 동쪽 출토 (길이 20.2cm)

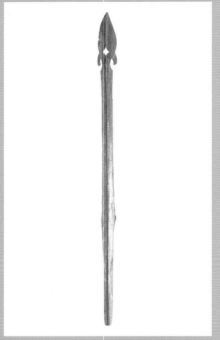

그림 11.3 부여 능산리 36호분 서쪽 출토(길이 15.7cm)

철테

길이 20.5㎝

그림 11.4 부여 능산리 36호분 철제품

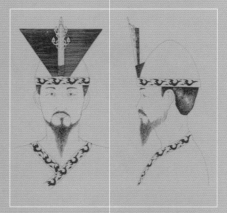

그림 11.5 은제관식착용 복원도 (최맹식, 1998)

그림 11.6 나주 복암리 3호분 5호, 16호 석실

그림 11.7 논산 육곡리 7호 분(길이18.2cm)

그림 11.8 부여 하황리 고분 (길이17.0cm)

3
연구방법

　　문화재의 복원을 위해서는 문화재의 현상에 대한 세밀한 관찰을 통해 유물의 상태를 이해하고 복원방법을 결정하여야 한다. 능산리 36호분 출토 은제관식의 경우 금속재질의 특성상 산화가 비교적 적은편이나 매장 당시 외압에 의해 파손된 부분을 보존처리하여 외형이 복원된 상태이고 금속문화재로써는 국내에서 가장 얇은 편에 속한다. 이러한 특성으로 인해 접촉식방법으로는 유물의 안정성을 기할 수 없으므로 비접촉식 방법을 통해 복원작업을 진행하였다.

　　본 연구는 다음과 같이 크게 3단계로 진행하여 복원품을 제작하였다. 1단계는 유물관찰과 전개도면 제작으로, 고화소의 디지털 카메라와 실체현미경을 통해 유물의 각 부분에 남아 있는 각종 흔적을 확인하였다. 또한 각 부분의 평면사진을 이용하여 전개도면을 작성하였다. 2단계는 소지금속의 재질분석으로 비파괴 분석법인 형광X−선분석기(XRF)를 활용하여 분석결과에 따른 재료를 준비하였다. 3단계는 복원품 제작으로 1, 2단계를 통하여 만들어진 도면과 도구를 이용하여 소지금속을 땀질하여 투조하고 숫돌 등을 이용하여 최종 완성하였다.

3.1 1단계 유물관찰과 전개도면 제작

1) 유물관찰

 육안관찰과 고화소의 디지털 사진, 실체현미경 등을 통하여 파손부위와 결손부위 등을 정리하였고, 표면의 미세한 흔적과 단면의 가공흔적을 관찰하여 제작기법을 유추할 수 있었다.

(1) 부여 능안골 36호분 출토품

 부여 능안골 출토 관식은 전체형태가 완형에 가깝게 남아있고, 중앙의 입식을 중심으로 5개의 꽃봉오리와 양 측면에 곁가지를 내어 장식하였다. 능안골 관식의 제작기법을 살펴보면 우선 표면에 송곳과 같이 뾰족한 도구를 이용하여 밑그림을 그렸으며, 밑그림 외곽으로 2~3종류의 끌을 이용하여 투조한 것을 알 수 있다. 부여 능안골 36호분과 부여 하황리 출토품이 같은 형식의 도안이다.

(2) 부여 하황리 출토품

 하황리 관식의 경우 현재까지 출토된 은화관식 중 가장 문양이 세련되고 정교하게 제작되었다. 중간입식부와 측면의 문양이 잘남아 있고 중앙상단의 꽃봉오리와 측면문양 일부분이 유실되었다. 소지금속의 두께가 0.7~0.9mm 까지 다양하게 측정되는데, 이는 은판 제작 시 수작업에 의한 단조성형으로 인해 두께가 일정하지 않은 것으로 판단된다. 이는 당시에 덩이쇠를 판으로 성형하는 과정이 단조작업으로 진행되었음을 말해주는 증거이기도 하다. 하황리 관식은 능안골 관식에 비해 두께가 두배 이상 차이가 나며 단면상에 땜질 흔적은 관찰되지 않고 대부분의 면이 매끄러우나 일부 모서리에 줄질에 의한 단층이 관찰된다. 이러한 현상으로 미루어볼 때 두께가 두꺼운 관식이나 식리의 경우 얇고 정교한 철제 실톱의 사용을 배제할 수 없다. 현재까지는 이러한 실톱이 출토된 예가 없어 단정 지어 판단할 수

그림 11.9 복원대상 유물의 정면

그림 11.10 투조(땀질)흔적

그림 11.11 내면모서리의 광쇠질흔적

그림 11.12 밑그림 작업흔적

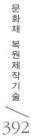

는 없지만, 두꺼운 금속판의 경우 땀질에 의한 투각이 정교한 문양표현에는
한계가 있으므로 실톱의 사용을 짐작하게 된다. 실톱에 의한 투조 후 단면
을 전체적으로 가공하고 모서리는 비스듬히 다듬어 주었다.

그림 11.15 인동초 꽃봉오리와 줄기표현

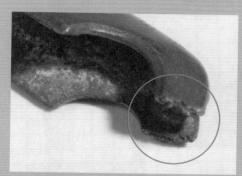

그림 11.16 중앙상단 결손 부

그림 11.13 부여 하황리고
　　　분 관식 좌측면　　그림 11.14 정면　　그림 11.17 모서리부분의 가공흔적

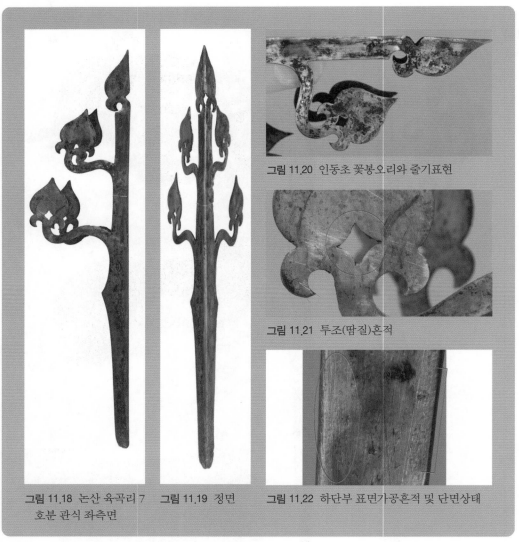

그림 11.20 인동초 꽃봉오리와 줄기표현

그림 11.21 투조(땀질)흔적

그림 11.18 논산 육곡리 7 　그림 11.19 정면 　그림 11.22 하단부 표면가공흔적 및 단면상태
호분 관식 좌측면

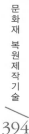
(3) 논산 육곡리 출토품

　　육곡리출토 관식은 완형으로 현재까지 출토된 은화관식 중 그 원형이 가
장 잘 남아있다. 중앙입식 상단에 꽃봉오리를 중심으로 양쪽으로 두 개씩의
가지를 내어 다섯 개의 꽃봉오리를 표현하였고, 부여출토품과는 달리 곁가
지를 표현하지 않았다. 소지금속판의 두께는 0.4~0.6mm로 능안골 관식보

다는 두껍고 하황리 관식보다는 얇다. 관식의 상단에 인동초문양은 표면을 매끈하게 처리하고 하단부는 거친가공 흔적이 관찰된다. 이는 탄소강을 소재한 줄칼이나 어피, 금강사등을 이용한 표면가공 흔적임을 짐작할 수 있다. 인동초부위의 급격한 곡선에는 땜질을 통한 끌의 흔적이 관찰된다. 상단부의 단면은 직각으로 하단부의 단면은 비스듬히 가공하였다.

2) 전개도면 작성

각 부분의 평면 촬영 사진과 유물의 부분실측을 통한 도해(illustrator)를 활용하여 전개도면을 작성하였고, 유실된 부분은 곡률 값과 남아있는 부분을 반영(mirror)하여 복원하였다. 또한 중심축이 안쪽으로 휘어진 상태이므로 양쪽의 문양을 그린 후 디지털이미지로 저장하여 오차 수치를 보정하여 전개도면을 제작하였고, 복원품 제작에서는 실제 유물에서 보여지는 곡선으로 성형하였다.

그림 11.23 복원대상 유물의 양쪽 문양 사진   **그림 11.24** 전개도면 제작

3.2 소지금속의 재질분석

소지금속의 성분을 알아내기 위해 비파괴 분석법인 형광X−선분석기 (XRF)를 활용하였다. 분석위치는 소지금속의 표면이 잘 남아있는 중심축의 최상단과 하단부를 조사하여 보았는데, 스펙트럼의 분석결과 은(Ag)이 95~97% 정도이며, 구리(Cu)가 3~5% 가량 합금된 것으로 주성분은 은(Ag) 이며, 구리(Cu)가 소량 검출되었다[그림 11. 25, 그림 11. 26]. 이는 순은 (99%)의 경우 연성과 전성이 매우 뛰어나 얇은 상태로 성형 할 경우에는 그 형태를 온전히 유지하기 어렵기 때문에 구리를 소량 합금하여 강도와 가공 성을 높여준 것으로 판단된다.

은은 인간에 의해서 가장 일찍부터 사용되어온 금속 중의 하나로 동전, 보석, 장신구, 주방용구 등으로 널리 사용되었다. 특히 8가지 귀금속 중 하 나로 순수한 상태에서는 흰색의 광택이 나고, 연성 및 가단성이 우수하며, 쉽게 긁히는 성질이 있어서 강도를 높이기 위하여 구리 합금하여 사용하기 도 하였다. 아래 [그림 11. 27]은 은−구리합금의 평행상태도로 은과 구리는 962℃에서 서로 녹지 않으므로 혼합물이 냉각되었을 때 한쪽은 구리가 많

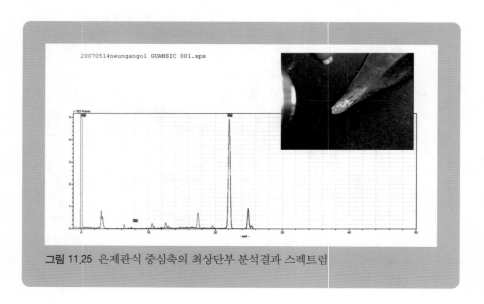

그림 11.25 은제관식 중심축의 최상단부 분석결과 스펙트럼

고 한쪽은 은이 많은 두 상으로 분리된다. 순은은 대부분 은이 많은 상과 소량의 구리가 많은 상으로 존재한다. 순은이 급속도로 식을 경우 구리는 용액 속에 남고 합금은 물러지고 연성, 전성이 있게 된다. 즉, 가공을 하면 합금이 더욱 단단해지므로 뜨임 처리하여 사용한다.

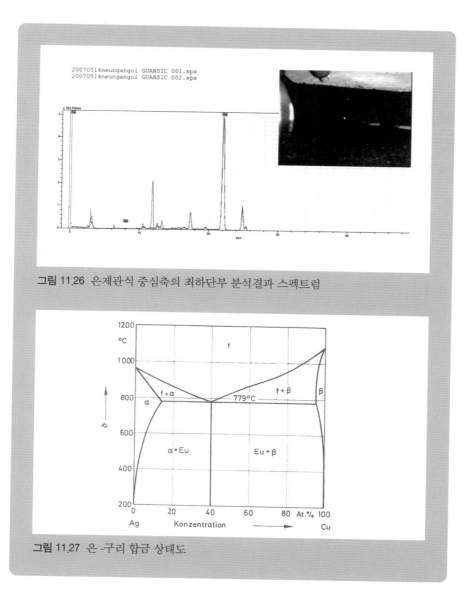

그림 11.26 은제관식 중심축의 최하단부 분석결과 스펙트럼

그림 11.27 은-구리 합금 상태도

3.3 복원품 제작

1) 소지금속의 용해와 판 제작

금속합금 시에는 주금속 및 부금속의 양과 융점을 고려하여야 한다. 은 (95%)과 구리(5%) 합금의 경우는 구리의 융점이 1083℃ 로 은(960.5℃)에 비해 융점이 122.5℃ 가 높지만 은의 양이 구리보다 월등히 많고 융점의 차이도 크지 않기 때문에 은을 먼저 용해한 후 구리를 넣어준다. 금속의 용해 시 융점이상으로 계속 가열하게 되면 기체화되면서 증발하기 때문에 원하는 합금 비를 만들 수 없다. 또한 금속표면에 열을 직접 가하게 되면 합금속의 내부에 기공이 많아지므로 도가니 아래에서 열을 가하는 방법이나 산소를 줄여 환원불꽃으로 용해하는 것이 바람직하다.

합금판 제작시 두 가지 이상의 금속을 합금한 후 형틀에 부어 덩이쇠를 만들고 이 덩이쇠를 단조하여 내부의 기공을 없앤 후 열풀림 하면서 내부의 틈을 녹여 붙이면 판 제작에 사용하는 덩이쇠가 완성된다. 이렇게 제작된 쇠를 단조하여 펴주고 단단해지면 열풀림한 후 재차 두드려 판을 제작하게 된다. 철과 청동을 제외한 비철금속의 경우 붉게 열을 가해 열풀림이 되면 금속성질이 연해지는 특성을 가지고 있다.

은제관식의 제작기법상 땀질을 이용한 투조에는 소지금속이 단단해야 하므로 마지막에는 열풀림을 하지 않았다.

2) 투조끌 제작

금속의 투조, 상감, 조금 등에 사용하는 끌과 정의 경우 고탄소강을 이용하여 단조기법[3](Hot Forging) 을 통해 제작된다. 연철과 강의 경우 붉게 달구어진 상태에서는 연성과 전성이 생겨 두드리면 금속을 모으거나 펼 수 있

---

3) 같은 뜻으로 두드리질, Forging, Black smithing 이라고도 한다.

그림 11.28 은10냥(375g)과 구리5돈(18.75g)이 준
비된 상태

그림 11.29 도가니 내의 은

그림 11.30 순은 용해 후 구리를 첨가한 상태

그림 11.31 괴 틀에 주조된 모습

그림 11.32 유산(황산) 10% 용액을 이용한 붕사 외
이물질 세척과정

그림 11.33 덩이쇠 내부에 있는 기공

그림 11.34 융점 가까이 가열하여 내부를 융접한 상태

그림 11.35 표면을 1차로 두드려 일정한 두께로 펴줌

그림 11.36 흐르는 물에 세척

그림 11.37 제차 가열하여 열풀림 상태

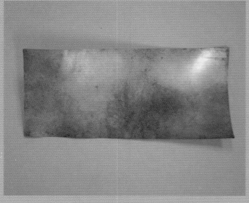

그림 11.38 유물 두께에 맞추어 제작된 은판

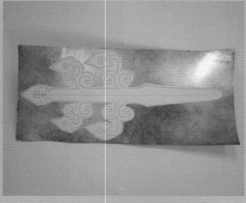

그림 11.39 전개도면 부착

다. 정의 모양을 결정하는 것은 제작기법에 따라 달라지지만, 문화재의 원형복원을 위해서는 유물의 제작흔적을 자세히 관찰하여 추정되어지는 정의 모양을 1차로 제작하여 시험해본 후 원형과의 차이점 등을 찾아가는 것이 중요할 것이다. 일반적으로 정의 길이는 짧게는 7~8cm, 길게는 9~10cm의 길이로 사용하는 것이 적합하고, 열을 가해 정의 모양을 두드린 후 날 부위는 열처리하여 조직을 치밀하게 만들고 중간 부위는 열풀림을 통해 조직을 무르게 만든다. 철의 경우 탄소함유량과 열처리에 따라 금속의 성질이 다양하게 변하므로 목적에 맞게 탄소함유량 조절과 금속조직을 만들어야 한다.

그림 11.40 끝의 열처리 과정

그림 11.41 끝의 단조 후 형태

그림 11.42 끊음질을 위한 열처리

그림 11.43 기본형태 완성

3) 투조 및 각접기

은판에 전개도면을 부착한 후 아랫부분이나 윗부분부터 오려내며, 직선에 가까운 면은 넓은 정으로, 곡선이 작은 부분은 좁은 정으로 하여 밑그림의 외곽 0.5mm 바깥으로 정질 한다. 실제 복원품을 제작하기 전에 소지금속에 정을 여러 차례 사용해보아 크기와 모양이 같아지도록 하고 유물에서보여지는 정질의 방향성 등을 파악하여 투조하여야한다. 철제 정이 은판을밀어내면서 자르는 것이므로 원형도안에서 외곽으로 땀질하여야만 도안과같이 투조할 수 있다. 도안선을 따라 투조하는 경우 실제 크기보다 작아지며, 전체균형미가 달라진다. 내면 각접기 가공은 일반적으로 송곳 같은 도구를 이용하여 금을 긋고 삼각형 조각 정을 이용해 홈을 판다. 파여진 홈 안쪽 면을 따라 삼각·사각 형 줄칼질로 면을 다듬어주면 직선의 V 홈을 낼수 있다. 유물에서는 내면의 가공홈을 관찰할 수 없지만, 제작과정상 홈을내지 않으면 중앙부분이 모서리지기 어려울 것이다. "ㄱ"자 모루쇠에 두드리질로 각을 접으면 투조한 외면까지 영향을 주기 때문에 앞서 도안한 형태와는 달라져서 2차 가공을 필요로 하므로 소지금속이 평면인 상태에서외곽을 투조하고 각접기 하였을 것으로 판단된다.

그림 11.44 투조 과정　　　　　　　　그림 11.45 끝의 단위 (유물 대조)

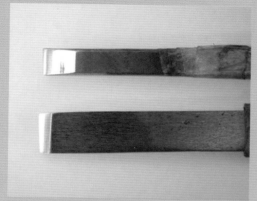

그림 11.46 투조 끝의 정면

그림 11.47 투조 끝의 측면

그림 11.48 완료 후 면을 펴준 상태

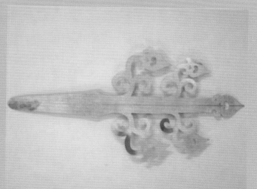

그림 11.49 내면의 각접기 가공상태

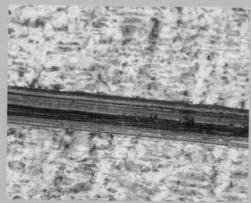

그림 11.50 내면 가공상태(실체현미경 사진)

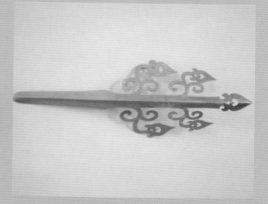

그림 11.51 각접기 후 외면

그림 11.52 각접기 후 내면   그림 11.53 외면 세부

4) 표면가공

금속판 제작 시 두드린 흔적이나 땜질, 혹은 형태 성형과정에서 생겨진 흔적을 지우기 위해서 줄칼(고탄소강)로 황삭하고, 금강사 가루나 어피 등을 이용하여 정삭하여 준다. 외면의 빛 반사를 위해서는 도안에 따른 광쇠를 여러 가지 모양으로 제작하여 사용하는데, 형태의 외곽선을 따라 보다 촘촘히 눌러 외곽의 선을 따라 빛이 흐르도록 하는 것이 일반적이다. 유물관찰 결과에서도 마찬가지로 외곽선을 따라 부드러운 곡선이 되도록 광쇠질 하였음을 알 수 있다.

그림 11.54 복원품 완성모습   그림 11.55 완성된 복원품세부

4
맺음말

    백제의 석실분에서는 은으로 만든 꽃장식의 은제관식이 현재까지 8점 가량 출토되었다. 이 은제관식은 같은 형태는 없으나 모두 비슷한 형태로써 총 4가지의 형식으로 구분되는데, 사비시기의 『나솔』이상의 관리들이 착용하였음을 알 수 있었다. 현재까지 출토된 관식의 형식으로 미루어 볼 때 백제시대 신분에 따른 복식의 차이를 나타내는 상징물로 여겨진다.

    은제관식은 제작기법상 외면에서 1차로 모양을 도안하여 투조하고, 내면에서 2차로 문양을 그려 제작되었다. 이것으로 보아 하나의 형틀을 가지고 대량생산한 체제가 아닌 1도안 1완제품을 생산한 것임을 알 수 있다.

    소지금속의 분석결과 백제시대에 이미 현대에 사용하고 있는 은과 구리의 합금인 정은 계열의 합금속을 개발하여 사용하였음을 알 수 있다.

    백제시대 판금제작기법에는 현대에 사용하는 철제실톱 등의 도구흔적은 관찰되지 않고 끌의 흔적이 관찰되는 바, 땀질로 투조하여 표현하는 기법이 일반적임을 알 수 있다. 땀질은 고도의 숙련된 기술력을 필요로 하는 기법으로써 현대의 금속공예가들에게는 익숙하지 않은 기법 중의 하나이다. 필자도 본 은제관식의 제작 시 여러 차례 실패를 바탕으로 하나의 완성품을 제작할 수 있었다. 톱질을 통한 금속의 가공은 재료의 손실을 가져오지만, 땀질은 재료의 손실이 없다고 할 수 있다. 이러한 관점에서 삼국시대 금속공예기법의 수준은 현대 공예가들이 따라가기 힘든 수준이었음을 실감할 수 있었다.

백제시대 환두대도의 복원제작기술

1
머리말

한반도에서는 기원전 400년경에 청동검이 나타났고 기원후 200년을 전후해 환두대도가 모습을 드러낸다.[1] 철기시대로 오면 초기에는 세형동검의 양식을 그대로 모방한 양날의 짧은 철단검이 제작되지만, 원삼국시대 초기로 진입하면서 칼날이 길고 외날이며 칼자루 끝에 둥근 고리가 달린 환두대도가 등장한다.[2] 세형동검의 발생지는 한국으로 되어 있으며 그 원조는 비파형 동검이다.

환두대도가 출현하기 이전에는 검이나 도신과 병부로써만 구성되던 대도가 병부의 끝에 고리를 별도로 제작하여 도신과 결합하였다. 이는 전장에서 칼을 놓치지 않기 위해 고리에 가죽이나 직물을 부착해 손에서 이탈을 방지하고자 하는 기능적인 측면을 고안하여 제작되어진 것으로 추정된다. 대도에서 고리만이 추가되어 제작되어진 이후 수장급 이상의 지휘자들은 자신의 권위를 강조하고자 환내에 상감기법을 이용해 문양을 시문하고 환 내부에 삼엽이나 이엽 등의 문양을 주조하여 장식성을 추가하였다. 시대가 변화함에 따라 환과 손잡이, 칼집 등을 금이나 은 등의 귀금속으로 장식하고 용문, 봉황문 등으로 자신의 신분을 알렸던 것으로 판단된다.

환두대도의 특징은 칼 손잡이에서 칼 몸을 잇는 중간에 손목의 보호대 역

---

1) 박창희, 2005 『살아있는 가야사 이야기』 이른 아침
2) 민승기, 2004 『조선의 무기와 갑옷』 가람기획

할을 하는 고동(古銅)[3]이 없으며 장식적 성격이 강하다. 이러한 특징은 양식으로 발전되어 매우 화려한 문양과 투조, 투각한 금속공예의 미적 극치를 잘 나타내고 있다. 특히 삼엽환두대도는 조선시대 인검의 문양에까지 영향을 미쳐 인검의 병부환두에 그대로 나타나고 있다.

　본 연구는 백제시대 수촌리유적에서 출토된 환두대도를 복원하기 위하여, 자연과학적 분석방법으로 구성재질 및 기술체계를 파악하고, 그 결과에 따라 가능한 전통공예기술을 적용하여 환두대도를 복원하였다.

---

3) 코등이(kodungi) · 격(格) · 도반(刀盤) · 호수(護手) · Tsuba(鐔) · 가드(guard) · 키용 (quillon). 칼자루와 칼날 사이에 끼워서 손을 보호하도록 하는 원형의 철물이다. 코등이라는 말은 칼에서 툭 튀어나온 부분 즉, 칼의 콧등이라는 말에서 나온 것이고 고동(古銅)이라는 한자는 콧등의 음차 표시이다. 원래 목적은 손에 대한 적의 가격을 방어하는 것이 아니라, 상대를 칼로 찔렀을 때 공격자의 손이 앞으로 밀려나가 자기 칼에 자기 손이 다치는 것을 방지하는 것이다. 상대의 가격으로부터 손을 방어하는 기능은 좀 더 후대로 와서 강조된 것이다.

2
삼국시대의 환두대도(環頭大刀)

2.1 환두대도(環頭大刀)의 의미[4]

환두대도는 둥근 고리형태의 병두(柄頭)를 가진 대도를 의미한다. 주로 분묘의 부장품으로 출토되는 환두대도는 다른 유물에 비하여 우리에게 많은 사실을 알려주고 있다. 이를테면 패용(佩用)에 따른 피장자의 두향(頭向)이나 성별, 형태와 재질에 따른 신분관계, 출토위치나 출토상황에 따른 매장의식, 사용된 도상에 따른 사상적 의미, 제작기술적인 측면에서의 금속공예 기술의 발전 그리고 당시의 정치적, 군사적 상황 등 매우 다양한 의미를 내포하고 있다.

이러한 환두대도는 실전에 사용되는 무기의 성격보다 사회 서열을 나타내는 위의구이며, 왕·귀족·수장 또는 군사지휘자 등을 상징하는 장식 칼이었다고 할 수 있다. 서열은 백제와 가야는 소환두대도→봉황문 장식대도→용문장식 환두대도의 서열이 있었으며, 신라는 삼엽환두대도→삼루환두대도→용문장식환두대도의 서열 순이 있음을 보여준다.

---

4) 구자봉, 2004 「신라의 환두대도」 『신라문화』 제15집
   국립대구박물관, 2007 『선사에서 조선까지 한국의 칼』 특별전도록

2.2 분류

환두대도(環頭大刀)는 연구자에 따라 조금씩 다르게 분류되고 있으나, 일
반적으로 소(素)환두대도, 이엽(二葉)환두대도, 삼엽(三葉)환두대도, 삼루(三
累)환두대도, 용봉(龍鳳)환두대도, 규두(圭頭)대도, 방두(方頭)대도 등으로 분
류된다. 둥근고리 안의 장식 유무를 가지고 그 종류를 구분한다. 아무 것도

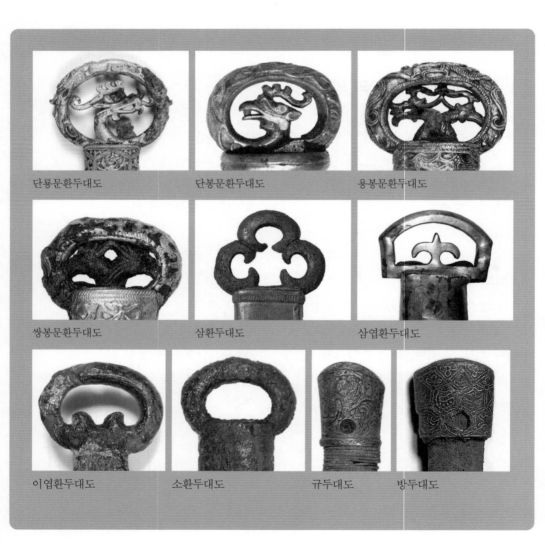

단룡문환두대도   단봉문환두대도   용봉문환두대도

쌍봉문환두대도   삼환두대도   삼엽환두대도

이엽환두대도   소환두대도   규두대도   방두대도

없으면 소환두대도, 세 잎이 벌어진 모양이면 삼엽환두대도, 둥근 고리 세 개를 품자형(品字形)으로 이어 붙였으면 삼루환두대도라고 명명한다. 그리고 장식대도의 경우에는 고리 안에 용이나 봉황을 제작하여 삽입하고 있는데, 그 형태에 따라 용환두대도(단룡, 쌍룡), 봉환두대도(단봉, 쌍봉), 용봉환두대도 등으로 분류한다.

2.3 도상의 분류[5]

환두대도의 도상은 환의 형태, 환내의 장식, 검신의 상감문양 등 크게 세 부분으로 나누어 살펴볼 수 있다. 외환의 형태는 상원하방문과 삼환문이 있으며, 환내 장식은 삼엽문과 용봉문이 있다. 그리고 도신의 상감문양은 용문, 주작문, 용어문 등이 있다.

1) 상원 하방문

우선 외형의 형태에 의한 도상중 상원하방문은 소환두대도와 삼엽환두대도의 외환으로 사용되었으나 특히 삼엽환두대도에서 가장 많은 출토 예를 보여주고 있다. 상원하방문의 기원은 중국한대의 도자인 서도(書刀) 등에서 볼 수 있는 방환으로부터 영향을 받은 것으로 추정된다.

신라의 환두대도 가운데 가장 이른 시기의 상원하방환두는 경주 월성로 가-13호분에서 출토된 소환두대도이다. 이러한 소환두대도의 상원하방형은 이후로 삼엽환두대도의 외환에도 채용되어 신라환두대도의 정형 가운데 하나인 상원하방형 삼엽환두대도를 발전시키게 된다.

상원하방문은 "하늘은 둥글고 땅은 네모나다"라고 하는 천원지방사상과 관련이 있을 것으로 생각된다.

---

5) 구자봉, 2004, 주4) 앞의 글

2) 삼루문(삼환문)

이 문양은 외형의 형태가 C자형의 고리 셋이 위쪽과 좌우에 붙어 삼각형으로 연결되어 있는 것을 말한다.

이 문양은 환두대도의 환두가 아닌 다른 유물에서 사용된 경우는 거의 없다. 또한 신라의 환두대도에만 집중적으로 채용되어 있다.

3) 삼엽문

삼엽문은 원형이나 상원하방형 등의 외환 안에 들어있는 삼엽형의 도상을 말한다. 이러한 삼엽문의 형태는 지역에 따라 또는 시기적인 선후관계에 따라 조금씩 차이를 보이고 있다. 일반적으로 삼엽문의 기원은 인동문과 관련이 있는 것으로 생각되고 있다.

삼엽문은 환두대도 이외에 대금구나 마구 그리고 여러 금속용기 등에서 사용된 것을 찾아 볼 수 있다.

4) 용작문(龍雀文)

용작문은 환두에 용이나 주작의 두부(頭部)만 표현된 도상이 들어 있는 것을 말한다. 환두대도의 용작문의 형태는 용이나 주작이 개별적으로 또는 서로 조합되어 존재하며, 단룡, 단작, 쌍룡, 쌍작, 용작 등 5가지 형태로 세분될 수 있다. 쌍룡이나 쌍작 또는 용작의 형태는 머리를 서로 다른 방향으로 향하고 있는 '교차형(交叉形)'과 얼굴을 마주보고 입을 맞대거나 구슬을 함께 물고 있는 '합구형(合口形)'의 두 가지로 구분된다.

2.4 세부 명칭[6]

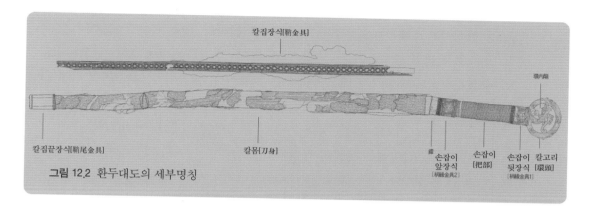

칼집장식[鞘金具]

環內龍

칼집끝장식[鞘尾金具]

칼몸[刀身]

손잡이
앞장식
[把緣金具2]

손잡이
[把部]

손잡이
뒷장식
[把緣金具1]

칼고리
[環頭]

그림 12.2 환두대도의 세부명칭

2.5 삼국의 출토예[7]

1) 고구려

고구려의 경우 무덤에서 출토되는 유물의 수량이 적은 편이다. 이는 도굴의 영향이기도 하지만 원래부터 박장(薄葬)의 풍습이 있었던 것 같다. 환두대도 역시 출토예가 매우 적다. 환인(桓仁) 고력묘자촌(高力墓子村) 15호묘와 평양 병기창 출토품이 알려져 있다. 전자는 철제품이며 도면으로 보아 환두내 도안의 형태가 뚜렷하지는 않으나 한식대도(漢式大刀)처럼 가운데 엽(葉)이 크면서 둥글고 좌우엽이 간소한 형태의 삼엽문이 베풀어져 있다. 삼엽문의 형태는 가운데 엽이 뾰족하고 손잡이와 칼집에 은판을 덧씌워 장식하였다. 연대는 평양천도 이후로 편년할 수 있다.

---

6) 이한상, 2006 『무령왕의 환두대도』 국립공주박물관
7) 이한상, 2004 「삼국시대 환두대도의 제작과 소유방식」 『한국고대사연구』 36

2) 백제

한성시기의 환두대도는 천안 용원리 1호 석곽묘, 12호 석곽묘, 공주 수촌리 1호 목곽묘 출토품이 있다. 용원리 대도는 무령왕릉 출토품에 선행하는 용봉문장식의 대도로서 매우 주목되는 자료이다. 손잡이 끝의 둥근 고리에는 몸을, 둥근 고리 속에는 용 또는 봉황의 머리를 표현하였다. 1호 석곽묘 대도는 동으로, 12호 석곽묘 대도는 철로 주조한 후 은판을 덧 씌웠다. 수촌리 대도의 손잡이에는 은판이 장식되어 있는데 이면에서 타출하여 파문(波文)을 베푼 것이다.

웅진시대를 대표하는 대도는 무령왕의 단용문환두대도(單龍紋環頭大刀)이다. 이 대도는 백제뿐만 아니라 동아시아 환두대도 연구의 기준자료가 되고 있다. 용의 머리와 몸이 정교하게 일체형으로 주조된 것이며 표면에 금도금이 베풀어졌다. 손잡이에는 금실과 은실이 교대로 감겨 있고 손잡이 상부와 칼집 입구에 봉황무늬가 투조로 표현되어 있다. 특히 웅진시대로 편년 할 수 있는 대도는 논산과 나주에서도 출토되었다. 논산 모촌리 93-5호묘 은장대도와 표정리에서 발견 신고된 은장대도, 나주 신촌리 9호분 을관의 삼엽대도와 용봉문대도, 복암리 3호분의 석실 소도가 그것이다. 이 중 표정리 출토품은 손잡이와 칼집에 은판을 덧씌워 만든 것인데 환두의 형태가 5각형에 가깝다. 이와 유사한 환두대도가 합천 옥전고분군을 비롯한 대가야권의 무덤에서 5점 가량 출토 되었다.

나주 신촌리 9호분 을관에서는 삼엽대도, 용봉문대도 등 여러 점의 대도가 피장자 유해부 좌측에서 출토되었다. 삼엽대도는 원환 내에 삼엽문이 베풀어져 있으며 손잡이 부분에는 어린문(魚鱗紋)이 베풀어진 은판으로 감싸져 있다. 용봉문대도의 경우 은으로 피복한 것과 금을 사용한 것이 있다. 이 중 후자는 환내 원상(圓像)을 별도로 제작, 끼워 넣은 것이다.

3) 가야

가야의 대도는 신라 다음으로 출토수량이 많으며 특히 중심고분군에 대한 전면조사가 진행된 합천 옥전고분군 출토품이 다수를 점하고 있다. 신라보다는 백제의 영향을 많이 받은 것으로 보이며, 고령과 합천을 양축으로 하는 대가야권에 집중 분포 되어 있다.

고령의 지산동고분군은 가야의 다른 분묘군과는 비교가 되지 않을 정도로 탁월한 규모를 보이고 있다. 그러나 대형분에 대한 조사가 적어 장식대도의 출토예가 많지 않다. 일제시대에 조사된 지산동 주산 39호분은 왕릉으로 추정할 수 있을 정도의 대형분인데, 단룡의 환두대도가 출토되었고, 역시 대형분인 지산동 45호분에서는 신라로부터 이입된 전형적인 삼엽대도 1점이 출토되었다. 영남문화재연구원에서 조사한 지산동 I-4호묘에서 단봉대도 1점이 출토된 바 있고, 지산동 32호분 주변의 소형석곽인 32NE 1호묘에서는 철제 단봉환두대도가 출토 되었는데 환두에 은입사로 당초문과 단봉을 표현하였다.

다라국(多羅國)의 왕족묘역인 옥전고분군을 비롯하여 그 하위집단의 수장묘인 반계제 가-A호묘에서 은장대도가, 보다 하위집단의 묘역인 창리에서 철제삼엽대도 1점이 출토되었다. 그간 옥전고분군에서 출토된 장식대도로는 옥전 M3호분 출토 용봉문대도를 위시하여 용과 봉이 표현된 대도가 8점, 삼엽문이 표현된 대도가 3점, 소환두에 상감이나 은판으로 장식한 대도가 6점 있어 가야의 다른 어느 분묘군보다 다양하고 화려한 대도가 출토되었다.

함양 백천리 1호묘 3곽에서 은장대도 1점이 금장이식과 공반 출토되었고, 산청 중촌리 4호묘에서는 은장의 단용환두대도 1점이 출토되었다. 고성 연당리 23호묘에서도 은장의 쌍엽문대도 1점이 출토되었다. 남원의 운봉고원 일대에는 대가야적인 유물상을 보이는 분묘군이 있는데, 그중 월산리와 두락리에서 장식대도가 각각 1점씩 출토되었다.

아라가야의 중심분묘군인 함안 도항리고분군의 마갑총과 창원문화재연구소 조사 54호묘에서 장식대도가 출토되었다. 마갑총 출토 대도는 상원하방형 환과 칼등에 금입사로 거치문(鋸齒文)을 베풀었고, 54호묘 대도는 환에 쌍용문을 표현하고, 그 위에 얇은 은판을 씌운 것이다. 그 외에 마산 현동 64호묘에서 원환 내 삼엽대도 1점이 출토 되었다.

4) 신라

신라의 대도는 경주시내의 대형분에서 출토예가 많다. 그런데 경주의 경우 백제나 가야, 신라의 지방보다는 죽은 자를 무덤에 매장하는 과정에서 일정한 원칙이 있었던 것 같다. 즉 여성의 무덤으로 추정되는 황남대총 북분 등의 무덤에는 패용대도가 없으며 남성의 무덤에서는 피장자의 좌측 허리부위에서 주로 출토된다. 경주 출토 대도를 정리하면 다음과 같다.

첫째, 삼루대도이다. 삼루환의 모습을 가진 가장 이른 시기의 대도는 황오리 14호 1과 출토품이다. 황남대총 남분 출토품이 정형화된 예 가운데 가장 이른 시기에 속하며 피장자의 좌측 허리에 패용된 채 매납되었다. 이 대도는 이후 금관총, 금령총 피장자까지 패용하고 있다.

둘째, 용봉문대도이다. 식리총(飾履塚)의 쌍용대도가 가장 이른 시기의 것이며 천마총과 호간총에서 단봉, 단용대도가 출토되었다. 식리총대도는 공반된 식리와 더불어 수입품일 가능성이 있기 때문에 천마총 대도가 신라에서 제작된 전형적인 용봉문대도로 볼 수 있을 것이다. 이용봉문대도가 6세기 전반 이후 삼루대도를 대신하여 가장 높은 격을 가지는 것 같다.

셋째, 삼엽대도이다. 황남대총 남분 출토 대도가 가장 빠른 대도이며 이후 황남대총북분과 금관총 등의 유물수장부에서 출토된다. 경주 대형묘의 경우 주로 5세기대에는 유물 수장부에서, 중형묘에서는 피장자의 패용도로 부장된다. 황남대총 출토품을 제외하면 대부분 철지은판피(鐵地銀板被)이다. 환의 형태는 원형도 있지만 대부분 상원하방형이다.

넷째, 원두대도이다. 현재까지 알려진 자료는 금관총과 천마총 출토품이 있으며, 금관총 출토품은 송산리 4호분과 창녕 교동 11호분 출토품이 같은 유형에 속한다.

다섯째, 금은장(金銀裝) 소환두대도이다. 월성로 가–13호분에서 출토된 여러 점의 대도는 경주에서 가장 이른 시기의 장식대도로 모두 소환두대도이다. 부산 복천동 21, 22호분의 양상으로 본다면 이것이 복식용 대도가 처음 출현할 당시의 모습이었을 것으로 추정된다.

경주를 제외한 주변지역 가운데에서는 부산 복천동 21, 22호와 10, 11호 대도가 가장 빠른 예지만 보다 넓은 분포를 가지면서 통일된 모습을 보이는 시점은 경주 황남대총남분단계인 의성 탑리 2곽, 임당 EII–1호분 이후이다. 이 시기 이후에는 대체로 상원하방내 삼엽대도로 통일된다. 삼루대도는 그 예가 많지 않지만 대체로 5세기 후반 이후에 집중된다.

3
백제시대 환두대도 복원과정

복원대상 유물은 충남 공주 수촌리 2지구 1호묘 출토품이다. 환두대도를 복원하기 위하여 전체의 크기와 각 부분별 세부 크기를 정밀실측하고, 방사선투과조사를 통하여 도신과 환두부분의 접합방법 및 입사문양을 확인하여 도면으로 제작하였다. 또한 금구의 제작기법은 실체현미경으로 관찰하였다.

위와 같은 조사를 통하여 환두대도를 복원하기 위한 도면 및 입사문양의 전개도면을 제작하여 부분별 재료와 크기, 제작기법의 과정을 정리하여 아래와 같이 작업하였다.

3.1 유물조사

고분 피장자의 허리에 착장된 채 부장된 대도이다. 출토 당시에는 병두금구(柄頭金具)와 초구금구(鞘口金具)에 베풀어진 은판(銀板)이 주목되었으나 보존처리과정에서 환두(環頭)에 쌍용문(雙龍文)이 상감(象嵌)되어 있음을 확인하였다. 보존처리를 완료한 결과 百濟 장식대도(裝飾大刀) 가운데 용문(龍文)이 베풀어진 대도 중 가장 이른 단계로 편년(編年)할 수 있는 자료임이 밝혀졌다.[14]

환두(環頭)의 경우 철로 주조(鑄造)하여 형태를 만든 다음 둥근 고리를 따라가면서 두 마리의 용무늬를 은선(銀線)으로 상감하였다. 두 마리의 용은 고리의 측면에 뒷다리를 두고 고리를 따라 상승하여 가장 높은 곳에서 서로 머리를 스쳐지나가도록 도안되었다. 앞발과 뒷발은 각기 왼쪽 발을 조금 더 앞쪽에 새겨 전진감(前進感)을 주었으며 목은 각기 왼쪽으로 급격히 틀어 부딪히지 않도록 하였다. 용은 입을 조금 벌렸고 눈을 표현하였다. 용의 몸부 위에는 반원형의 선을 조밀하게 새겨 넣었다. 이러한 쌍룡문(雙龍文) 도안은 본 자료에 후행하는 천안 용원리1호 석곽묘 출토품으로 이어진다. 이렇게 만든 환두를 별도로 만든 도신(刀身)과 못을 박아 고정하였다.

손잡이와 환두의 접점에는 은판을 감싸 장식하였는데 은판에는 파상문 (波狀文)이 여러 줄 베풀어져 있다. 이러한 장식은 칼집의 입구에도 감싸져 있다. 은판에 이처럼 곡선적인 파상문을 베풀어 대도를 장식한 것은 백제와 가야, 왜의 무덤에서 출토된 바 있다. 백제의 경우 웅진시기로 편년할 수 있는 논산 모촌리 93-5호묘 대도가 있고, 가야의 경우 옥전 28호묘 대도, 왜의 경우 구마모토현(熊本縣) 에다후나야마고분(江田船山古墳) 출토 대도에서 확인된다. 이중 수촌리1호묘 출토품이 가장 이른 시기의 자료이며, 옥전28 호분 대도는 백제로부터의 이입품일 가능성도 있다.[15]

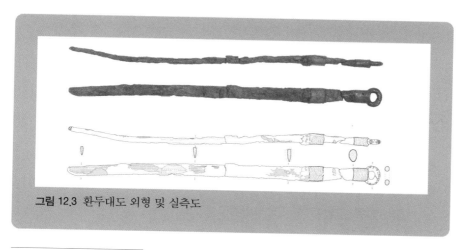

그림 12.3 환두대도 외형 및 실측도

---

14) 충남역사문화연구원, 2007 『공주시 의당면 수촌리 발굴조사 보고서』
15) 이한상, 2006 『한성백제 장식대도의 제작기법』 국립공주박물관 · 충남역사문화연구원

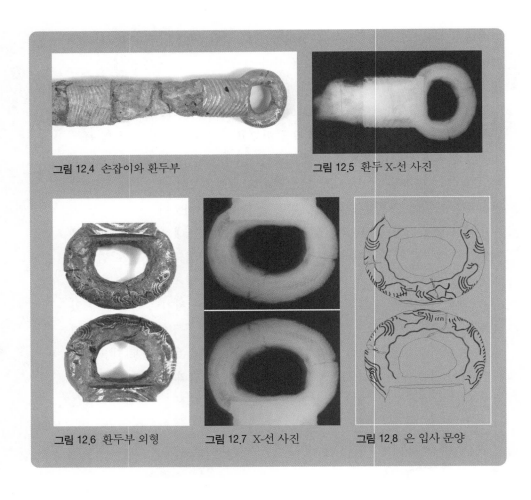

그림 12.4 손잡이와 환두부

그림 12.5 환두 X-선 사진

그림 12.6 환두부 외형

그림 12.7 X-선 사진

그림 12.8 은 입사 문양

3.2 환두 제작

환두의 제작은 도면에 따라 수지모형(模型)을 만들고, 주물사를 이용하여
주형(鑄型) 틀을 만든 다음 용해로 속에서 얻은 흑심가단주철 용탕을 주형의
주입구에 주입하여 환두를 제작하였다.

그림 12.9 환두 모형제작

그림 12.10 환두 수지모형

그림 12.11 환두 주형작업

그림 12.12 주조과정

3.3 표면가공

환두의 주물용탕이 응고한 다음 주물사 및 용탕의 주입구 등을 제거하고,
불필요한 부분을 깍아내어 수작업으로 환두를 완성하였다.

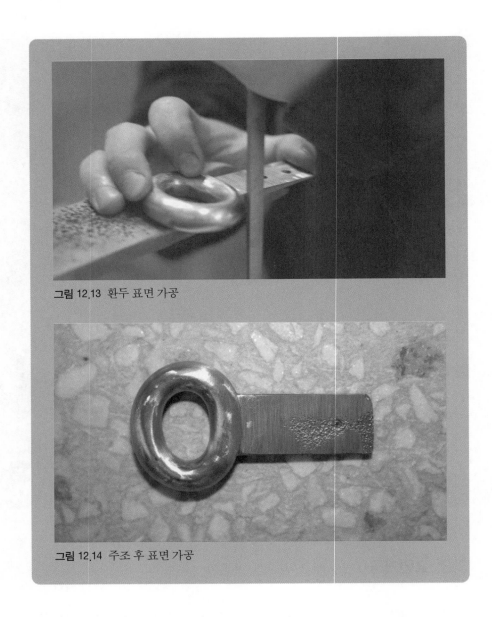

그림 12.13 환두 표면 가공

그림 12.14 주조 후 표면 가공

3.4 도신 제작

도신은 중탄소강을 소재로 하고, 열을 가하면서 반복적으로 두드려 성형하는 단조기법을 이용하였다. 단조는 큰 망치에서 벼름망치 중도리에 이르기까지 수차례에 걸쳐 반복 단조하였다. 단조가공으로 도신의 형태가 만들어진 다음 표면은 초벌숫돌에서 종방향과 횡방향으로 갈았다. 그리고 날 부분만 담금질하여 강도를 강하게 하였다. 열처리 후 표면의 얼룩과 세밀한 날을 세우기 위해서 마무리 숫돌질로 도신부를 제작 완료하였다.

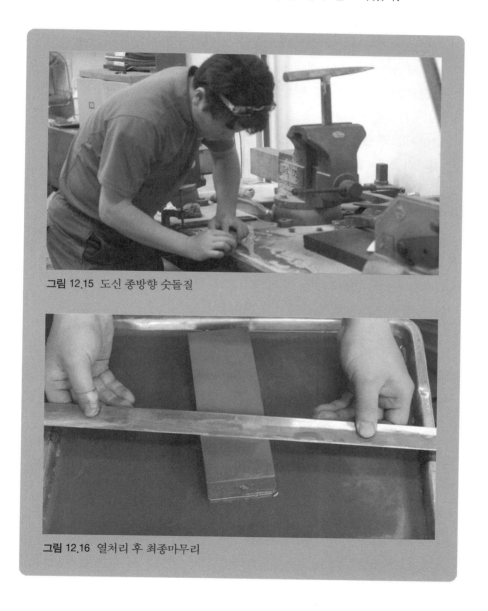

그림 12.15 도신 종방향 숫돌질

그림 12.16 열처리 후 최종마무리

3.5 환두부분의 은입사

입사는 철이나 청동과 같은 금속에 빛깔이 다른 금속을 끼워 넣는 기술로 금, 은 또는 구리를 끼워 넣거나 박아 넣어 색조의 대비를 이루고, 문자나 문양을 내어 꾸미는 기법이다. 입사기법의 계보는 중국에서 찾을 수 있다. 그 시점은 서기 4세기 무렵으로 보인다. 현재까지 발견된 입사유물 중 최고의 것으로는 4세기 후반 백제에서 만들어져 일본으로 전해졌다는 이소노카미신궁(石上神宮)의 칠지도(七支刀)가 있다. 국내 출토품으로는 4세기말로 비정되고 있는 천안 화성리 출토 은상감환두대도(銀象嵌環頭大刀), 5세기초 경의 고령지산동 출토 은상감당초문환두대도(銀象嵌唐草文環頭大刀) 등에서 보는 것처럼 환두(環頭)나 병연금구(柄緣金具)에 시문한 문양상감이 대부분이고 명문도(銘文刀)로는 5세기말에서 6세기 초 창녕 교동 출토 금상감 유명환두대도와 동경국립박물관 소장의 용봉문환두대도(龍文環頭大刀)가 있다.

환두부분의 은입사 방법은 표면을 잘 다듬고 입사문양을 그린 다음 문양을 삼각형 조각정으로 파내었다. 파여진 면을 옆땡이정으로 두드린 다음 0.25mm의 순은선(純銀線)을 넣고 평정으로 철을 두드려 눌러주면서 표면을 다듬는 과정을 거쳐 입사를 완료하였다.

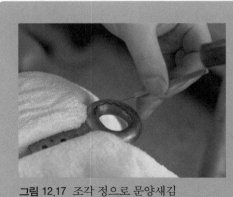

그림 12.17 조각 정으로 문양새김

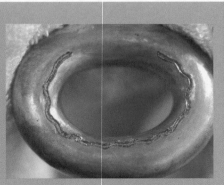

그림 12.18 문양이 새겨진 상태

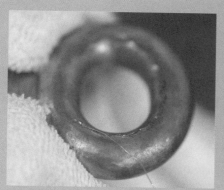

그림 12.19 은사를 끼워 넣는 과정

그림 12.20 조각 정으로 문양을 파낸 모습

그림 12.21 은입사 완료 상태

그림 12.22 열과 기름을 칠한 상태

그림 12.23 은입사 완성

그림 12.24 은입사 완성

3.6 리벳 접합

고대에는 금속재료를 영구적으로 접합하기 위하여 리벳접합기법을 사용하였다. 리벳접합은 2장을 포개서 체결하는 겹치기이음 방법과 2장의 판을 맞대고 그 한쪽 또는 양쪽에 덮게 판을 대고 체결하는 맞대기이음 방법 등이 있다.

수촌리 환두대도의 리벳접합은 환두와 도신을 겹치기 이음 방법을 사용하여 접합부위를 얇게 가공하고 구멍을 내어 동봉을 이용하여 리벳접합 하였다.

그림 12.25 손잡이와 도신 리벳접합

그림 12.26 리벳접합 세부

3.7 손잡이의 제작

손잡이 및 칼집은 느티나무(괴목) 고산 목을 재료로 사용하였다. 우선 목재를 전체크기보다 5mm 정도 크게 자른 다음 대패질하여 수평과 두께를 맞추고 손잡이와 칼집의 크기에 맞게 재단하였다. 앞서 제작된 도신을 올려놓고 밑그림을 그린다음 한 쪽 면을 절반만 파내고 반대쪽 면도 가공하였으며, 손잡이의 경우 금구와의 접합을 고려해 외면을 먼저 가공하였다.

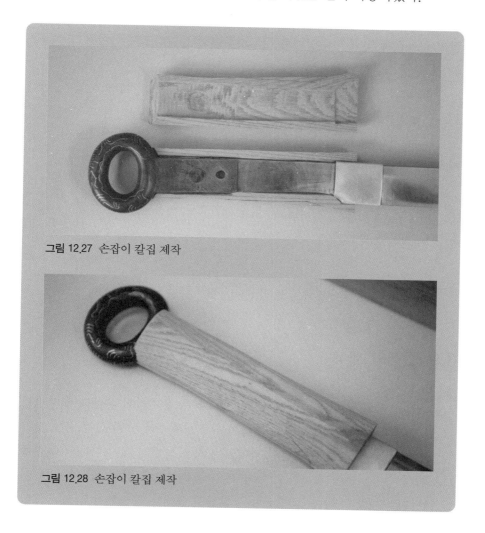

그림 12.27 손잡이 칼집 제작

그림 12.28 손잡이 칼집 제작

3.8 금구 제작

병두금구(柄頭金具)와 초구금구(鞘口金具)의 제작을 위하여 문양전개 도면을 그린 다음 적동판과 황동봉 소재를 이용하여 돋을새김 판을 제작하였다. 은판을 0.8mm로 가공하고 열풀림 한 다음 판위에 올리고 1차로 타출하여 문양의 윤곽을 잡았다. 그 후 재차 열풀림하고 감탕 위에 붙인 다음 2차로 타출하였다. 이러한 방법으로 총 6회에 걸쳐 앞뒤로 돋을새김 하였다. 돋을새김이 완료된 후 둥글게 말아 은땜 80%로 접점을 접합시킨 다음 나무 손잡이 곡률값에 맞게 나무망치로 두드려주어 열풀림하고 손잡이와 병두금구를 한 번에 접합하였다.

접착제로는 아교를 중탕하여 사용하였으며 8시간 이상 건조하였다. 접합된 후 병두금구의 문양을 세밀하게 돋을새김하면서 손잡이와의 사이에 틈이 없도록 하였다. 접합과 타출이 완료된 후 줄칼로 표면을 다듬어 주고 천사포(금강사가루)로 연마하였다.

초구금구의 경우 병두금구와 같은 방법으로 제작한 후 칼집이 완성된 다음 아교로 접합하였으며, 접합후 타출기법으로 면을 완전히 밀착시키면서 문양을 정리하였다.

초미금구는 은판(0.8mm)을 5mm 폭으로 재단하여 말아서 때우고 아래쪽 부분에 1mm크기의 구멍을 내어 순은(純銀)으로 리벳 하였다.

3.9 칼집의 제작

유적현장에서 발굴되는 철기유물의 대부분은 유기질이 분해되어 사라지고 철의 산화과정에서 목재내부로 산화물이 침투하여 그 흔적만 남는 것이 일반적이다. 간혹 칼집에 옻칠이 되어있는 경우 상면의 칠이 아래의 목질을 보호하여 수종분석이 가능한 경우와 토양의 특성으로 인해 목질의 원형이 잘 남아있는 경우도 있다. 대상유물은 칼집의 형태는 완전하지 않으나 도신

그림 12.29 전개도면 돋을새김 형틀판

그림 12.30 돋을새김 형틀제작

그림 12.31 감탕을 이용한 돋을새김

그림 12.32 금구 및 손잡이 접합

그림 12.33 금구 및 손잡이 접합

그림 12.34 병두금구 및 손잡이 완성

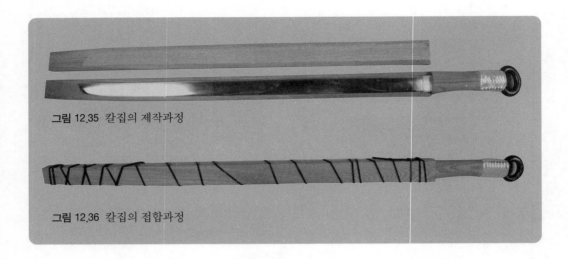

그림 12.35 칼집의 제작과정

그림 12.36 칼집의 접합과정

부 측면 일부분에 옻칠과 목질이 잔존하고 있으나 시료분석의 제한이 있어 육안관찰을 통해 복원하였다. 칼집의 구조는 서산 부장리 출토 환두대도의 제작기법을 참고하여 두 개의 판을 합범(合范)하여 제작하였다.

칼집은 내면에 도신의 형태를 본뜬 다음 둥근 조각칼과 평끌을 이용하여 횡방향으로 깊이를 가공하고 종방향으로 면을 다듬었다. 내면 가공 시 도신 부의 곡선과 두께를 정확히 측정하여 입구와 중간, 그리고 끝부분의 깊이를 맞추어주고 다른 부분은 넓게 가공하여 도신과 결합 시 적절한 조임과 유격을 주었다. 내면가공이 완료된 상태에서 접합하고 외면을 대패질하여 곡선을 맞추어 주었다. 대패질 후 줄칼로 면과 선을 다듬고 천사포로 마무리 하였다.

3.10 완성 후 표면 처리

완성된 대도에 옻칠(생칠)을 습칠기법[16]으로 8회에 걸쳐 칠하였으며, 매회 습도50~80%, 온도 20~30℃에서 건조하였다. 건조 후 고운 사포로 다듬고 칠하는 작업을 반복하였다.

16) 명주천을 이용하여 옻칠의 두께를 얇게 하여 수회 반복하여 칠하는 기법

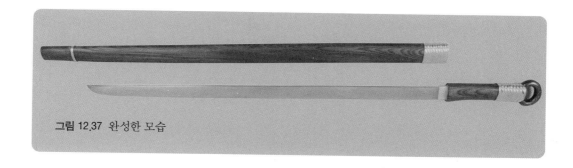

그림 12.37 완성한 모습

4
맺음말

　환두대도는 고대 사회에서 서열을 나타내는 위의구로서 왕·귀족·수장 또는 군사지휘자 등의 전유물이다. 특히 당대의 최고의 장인이 금속공예기술(주조, 단조, 열처리, 입사, 목공 등)을 집대성하여 만든 종합예술품이다.

　백제시대 수촌리유적 출토 환두대도를 모델로 하고, 최고의 장인만이 수행할 수 있는 칼 제작 금속공예기술을 복원하고자 하였다. 그 당시의 소재와 전통적인 제작방법을 그대로 복원한다는 것은 사실상 불가능 하였지만, 유물의 비파괴조사를 통해 최대한 전통적인 방법에 가깝게 복원하고자 하였다.

　향후 자연과학적인 시료분석(금속조직, 은제금구의 정성·정량 분석, 칼집의 수종식별 및 칠 도막 조사)을 통하여 보다 원형에 가까운 복원이 가능하리라 기대된다.

　본 연구를 통하여 개발 축적된 기술은 전통문화산업 발전에 작은 도움이 될 것이고, 향후 과학기술을 적용한 문화재의 보존 복원연구 개발을 통해 우리나라의 과학기술이 얼마나 우수했는지를 재조명하는데 유효한 실마리가 될 것으로 기대된다.

저자소개

정광용(한국전통문화학교 보존과학과 교수)
윤용현(국립중앙과학관 과학기술사연구팀 학예연구관)
이현상(한국전통문화학교 보존과학과 강사)

문화재 복원제작기술

2008년 7월 25일 초판 1쇄 인쇄
2008년 7월 30일 초판 1쇄 발행

지은이 정광용 · 윤용현 · 이현상 共著
펴낸이 김선경
펴낸곳 서경문화사

주소 서울시 종로구 동숭동 199-15(105호)
전화 02-743-8203, 8205
팩스 02-743-8210
E-mail sk8203@chollian.net
출판등록 1-1664호
인쇄처 용성프린팅
제책처 반도제책사

ISBN 978-89—6062-030-8 93900

값 26,000원